アイヌの世界観

「ことば」から読む自然と宇宙

山田孝子

講談社学術文庫

目次

アイヌの世界観

「ことば」から読む自然と宇宙

学術文庫版発刊に寄せて

本書の講談社選書メチエとしての出版からの四半世紀の間に、日本社会におけるアイヌ民族の社会・政治状況は大きな変化をみるに至っており、本書の学術文庫版収録にあたり、その後のアイヌの伝統的世界観をめぐる展開を補章として加筆している。

プロローグ

世界観を探る

　私たちにとって世界とは何であろうか。世界、それは一切のものをすべて含んだ無限の空間、宇宙であると同時に、自分を中心とした生活の場、すなわち、所与としての自然および社会そのものといえよう。そして、どの民族も文化として、自分たちが生きている世界、自然をはじめ、人間自身や社会についてのもっとも基本的な考え方、固有の世界観をもっている。しかも、世界観は各地の民族誌が示すように、それぞれの人びとがいかに生きているのかということと深く結びつく。世界観は人と所与としての世界との関係性によって形成されるものなのである。

　では、個々の文化に固有の世界観は何を手がかりとして理解することができるのであろうか。世界観は個別文化のなかで、さまざまな局面において提示されうるものである。これまでの世界観の研究の多くにおいて取りあげられてきたように、神話的側面、宗教的側面などは一つの手がかりということができる。じっさい、世代から世代へと語り継がれる神話は世界観の一つの表現形態である。人びとはこれを通して民族固有の基本的な考えかたを学ぶことが一般的な現象である。また、さまざまな儀礼や宗教的行為は、いわば超自然観に基づいた文化的に定式化された行為であり、その行為の体系によって世界観を象徴的に表現するものとなっている。儀礼を通して神話という物語に描かれる観念の世界が現実味を帯びて人びとに納得されるものとなるのである。神話のなかには、宇宙の起源から始まり、人間の起源、死の起源、病気、動植物の起源などさまざまな事象が描かれることが多い。神話は文化固有の宇宙観、人間観、他界観、病気観、動植物観などの表現形態ともなる。神話、儀礼の分析を通して、これらのさまざまな事象に関する観念体系の統合的全体である世界観を探ることが可能なのである。

言語は経験を規定する

いっぽう、世界の見かた、世界観は、たとえば神話のように常に言語を手段として集団のなかに継承されていくものである。言語は単に、日常生活における諸活動を円滑に行うための伝達手段、社会生活上のさまざまな事項の伝達手段であるばかりではなく、集団が獲得した知識を世代を越えて継承させていくための手段でもある。言語は集団が一つの集団として統合されるために共有される観念体系——世界観——の表現手段となるのである。サピアとウオーフによって、「言語は人間に対して経験のしかたを規定する働きをもつこと、人間の思考が母語によってあらかじめ定められた形式によって展開する」という考えかたが提示された。このような視点に立つと、自分たちの生きている世界についての説明の体系である世界観は、個別文化における世界についての認識の体系そのものであるということができる。

サピアとウォーフそれぞれによる仮説の提出以来、言語と文化の問題、認識の体系としての文化の問題は文化人類学において一つの重要なテーマとなった。そして、認識の体系を探る一つの方法論として言語学的アプローチが注目されてきた。このことは世界観を探る一つのアプローチとして言語分析を手段とした認識人類学的アプローチが可能であることを示しているのである。

われわれが日常生活において表現の手段として用いる「ことば」は、音素と音素との任意の組みあわせによって構成された、ある観念を指示するという約束に基づくにすぎない代表的な「記号」といえる。このため個別言語における語彙そのものは本来恣意的なものである。ある観念は異なる言語においては異なる記号表現によってあらわされる。われわれの会話は辞書と文法に基づく規則を用いてつくられるメッセージによって成り立つ仕組みになっている。じっさい、言語ごとに語彙を比較してみると、言語が異なればいかに対象の区切りかたが違うのかがよく分かる。

ある「もの」は、名称によって漠然とした人間をとりまく世界のなかで顕在化され、人びとの意識に共通の観念として初めてのぼるものといえる。名称によって「もの」が分類されていくのであり、「もの」と名称との関係はまさに現象世界の分類のしかた、つまり、認識のしかたをあらわすものとなる。「ことば」の分析から文化ごとの認識体系、あるいは世界観を解明することができるのである。

たとえば、事物に霊魂、あるいは霊的な存在を認めるアニミズムという信仰は、現実の世界における特定のものを人間のために強調し、霊的力を認め、神格化する世界観に根ざすものである。これは特定の動物、植物、気象、地形などが、他のものと区別され、特定の意味づけがなされることに他ならない。何を神格化していくのかは、まさに個別文化における超自然的世界の認識体系の発現そのものである。神格の名称とその実体との関係を分析することによって超自然観、世界観を明らかにすることができる。

レヴィ＝ストロースの指摘

ところで、多様な意味を担った「ことば」、とくに象徴として用いられるものは民族固有の世界観を解くカギとなることが多い。第六章で述べるように、アフリカのレレにおけるセンザンコウ[1]や、ニューギニアのカラムにおけるヒクイドリ[2]、セーラム諸島のヌアウルにおけるクスクス[3]、ヘブライ人にとっての豚[4]、ティモール島の中央高地に住むブナクにおけるキンマとビンロウジュ[5]の例のように、象徴的意味を帯びる動植物の例は広く各地に認められる。また、トーテミズムの研究が示すように、動物界および植物界が儀礼、神話などに登場したり、社会体系を象徴的に表示するのに用いられることも、広く各地に認められる。

レヴィ＝ストロースが『野生の思考』において指摘するように、動植物が社会体系を表示するのに用いられるのは、ただ単にそこにあるという理由ではなく、これらの世界が人間に一つの思考法を提供するからである。つまり、生物種の間にみられる自然の弁別性は、種という概念を提供し、それを用いることによって動植物のいろいろな種が作る自然の体系から、人間という一つの種のなかの多様性を対象にした他の諸弁別体系への接近をはかることが可能となるのである。さまざまな種の存在は、人間の意のままにできるもっとも直感的なイメージを提供してくれる。[6]

このように、動物や植物は、人類の文化に対して食物、衣服、住居、道具等の素材を提供するばかりではなく、神話、象徴表現などを通してわれわれにさまざまなメッセージを伝える素材となってきた。特定の動植物にあたえられる象徴的・儀礼的意味の解明は、世界観を解く重要なカギとなるのである。

認識人類学的アプローチとは？

これまでの象徴人類学、認識人類学の研究は、個別文化が取りあげ、象徴として用いる動植物は多様であり、それらの意味づけは動植物の認知をはじめとし当該文化全体の文脈を考慮することによって初めて理解可能となることを示してきた。動植物の象徴性は、個々の文化における動植物全体の認知・分類体系とも無縁ではない。世界観を理解するためには人間の生態をはじめとし、かれらの自然認識を理解することがまた必要なのである。

世界観の研究は、これまで宇宙観、宗教的側面、神話的側面などの点から個別的、静態的に取りあげられることが多かった。しかし、以上のように、認識人類学、象徴人類学の研究は自然認識、病気観、人間観などをはじめとし、人間の生態をも含めた枠組みのなかで世界観を動態的に捉えることの必要性を指摘してきたといえる。

本書は、アイヌの世界観について認識人類学的アプローチに基づき、宇宙観、霊魂観、人間観、動植物をはじめとする自然認識などを含めた総合的・全体的な視点からの考察を試みるものである。前述したように、個々の文化における世界観はそれぞれの人びとがいかに生きているのかということと深く関連する。

世界観は神話的・宗教的側面に限定された説明の体系ではなく、生きること、つまり人間の生態や、生きていくための現象世界である自然の認識とも深く関連するものである。したがってここでいう認識人類学的アプローチとは、「ことば」の分析に焦点をあて、世界観を広い枠組みでの現象世界の秩序化・組織化の体系、あるいは説明の体系として考察するものである。

アイヌの世界観はアイヌ研究において関心を集めてきた領域であり、これに関する数多くの論考が発表されてきた。口頭伝承の記録化・分析やアイヌ語の言語学的研究により、アイヌの宗教・信仰の実態が明らかにされたが、その反面、世界観・他界観についても多様な解釈が提示されてきた。また、これまでのアイヌの宗教・信仰に関する研究において、動物・植物の神（カムイ）としての重要性は指摘されてきた。しかし、動植物の認識とアイヌの世界観全体との関係についての分析的研究はなく、自然認識を含めた統合的視点からの世界観の研究はなかった。アイヌの世界観の研究において、認識人類学的アプローチからの研究はこれまでに行われていない。したがって本書は、認識人類学的視点が世界観の探究にとって重要であることをアイヌの事例によって示すと同時に、このアプローチをとることによってアイヌの世界観の新たな理解が可能になることを提示しようとするものである。

問題の設定

バチェラー（1854−1944）

明治以降のチェンバレン、バチェラー、吉田巖（よしだいわお）、金田一京助（きんだいちきょうすけ）、久保寺逸彦（くぼでらいつひこ）、知里真志保（ちりましほ）、マンロー、渡辺仁（わたなべひとし）などの研究により、アイヌの宗教、信仰の実態が明らかにされたといえる。しかし、これまでの研究は記述的研究が多く、文化人類学的視点からの分析的な研究が多くなかったことも事実である。また、アイヌの世界観、とくに他界観は、第一章で触れるようにカムイ・モシㇼ、アイヌ・モシㇼ、ポクナ・モシㇼ、テイネ・ポクナ・モシㇼ、カンナ・モシㇼと

金田一京助（1882−1971）

いった「世界」を表す語彙の位置づけをめぐる解釈の違いによって、いろいろな見解が出されたのである。

ところで、どの文化も決して静態的なものではなく、常に変化しながら生き続ける動態的なものである。アイヌの研究は、一八八七年に発表されたチェンバレンの研究から数えてもすでに百年以上経過している。アイヌ文化も例外ではなく、今日におけるアイヌ文化を問題にするとき、調査年代を十分に考慮することが必要なのである。文化と百年前に描かれたものとでは多くの点で異なることが十分考えられる。

また、これまでの研究においてアイヌ文化の地域性についてはとくに問題とされず、地域性を考慮することなく北海道アイヌ文化一般として語られる傾向があった。しかし、北海道アイヌ語の言語学的研究によると、全道のアイヌに共通する語彙が認められる一方で、地域ごとのことばの違いが明らかになるのである。ことばの地域差は言語学上の問題であるばかりではなく、文化の地域差とも結びつき、北海道アイヌの文化はとりわけ北海道西南地域と北東地域との間で細部において相違するのである。アイヌ文化の研究において、このような地域性もまた十分に考慮する必要がある。

したがって、本書においては時代性、地域性に関して次の点に留意して考察を進めた。まず、年代設定であるが、いわゆる伝統的生活が維持されていた当時の世界観ということで、一九世紀末から一九三〇年代頃のアイヌ文化を対象とした。このため文献資料はその出版年、もとになった調査年などを参考に復元年を推定し選択した。したがって、主要な資料は一九五〇年代までに出版されたものとなる。さらにフィールド調査にもとづく現在のアイヌからの聞き取り資料は文献資料による分析結果を検討し、補充するものとして用いた。

第二に、考察の対象としたのは胆振（いぶり）および日高の沙流（さる）地方といった北海道西南地域である。この両地域は文化的にも一つのまとまりをなしている。また、この地域はバチェラー、金田一、久保寺、知里、マンローといった研究者が調査の対象としてきており、時間的、地域的に限定、定位された資料が残されていることから選んだものである。これらの資料を補充するため胆振の白老（しらおい）・幌別（ほろべつ）地方、日高の静内（しずない）地方におけるフィールド調査にもとづく聞き取り資料を用いた。

本書の構成

以上のような設定のもとに本書では次のような構成をもって、アイヌの世界観についての考察を進めた。

第一章においては、北海道西南地域に伝承されてきた、自然神が登場して自分の体験を一人称単数で語るという自叙の形式をとるカムイ・ユーカラ（神謡）、文化英雄アイヌラックルが主人公としてあらわれ、自分の体験を語るという形式をとるオイナ（聖伝）、散文体で自叙の形式をとるウエペケル（昔話）などの物語を資料として分析する。ここでは、アイヌ・モシㇼ、カムイ・モシㇼ、ポㇰナ・モシㇼといった世界をあらわすアイヌ語が物語のなかにどのような文脈で登場するのかに注意を払いながら、アイヌの宇宙観の検討を行う。

第二章においてはアイヌの世界観、宗教の基盤となっている霊魂、カムイの概念についてさまざまな視点から検討を行う。アイヌは動植物をはじめとし自然のなかに神性を認める世界観をもち、動植物の豊かな知識をもつ自然の観察者であったことが知られている。アイヌにとっての自然は、彼らの生計を支える対象であるばかりでなく、神々そのものとして儀礼、神話などにおいても重要な役割を果たしてきたのである。カムイの概念は一般にアニミズムのレッテルのもとに片づけられてしまいがちである。しかし、ここでは、多様なカムイの概念、とくに動物や植物をめぐるカムイの概念を取りあげ、カムイの名称の言語学的分析、名称とその具現化となる動植物との関係などをもとに、その背後に潜む超自然的世界の認識体系を明らかにする。

また、カムイはジェンダー（性）をはじめとし人間的な性格づけがされている。カムイの性格づけをもとに、アイヌがどのようなカムイ像をもつのかを明らかにし、さらに、カムイと人間との関係についても考察する。これまでの研究においては、神格のジェンダーによる性格づけについて関心が払われてこなかった。しかし、神々のジェンダーはまさに個別社会におけるジェンダー観、人間観の表出そのものである。したがって、ここではジェンダーによって性格づけられたカムイの事例を取りあげながら、アイヌのジェンダー観についても触れることにする。

第三章においては、これまでに発表されたアイヌの植物の知識に関する報告を資料とし、植物の命名・分類体系を明らかにし、アイヌの植物観の基盤を探ることにする。これまでに行われた他民族を対象にした認識人類学的・象徴人類学的研究が示すように、世界観を明らかにするうえで、動植物全体の認知、分類体系を明らかにすることが重要である。ここでも植物の神格化の背景としての植物観を考察する。

第四章においては、自然のもう一つの側面である動物の世界を取りあげ、アイヌの動物分類体系について考察し、彼らの世界観の背景を探ることを試みている。

第五章においては、アイヌの世界観を隣接諸文化、とくに日本上代における世界観、およびシベリアの北方諸民族における世界観との比較検討を行う。チェンバレンによるアイヌの神話と日本の神話との比較研究(7)以後、アイヌ文化、あるいはアイヌの世界観の位置づけをめぐり、日本文化や日本上代の世界観などとの比較がこれまでにも問題となってきた。カムイの概念をめぐってはカミの概念との起源論的考察がチェンバレン、バチェラー、金田一によって行われた(8)。また、知里はアイヌの生活に関する文化史的考察を行っている(9)。さらに、アイヌのユーカラ、方位観をめぐってはその歴史的背景を明らかにするために日本、シベリアという広範囲にわたる比較が必要であることが指摘されてきた。[10] したがって、ここでは、他地域、他時代との比較を通して、あらためてアイヌの世界観の位置づけ、特徴、独自性を明らかにする。

第六章においては、この本で取りあげた認識人類学の方法論と課題について検討し、さらに、世界観の探究に向けての認識人類学的アプローチの意義と今後の展望について述べることにする。

アイヌ語の表記

最後に、次の点を付記しておきたい。アイヌ語の正書法としてのカタカナ表記法は、一九九〇年代にはまだ確立されていない現状にあった。また、ローマ字表記についても研究者によって異なることが多い。ここでは、アイヌ語のローマ字表記として、久保寺逸彦が『アイヌ叙事詩　神謡・聖伝の研究』（一九七七）のなかで示した表記法を標準として採用した。そのうえで、中川裕（なかがわひろし）が示した次のような原則に準拠し、本文中のアイヌ語のローマ字表記（音素表記）をカナ表記化した。[11]

音節頭のローマ字表記とカナ表記との対応は、基本的には日本語と同じである。ただし、tu- に対してはトゥ、ye- に対しイェ、we- に対しウェ、wo- に対してはウォとなっている。

音節末のローマ字表記については、-p に対しプ、-t に対しッ、-k に対しㇰ、-s に対しシ、-m に対しㇺ、-n に対しン、-w に対しウ、-y に対しイとする。語末の -r は、アㇻ、イㇼ、ウㇽ、エㇾ、オㇿのように、直前の母音と同じ段のラ行音を小文字で書く。-pp-、-tt-、-kk-、-ss- については、たとえば appa をアッパ、otta をオッタ、yakka をヤッカ、assap をアッサㇷ゚というように、ッで表記する。umma などのような場合は、例外的にウㇺマのようには書かず、ウンマとする。

慣用表記があまりにも一般的となっているものについては、慣用表記のままとする。たとえば、ユーカラをユーカㇻと表記せず、ユーカラとする。

また、アイヌ語の表記にあたって、語源、語義、語彙素構成などについて、主に以下の辞典等を参照し、語彙素構成を「・」で示した。ジョン・バチェラーの『アイヌ・英・和辞典』第四版（一九八一［一九三八］）、知里真志保の『分類アイヌ語辞典　第一巻　植物篇』（一九五三）、『分類アイヌ語辞典　第二巻　動物篇』（一九六二）、『分類アイヌ語辞典　第三巻　人間篇』（一九五四）、『地名アイヌ語小辞典』（一九八四［一九五六］）、久保寺逸彦の『アイヌ叙事詩　神謡・聖伝の研究』（一九七七）の「註解篇」などである。

註

（1）Douglas, M., 1957, Animal in Lele Religious Symbolism, *Africa*, 27(1) : 46-57.

（2）Bulmer, R., 1967, Why is the Cassowary not a Bird ?, *Man* (n.s.), 2 : 5-25.

（3） Ellen, R., 1972, Marsupials in Nuaulu Ritual Behaviour, *Man* (n.s.), 7(2)：223-238.

（4） Douglas, M., 1970, *Purity and Danger*, London：Pelican Books, pp. 54-55.

（5） Friedberg, C., 1979, Socially Significant Plant Species and Their Taxonomic Position Among the Bunaq of Central Timor, in Ellen, R. F. & David Reason (eds.), *Classifications in Their Social Context*, New York：Academic Press, pp. 81-101.

（6） クロード・レヴィ＝ストロース、一九七六年、『野生の思考』、大橋保夫訳、みすず書房、一六一―一六二ページ。

（7） Chamberlain, B. H., 1887, *The Language, Mythology and Geographical Nomenclature of Japan, Viewed in the Light of Aino Studies, Memoirs of the Literature College, Imperial University of Tokyo*, T. 1, pp. 1-174.

（8） Chamberlain,1887, 前掲書。1888, Reply to Mr. Batchelor on the Words Kamui and Aino, *Transactions of the Asiatic Society of Japan*, 16：33-38. Batchelor, John, 1888, On the Ainu Term Kamui, *Transactions of the Asiatic Society of Japan*, 16：17-32. 金田一京助、一九二五年、『アイヌの研究』、内外書房、二八三―二八六ページ。

（9） 知里真志保、一九七三（一九五三／五四）年、「ユーカラの人々とその生活」『知里真志保著作集』第三巻、平凡社、三―六四ページ。

（10） 大林太良、一九七三年、「アイヌの方位観」『自然』、二八（五）、七六―八一ページ。一九八八年、「アイヌのユーカラとその歴史的背景―日本・シベリア」、川田順造・野村純一編『口頭伝承の比較研究［4］』、弘文堂、四〇―五七ページ。

（11） 中川裕、一九九〇年、「カナ表記の原則」『アイヌ民話全集1　神謡編I』、北海道出版企画センター、九―一六ページ。

第一章　アイヌの宇宙観

1　モシㇼ（世界）

世界は区別される

胆振（いぶり）及び日高の沙流（さる）地方といった北海道西南地域には、数多くのカムイ・ユーカラ、オイナ、ウエペケルなどの物語が伝承されてきた。たとえば、金田一京助の『アイヌ聖典』（一九二三）、『アイヌの神典—アイヌラックルの伝説』（一九四三）、久保寺逸彦の『アイヌ叙事詩　神謡・聖伝の研究』（一九七七）、バチェラーの *The Ainu and Their Folklore*（アイヌ人及其説話・一九〇一）、知里真志保の「アイヌの神謡（一）」（一九五四、『北方文化研究報告』九輯）、知里真志保・山田秀三の「あの世の入口」（一九五六、『北方文化研究報告』一一輯）、知里（ちり）幸恵（ゆきえ）の『アイヌ神謡集』（一九七八）などにアイヌの豊富な伝承文学をみることができる。

これらの伝承文学をもとに、アイヌ・モシㇼ、ポㇰナ・モシㇼ、カムイ・モシㇼなどの世

	神		人間	
	生者	死者	生者	死者
天空	カムイ・モシㇼ			カムイ・モシㇼ
地上			アイヌ・モシㇼ カンナ・モシㇼ	
地下				ポㇰナ・モシㇼ (＝カムイ・モシㇼ)
追放の世界	ポㇰナ・モシㇼ他			

下線 ── ：アイヌ・ウエペケル
下線なし：カムイ・ユーカラ／オイナ

図1　「モシㇼ」の意味と分類

界をあらわすアイヌ語が物語のなかにどのような文脈で登場するのかに注意を払いながら、アイヌの宇宙観を探ることにする。これをもとに、研究者によってアイヌの宇宙観についての解釈の相違が生じてきた背景を明らかにし、アイヌの世界像、宇宙観に関する新たな解釈の可能性を示してみよう。

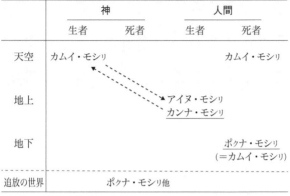

アイヌ語において「世界」をあらわす言葉はモシㇼである。モシㇼには、「国土」、「島」という意味もある。語源については「地」、「山」を意味するシㇼに「平穏」、「穏和」あるいは「小ぢんまりとした」、「ちょっとした」という意味のモがついてできた言葉とするのが一般的である。しかし、朝鮮語で村落を意味するモスル（mosul）、モシル（mosil）と

関係があるかもしれないともいわれる。[1] 国土、世界という意味ではよく、村や家のあるところをあらわす言葉であるコタンと対語で用いられ、モシㇼ、コタンがときには同じ意味となる。

われわれが生活している現実の世界をアイヌ・モシㇼ「人間の世界」と呼ぶのに対して、神々や、死者の住む超自然的世界はカムイ・モシㇼ「神の世界」と呼ばれる。さらに、アイヌの伝承のなかには、ポㇰナ・モシㇼ「下方の国」、テイネ・ポㇰナ・モシㇼ「陰湿な下方の国」、チカㇷ゚・サㇰ・モシㇼ「鳥のいない国」といったような、人間の国、神の国とは異なる名称をもつ世界が登場する。アイヌは、世界がいくつかの異なる部分に区別されるという宇宙観をもつのである（図1）。

2　アイヌ・モシㇼ（人間の世界）の誕生

創造神に造られたアイヌ・モシㇼ

アイヌのカムイ・ユーカラ、オイナ、カムイ・ウエペケルのなかには、コタン・カㇻ・カムイ「国造りの神」が天から降りてアイヌ・モシㇼを造ったという叙述がよく出てくる。創造神としてのコタン・カㇻ・カムイの存在が認められているのである。

コタン・カㇻ・カムイが行った国造りのようすは、沙流地方に伝わるカムイ・ウエペケルのなかにおいて、次のように語られる。

大むかし、この世がまだ無かつた時、淼々(びょうびょう)たる大海の中にたゞ後方羊蹄山(ようていざん)の頂が水から頭を出してゐた。コタン・カラ・カムイが、その妹神と共に其の頂に降臨(こうりん)し、雲を埋めて陸地を造つた。(中略)コタン・カラ・カムイ始めて人間を造るとき、何で造るのかを雀を使として天神に訊ねた。天神『木にて造るべし』と云ふ。(中略)かくて人間は遂に木を以て造られてしまつたゆゑ、誰も不朽の命を保つ人はない。

(金田一、『アイヌの研究』、一九二五、二二六—二二七ページ)

いっぽう、バチェラーはアイヌの伝承についてカムイ・ユーカラ、オイナ、カムイ・ウエペケルなどという区別をしていないが、次のような創造神話を報告している。

原始に、この世界は水と土とが混じった状態であり、全ての陸地は海に混じり合い、漂っていた。最も高い天に住んでいた創造神は、この世界を生活できる場所にすることを決め、セキレイをつくり、大地を造るためにこれを地上に降ろした。セキレイは水の上で翼を羽ばたきながら、その足で泥を踏みつけ、乾いた大地を造っていった。

(Batchelor, *The Ainu and Their Folklore*, 一九〇一、三五—三六ページ)

バチェラーの述べる創造神（Creator）はアイヌ語のコタン・カㇻ・カムイをさすものである[2]。バチェラーはまた、創造神がセキレイを助手としてみずから天降り、ツルハシと斧で開墾して大地を形づくったという伝説や、創造神が国土を造ったあと大地に木や草を生やし、ヤナギの木を背骨に、土を体に、ハコベを髪に用いて最初の人間を創造したという伝説を記している。さらに、バチェラーは異伝として、「アエオイナ神は、アイヌラックルとも呼ばれ、天から降り、最初のアイヌ（人間）を造った。その後長い間、この人間とともに地上にとどまり、人間にこの世界で生活するための全てのことを教えたあと、天上に帰った」という伝説を記す。

混沌あるいは水だけの状態

誰が創造主であったのかという点については、たとえば、コタン・カㇻ・カムイ自身であったり、天の神の意向を実行するにすぎないコタン・カㇻ・カムイであったり、アエオイナ神であったりというように、伝承によって異なっている。しかし、いずれの伝承においても地上の世界、アイヌ・モシㇼが天上の世界に住む神によって創造されたという点では一致している。

原始には宇宙は神の住む世界ただ一つであり、そこにもう一つ別の世界、アイヌ・モシㇼ

が創造神（国造りの神）によって造りだされたのである。創造神話において、人間が住みはじめたとき以来、宇宙は天上のカムイ・モシㇼと地上のアイヌ・モシㇼとの二つの世界から成り立つとされるのである。

天地創造の神話はアイヌのみではなく、各地に伝えられている。たとえば、旧約聖書「創世記」の冒頭には、神は混沌から、光と闇、水と天、陸と植物、太陽と月と星、魚と鳥、獣と人間（アダムとイブ）を六日間で創ったと記される。『古事記』の冒頭において、「国稚く浮ける脂の如くして、海月なす漂へる時、葦牙の如く萌え騰る物によりて成りし神の名は、……」と記される[3]。また、中国にも古くからあり、漢民族の古典のなかに記される「天地を分けた巨人、盤古」の神話において、「天地はいまだ開けず、この宇宙は混沌として闇につつまれ、ちょうど大きな卵のようでした」と語られる[4]。さらに、中央アジアのブリヤートは大地の起源を次のようにいう。「この世の初めにあったのは水と、その中にうずくまっている一匹の大亀だけだった。神はこの動物のところへ出掛けて、その腹の上に世界をたてた」。北米先住民のヒューロンの間では次のように語られる。「最初は水しか見られなかったが、深みから一匹の亀が現われ、土を求めていろいろな動物を海底に送ったが無駄だった。最後に送り出した蛙の口に初めて泥のようなものがくっついていたので、それを亀の甲羅の上にふりかけた。間もなくそれから大陸が生じ、亀はそれを背に乗せるようになり、いまでもずっと背負っている[5]」。

このように、原始には混沌、あるいは水だけの状態があったという観念はアイヌの神話においてのみ見られるものではなく、他の民族にも認められることが分かる。そして、人間の住む世界の創造者は民族によって神であったり巨人であったり、あるいは動物であったりするのである。

神々の誕生

コタン・カㇻ・カムイが造ったアイヌ・モシㇼは、当初、草木一本も生えていない大地そのものであった。その後、この国土に神々や、さまざまな動物や植物の生まれていくようすが伝承のなかに物語られる。アイヌ・モシㇼにすむ動物や植物もまた人間と同様に神々の関与によって生まれたものなのである。

カムイ・ユーカラやカムイ・ウエペケルは、これらの生き物の起源をも物語る。地上のあらゆるものの起源譚(きげんたん)が語る神々の関与のしかたには、次のような四つのパターンがある。

一つは、天上の神が直接手を下して創造するという話である。たとえば、国造りの神の国土創造の物語である神謡[6]に次のように語られる。「コタン・カㇻ・カムイは、川を流すために、足で搔いて川筋をつけ、川筋にも平地にも偉い神の住む場所と軽い神の住む場所を造り、草原の中程に大きな板屋を建て、山側の板には山に住む神の善神、魔神の像を、浜側の板には沖に住む神の善神、魔神の像を彫り表わした」。

の神の国にあったものが地上に投げ捨てられ変生したという起源譚である。

第二のパターンは、地上で天上の神々が使った道具や身につけていたもの、あるいは天上の神の国にあったものが地上に投げ捨てられ変生したという起源譚である。

たとえば、コタン・カㇻ・カムイが国土創造に使った後、うち捨てておいた斧などから魔神が誕生したという話がある。(7) 天上の神々が地上に下ろした最初の、男の墓標に縛りつけられた赤い帛(うすぎぬ)は朽ちて赤い水乞鳥(みずこいどり)に変生し、女の墓標に縛りつけられた黒い帛は変生してクマゲラとなった。(8) コタン・カㇻ・カムイがクマに襲われて負傷し、神の国に帰る途中、アイヌ・モシㇼで身につけていた肌衣、肌帯を投げ捨てたため、これが海に落ちてカメやタコなどに変生したという伝承も残っている。(9) さらに、天上の神の国で神々の狩猟犬であったセタ・ユㇰ「イヌ・シカ」の骨の入った袋を、神が地上の山々にばらまいたため、この世にシカが生じたのであり、アエオイナ神が天上でイセポ・ユㇰ「ウサギ・シカ」を殺して食べ、その毛をむしり取って地上に投げたところがウサギになったという話(10)もある。

第三のパターンは第二の変形ともいえるが、火の起源と結びついてさまざまな魔神や善神が誕生するというものである。コタン・カㇻ・カムイによる火の創造についてはいくつかの伝承がある。(11) どの物語も、ドロノキで作った発火台と発火棒を擦(こす)りあわせても煙ばかりで火が生ぜず、ハルニレで作った発火台、発火棒を擦りあわせることによってやっと火が生じたという内容である。伝承によって誕生する神々の相違はあるが、ドロノキからは疱瘡(ほうそう)神、世界の化物、木原（川端の林野）の怪鳥などの魔神が、ハルニレからは枝幣の神（狩猟の神）、火の神、幣場（ぬさば）の神などの善神が誕生する。火の創造の過程で、善神と魔神が同時に誕生するのである。さらに、ドロノキを擦ってできた黒い揉み屑からはアホウドリが、ハルニレを擦りあわせて生じた黒い揉み屑からクマが生まれたのである。

火の発生と結びついた話には次のようなものもある。「神々が地上でタバコを吸うためにシラカバの棒を擦りあわせたところ煙ばかりであったが、そのとき生じた黒い火の粉からはクマが、黄色い火の粉からは疱瘡神が生じた。その後、火打ち石を手にいれてようやく火をおこすことができた。使った火打ち石を投げ捨てたところ、陸に落ちたものからはトド、海に落ちたものからはクジラが生まれた」(12)。第四章で触れるが、この伝承は海獣であるトドがもともと陸地の動物であったという考えかたをあらわすものでもある。

最後のパターンは、地上の動植物が天上に住む神々の地上に降り、化生（けしょう）したもの、あるいは神の権化（ごんげ）であることを物語るものである。

ハルニレの木はカムイ・モシㇼに住む神々の一人であるチキサニ・カムイが天降り、アイヌ・モシㇼに生えるようになったのである(13)。シマフクロウはコタン・コㇿ・カムイ「村を領有する神」の天降ったものである(14)。アペ・フチ「火の媼神（おうながみ）」はまた、アイヌ・モシㇼを守る神としていちばん初めにカムイ・モシㇼから天降ったのである(15)。オオカミはアイヌ・モシㇼにすむことを熱望し、天上から降りクマと一緒にすむようになったのである(16)。また、クマは水源にそびえる霊山にある神の国に生活しているヌプリ・コㇿ・カムイが人間の世界を訪れた姿なのである。[17] 同様に、カワセミとカワガラスは、水源近くの神の国にすむワッカ・ウシ・カムイ「水の神」の妹神とソーコロ・カムイ「滝の神」の妹神が人間の世界を訪れたときの姿である。[18]

世界は楽園にあらず

以上の起源譚が示すように、アイヌの世界観において、アイヌ・モシㇼには天の神々の関与のもとに、人間、動物、植物といった実在するものばかりではなく、火の神、狩猟の神、幣場の神といった良い神、および木原の怪鳥、世界の化物、疫病をもたらす疱瘡神などの、わざわいの元凶となる超自然的存在も同時に生み出されたと考えられている。アイヌ・モシㇼは創造の初期に楽園として創り出されたとは考えられていないのである。

天地創造後さまざまな神が誕生するという考えはアイヌ特有のものではなく、第五章で述べるように日本神話にも認められる。じっさい、イザナギノミコトとイザナミノミコトの二神によって神々が生み出されたことになっている。また、イザナギノミコトが黄泉の国から戻り禊ぎ祓えを行ったとき、ヤソマガツヒノカミやオオマガツヒノカミなどの災禍をおこす神々が穢れによって成り出でたことになっている。[19] これと対照的な考え方を示すのは旧約聖書の「創世記」である。神は唯一絶対の創造神であり、神に敵対する絶対的な悪として悪魔があると考えられている。「創世記」には神も悪魔も天地創造の時に造られたものとは語られない。天地創造によって生みだされたのは人間をはじめとした諸々の現象世界のみである。また、人間（アダムとイブ）は神の似姿として創造され、蛇（悪魔）による誘惑によって罪を犯し、追放されるまでエデンの園（楽園）ですごしたことになっている。アイヌの神話や日本神話においては、良い神々ばかりではなく悪い神々もまた天地創造後生み出されたとされ、世界は原初から楽園ではなかったと考えられているのである。

3　カムイ・モシㇼ（神々の世界）

どこにあるのか

カムイ・ユーカラにおいて、カムイ・モシㇼに住む神々がアイヌ・モシㇼを訪れるようすは、人間の世界に天降るという表現のもとに物語られることが多い。神話においては、カムイ・モシㇼはアイヌ・モシㇼの上方に位置づけられる。

じっさい次のような文脈で登場する。たとえば、オキクルミ・カムイが人間の世界からカムイ・モシㇼを訪ねるとき、「下の天を／わがつらぬきて／わが行き行けば／上の天／へ我打ち出でぬ。／神の国（カムイ・モシㇼ）／国のおもて／たひらかなり、／そこへ我出で[20]て」とある。

また、「上天の国より／神々たち／人間世界に／訪れ遊びて[21]」とあるように、神々は上天の国に住むのである。その上天の国にいるケソラップの神が人間の世界を訪れるようすは、「戸外に／我出で立つ。／それより／蒼空の天（真の天）／六重の天を／我つき抜け、／霞の天／六重の天を／我つき通り、／星居の天／六重の天を／我うち抜け、／人間の国の／国原の上に／天降れり。[22]」と謡われる。これらの詞句からカムイ・モシㇼが天空のリクン・カント「上天の国」にあるという考え、しかもそこは天空のもっとも高いところであるという考えが読みとれる。

このように、アイヌの伝承において、この世の上方にある天空はランケ・カント「下天」とリクン・カント「上天」の二つに分かれている。天空はさらに、ウラㇻ・カント「雲天」、ノチウ・カント「星天」、シニシュ・カント「真天」の三つに分かれるとも語られる。[23]

神謡にはまた、「六重の天」という表現がよく登場する。この点について、バチェラーは五つの名称しか聞きこむことができなかったとして、天空が下から「霧の天」、「下の天」、「星居の天」、「雲間の高い天」、「最高天」に区別されると記す。[24] また、天空はノ・イワン・カント「六重の天」として、下から「下の天」、「霞の天」、「雲居の天」、「上の天」、「星居の天」、「真の天」があるという伝承も残る。[25] 天空の区分は伝承によって一様ではない。

イワンというアイヌ語の数詞「六」はアイヌの神聖数であり、しばしば数詞の本義を離れて、「多数」の意を表わす。[26] たとえば、イワン・コタン・オウシュ・ヌプリ（「多くの村に跨(またが)る山」の意）、イワン・シサㇰペ（「数多(あまた)の・宝物」の意）、イワン・テウナ（「たくさんの・

斧(おの)」の意）、イワン・アイヌ・イキㇼ（「人の六代死にかわるほどの永い歳月」の意）というように「多数」の意をあらわす用法がある。ノ・イワン・スイでは「幾回も幾回も」の意となる。いっぽう、火の媼神を示す常套句のなかにイワン・コソンデ「六・小袖」という表現があり、神聖性を強調するのに使われる。このような例から考えると、天空をノ・イワン・カントと表現する場合において、必ずしも天空が六重であることを意味しないといえる。むしろ、天空が神聖であり多数の領域をもつこと、奥深いことを表現するものと考えることができる。

アイヌの宇宙観において天界は多層であると考えられるが、六層状の構造をもつと明確に意識されてはいないのである。そして、神々のカムイ・モシㇼは天界のもっとも高い位置にあると考えられている。

アイヌ・モシㇼとの交流

ところで、アイヌの一連の創造神話が物語るように、アイヌの神々のなかにはアイヌ・モシㇼに誕生した神がいるのである。

金田一京助が採録した「オイナ（其三）」には、魔神（ニッネ・カムイ）どものカムイ・ミンダラ「遊びの庭（神園）」と善神（ペケㇾ・カムイ）たちのカムイ・ミンダラとが、分水嶺の神山の上に別々に拡がり、神々の交流するようすが次のように謡われる。

鬼（ニッネ・カムイ）どもの／遊びの庭／別々に、／庭の涯は／塞がりこもれり。／神々だち（ペケレ・カムイ）の／遊びの庭は／別々に、／庭の涯／遥々と開け、／感歎の情を／われ催す。／地面の土ひと皮を／われ我が上に蔽ひ／われ隠れて／居れば、／薄暮になると／鬼ども／人間世界に／住む鬼どもも／天上に／住む鬼どもも／みなことごとく／打つどひたり。（中略）／夜中ばかり／になりければ／皆行き去り／居ずなりたり。／それよりまた／いゝ神だち／打つどひ、／天に／住む所の神々も／人間世界に／住む所の神々も／みな相集まりたり。……[27]。

薄暮とともに神園に魔神たちが集まり、ブキブキと短く区切り区切り話し、がやがやと騒々しく歌舞に興じ、夜中になると解散するのである。それに交代するように善神たちが集まり、長々と、見ていても面白く歌舞に興じるのである。魔神と善神とがそれぞれ集まり興じるようすは対照的に描かれている。日本の「こぶ取り爺」の話にも、鬼たちが夜半に集まり打ち興じる場面が登場するし、旧暦十月は神無月と呼ばれ、全国の八百万の神々が出雲に集まる月と言われたものである。このように神々が集まり宴を開くという考えかたはアイヌにのみ見られるものではない。しかし、アイヌはアイヌ・モシㇼ起源の神々とカムイ・モシㇼ起源の神々を区別して認めること、そして、アイヌ・モシㇼの神々とカムイ・モシㇼの神々が、魔神は魔神同士、善神は善神同士ときどき一緒に集まると考えることが特色となっている。

いっぽう、久保寺の採録した神謡六「山岳を領(うしは)く神（熊）の自叙[28]」には、次のような描写がある。ヌプリ・コㇿ・カムイ（熊の神）はランケ・カント・コㇿ・カムイ「下天の空を領有する神」を親友として暮し、人間の村を、「我が里川の／川沿ひに川下へ／下りてゆく勢ひ猛しくて」訪れるのである。熊の神の住むカムイ・モシㇼは人間の住む村々を流れるアコㇿ・ペッを遡った水源の霊山の上、下天の空に接する所にあると考える。人間の世界出自の神であるヌプリ・コㇿ・カムイが人間の村を訪れたあと帰っていく先はけっして上天にあるカムイ・モシㇼではないのである。

このように、カムイ・ユーカラのなかでは天の神々の住むカムイ・モシㇼはリクン・カントにあるとされるのに対して、人間世界の神々の住むカムイ・モシㇼは、たとえば、地上の霊山や水源近くにあると区別される。さらに、カムイ・モシㇼとアイヌ・モシㇼの両世界はお互いに交流しあうと考えるのである。

死後の世界として

神謡八二「自叙神未詳」には、次のような箇所がある。

大昔／その昔／人間の魂が／（この）人間の国へ／天降らされた時、／人間の魂が（死して再び）／天に帰り来る側にあって／恙(つつが)なく守るための、／男用の墓標と／女用の墓標とを／（一緒に）下ろすのを忘れてしまった。／そのため（後から）／男用の墓標と／女用の墓標とが／人間の国へ／天降らされたが、それは／……。[29]

この神謡において、人間の死後の魂は天にあるカムイ・モシㇼに帰りゆくものであると語られる。人間の死後の世界は、天空に位置するカムイ・モシㇼであるという考えを表すのである。

神話においては、カムイ・モシㇼは、①天界にある天の神々の居場所であると同時に、②霊山などにあるとされる人間世界の神々の居場所である、人間の世界の一部としてのカムイ・モシㇼを表すとともに、③天界にある人間の死後の世界をさす。このように、カムイ・モシㇼは多義的に神話の文脈に登場するのである。

第五章で述べるように、日本神話のとくに、高天原(たかまがはら)神話においては神々が天上界である高天原に住むとされるのに対し、人間は地上界である葦原中国(あしはらのなかつくに)に住み、死者は地下界である黄泉(よみ)の国に住むとされる。しかし、神々は天上界起源の天(あま)つ神と地上界起源の国つ神とに区別されていた。また、アムール流域とサハリンに住むニヴヒは、宇宙を垂直的に「上の世界」、「中の世界」、「地下の世界」に区別するが、それぞれの世界には主霊がいると考える。

このように、神々の住む領域を限定しない考えかたはアイヌのみに認められるものではないことが分かる。しかし、第五章で論じるように、神の世界を人間の死後の世界としても位置づける点はアイヌの特徴なのである。

4　ポクナ・モシㇼ（下方の世界）

魔神退治

すでに述べたように、コタン・カㇻ・カムイの造ったアイヌ・モシㇼには、当初から善神と魔神が存在する。創造のはじめにはこの世は無秩序な、混沌とした世界であったと考えられているのである。じっさい、アイヌの伝承によれば、オイナカムイ、アエオイナ神、アイヌラックル、オキクルミなどの名で登場する文化英雄が混沌としたアイヌ・モシㇼに秩序、規範をもたらしたと考えられている。

伝承文学のなかでとくにオイナ（聖伝）は、養姉に育てられ成長したオイナカムイの行状を物語る詞曲なのである。久保寺逸彦の『アイヌ叙事詩　神謡・聖伝の研究[30]』には一八篇のオイナが収録され、カムイ・ユーカラ（神謡）一〇六篇のなかでは、オイナカムイあるいはアイヌラックルが登場するものが三二篇を占めている。このようにアイヌの叙事詩のなかには文化英雄が登場するものが数多く残されている。

オイナのなかには、狩猟法や漁法、神々の崇拝のしかた、木幣や酒の供えかたなど、オイナカムイがアイヌの文化を人間に教える物語が多い。いっぽう、久保寺の採録したオイナのなかには巨魔や魔神を退治する話が五篇、飢饉(ききん)魔や疫病神(やくびょうがみ)を退治する話が五篇ある。神謡のなかには、悪い熊、竜蛇、人を殺す伝説の怪鳥などの悪い神をオイナカムイが懲らしめたり、退治したりする話が一三篇ある。オイナカムイのもう一つの重要な役割は魔神を退治し、人間界の飢饉を救い、疫病神を退けることなのである。

叙事詩のなかで、オイナカムイ、あるいは尊い神である狼の神や家の神に退治された魔神や悪い神は、①惨めな死を迎えたり、②取るに足らない植物や動物に変生させられたりする。しかし、多くは③人間の世界や神の世界とは別の世界に追いやられることになっている。

悪い神が追放される世界は、カムイ・ユーカラやオイナのなかで次のように形容される。たとえば、ポㇰナ・モシㇼ、テイネ・モシㇼ「陰湿の国」、イワン・ポㇰナ・シㇼ「六つの下方の国」、ノ・イワン・シㇼ「六つの世界」、アㇻウェン・モシㇼ「魔の国」などである。また、シ・アフン・チュㇷ゚ポㇰ「真西の下」、ヤチネ・モシㇼ「湿地の国」、チカㇷ゚・サㇰ・モシㇼ「鳥のすまぬ国」、アイヌ・サㇰ・モシㇼ「人間の住まぬ国」、ノパンヌ・モシㇼ「荒涼静寂の国」、シソヤ・モシㇼ「クマバチの国」である。ときには、海のかなたのピㇼカ・モシㇼ「美しい国」と形容される。

久保寺は、これらのアイヌ語表現に対し、次のような注解を行っている。[31] ①ポㇰナ・モシㇼは地底にある冥府(めいふ)であり、そこは六重に分かれている。②テイネ・ポㇰナ・モシㇼはその地底にある陰湿の国土で、悪人や魔神が罰せられて堕(お)ちて行くところである。③ヤチネ・モシㇼは魔神や、悪業を犯した神や人が逐(お)われてゆく他界の一つである。④アイヌは地下の国を六重に考えるとき、「鳥もすまぬ国」、「木の生えぬ国」、「水のない国」など種々想定し、最下底の冥界がテイネ・ポㇰナ・モシㇼだという。

久保寺はイワンというアイヌ語を六重、六層序という意味に解し、カント「天空」を六重であると考えるのと同じように、ポㇰナ・モシㇼを六重であると解釈したのである。そして、多様なアイヌ語の表現はそれぞれ、これら六重に分かれたポㇰナ・モシㇼの一つ一つの世界をあらわすと考えた。

これまでの研究においては、久保寺の示した解釈のようにポㇰナ・モシㇼは六層序の世界と解釈されてきた。しかし、追放の世界をあらわす多様なアイヌ語の語彙は、その用いられる文脈を検討してみると、必ずしもポㇰナ・モシㇼが六重の層から成り立つ世界であることを意味しないのである。次に述べるように、ポㇰナ・モシㇼは単層の世界であると考えることができる。

追放の世界

久保寺の採録したカムイ・ユーカラやオイナの文脈をみると、追放の世界をあらわすこれらの語彙は、いずれも対語形式となって登場する。

たとえば、神謡二七「狼の女神の自叙」のなかで、狼の女神を襲った妖熊は天の父狼の助けによって屠(ほふ)られ、追放されるようすが次のように謡われる。

上天の空から／狼の神／ほんとに重い神が／天降って／来たが早いか／悪い妖熊／にくい荒熊を／踏みくだき／地下の冥府（ポクナ・モシㇼ）／陰湿の冥府（テイネ・モシㇼ）へ／踏み落としてしまった。／その後／私たちの子供たちと／一緒に／上天の空へ／私たち夫婦も帰っていったのである。

このように、テイネ・モシㇼはポクナ・モシㇼと対語となって、蹴落とされてゆく世界として詞曲に登場するのである。

また、神謡一〇「山岳を領く神（熊）の娘の自叙」の中で、人間の娘を殺した、クマの神の娘である雌グマの行為に対し、火の媼神は山岳を領有する神に音信をよこし、雌グマに人間の娘を蘇生させることをうながすようすが次のように物語られる。

「ただその一人を子として／人間の首領（村長）／と一緒に暮らして／生活のたづきをなせる／娘／なるを、／汝の悪い娘は／殺してしまひぬ。／それを生きかへらせて／下さるべし。／それが出来ずば／汝は山岳を領有する神／なりといへども／汝の眷属／もろともに／魔の国（アㇻウェン・モシㇼ）／陰湿の冥府（テイネ・モシㇼ）へ／我蹴おとす／べし。」と／（中略）／「人間の娘を／生きかへらせて来い。／それが出来なければ、／今すぐにも／（親の私の）手で／（汝を）魔の国（アㇻウェン・モシㇼ）／湿地の国（ヤチネ・モシㇼ）に／蹴落として／くれるぞ。」と

この神謡においても、アㇻウェン・モシㇼはテイネ・モシㇼ、ヤチネ・モシㇼと対語になり、蹴落とされて行きつく世界として登場することが分かる。

さらに、神謡六四「フーリ鳥の自叙」には、怪鳥フーリがアイヌラックルによって懲らしめられ、追放の世界へ逐い却けられるようすが次のように描写される。

（アイヌラックルは）こういった、／「今からは／この人間の国へは／汝も棲みあきたろうから／今ここから／汝は出て行って／この人間の国の／国の西の果てにあり／谷地の国（ヤチネ・モシㇼ）／鳥の棲まぬ国（チカㇷ゚・サㇰ・モシㇼ）／荒涼静寂の国（ノパンヌ・モシㇼ）／へ汝は行き／谷地の国／鳥の棲まぬ国に／村造りし／淋しく／そこ

に暮らしているが／よかろう／ぞ。」と

この神謡では、追放の世界であるヤチネ・モシㇼ「谷地の国」は、人間の世界の地下ではなく西方にあると語られる。チカㇷ゚・サㇰ・モシㇼ、ノパンヌ・モシㇼも、ヤチネ・モシㇼと同じように踏み落とされた先の世界として登場すると同時に、西方にある世界として登場する。

シソヤ・モシㇼ「クマバチの国」はノパンヌ・モシㇼのことでもある。これも川沿いに水源へと遡り、そこからさらに西から流れる川を遡って行きつく世界というように、西方の果てと結びつく世界として詞曲に登場する。

以上のように、追放の世界をあらわすアイヌ語は、アイヌ・モシㇼとの対比の上で下方あるいは西方にある世界として詞曲の中に登場する。しかも、このうちの二つあるいは三つのアイヌ語表現が対語の組となって登場するのである。

このような表現形式は、追放の世界がいくつも分かれて存在することをあらわすというよりは、その世界の属性を示すといえる。たとえば、テイネ・ポㇰナ・モシㇼは、追放の世界であるポㇰナ・モシㇼの陰湿でどろどろしたという属性をあらわすのである。しかも「鳥がいない」、「物音一つしなくしーんとした」、「木が生えぬ」、「水のない」などといった追放の世界の属性は、いわば、アイヌ・モシㇼに想定される属性の否定的表現なのである。これはポクナ・モシリがアイヌ・モシリとまったく異なる世界であることを強調するものなのである。

再生できない魔神

オイナが伝えるオイナカムイと巨魔との戦いのなかには、戦いがポクナ・モシリで行われるものがある。たとえば、久保寺逸彦の聖伝四「アエオイナの神の自叙」は、アイヌラックルが幣神を雲の関の彼方にすむ巨魔の手から奪還する物語であるが、そのようすが次のように謡われる。

（中略）我手に取りて／それよりして／巨魔神（ポロ・ニッネ・カムイ）を／我討ちたるが／そのうち／我が思へる様は／かくありけり――／高天原の神の国（カムイ・モシリ）にて／この巨魔の神を／我討たば／国砕けんかと気遣はし、／村砕けんかと憂はし／きなりと／我が思ひし故、／六重の地底（イワン・ポクナ・モシリ）へ／我彼を押し落とす。／それよりして／地底の国にて／巨魔の神を／我討てるが、その時／我が眷属として伴へるは／我が率ゐて来し神々たちの／棒幣の神々の／全き光明神のみ／なりしかば、（魔神との戦には弱くて）／絶え間なく／（殺されて）怨みを残して去る音／もろともに響き音を／長く引きつつ／音を聞かせたり、／戦の最中／なれども／斃（たお）れし神々の／善き魂を／人間の国の／国土の上に／我送りて／おのおの別に／還しやりたり。／巨魔の神を／我が討ちて／夏の年六年／冬の年六年／にも亘りて、／辛くも／巨魔の神を／屠りてしまひぬ。／それよりして／我が郷国／人間の国へ／我抜け上りて、／我が養姉／の許へ／帰り来れり。(32)

このように、神々はカムイ・モシㇼ、アイヌ・モシㇼ、ポㇰナ・モシㇼと、縦横無尽に動き回れる存在である。しかし、ポㇰナ・モシㇼでの戦いのあと人間の世界に戻れるのは、神戦の勝利者であるオイナカムイのみである。巨魔はいったん、ポㇰナ・モシㇼに足を踏みいれたならば、二度と人間の世界や神の世界には戻れないことになっている。

また、金田一京助の『アイヌ聖典』（一九二三）に記される「神伝（カムイ・オイナ）」には、アイヌラックルと魔神であるシノッペ媛（ひめ）との戦いの終局は次のように謡われる。

（中略）悪女（を）／すべて六回／われ撃ち／われ斬る。／然れども／刀のうへに／相癒合する音／ぎちりと鳴る。／かくして／悪女／すべて六度／我を撃ちはしたれど／刀のうへに／わが腰骨／相合する音／ぎしりと鳴る。／かくして／「養姉／云ひて汝聞きたるものを／汝手おくれ／敢へてせんや。」／と我考へしかば／悪女が／脚部へ／われ屈みて／身をくゞらし、／片脚は／わが手につかみ／片脚は／われ強く踏みしだき、／

丁度真中より／われ引裂きたり。／片方の半分は／山の上／へ我投げ棄て、／「山のコシンプ／この女を／我汝へ与ふ、／おのが外へやることは／ゆめするなかれ」（と）。／片方の半分は／海のコシンプ／へわれ投げ棄て、／「この女を／われ汝に与ふ。／自分のほかへはやること／なかれ」／云ひつゝ／両方へ／我投げ棄てたる様に／わが心始めて安し。／それより／わが揮る刀に／首領たちを斬りふせ／永い間／奮ひ闘ひて、／甦る死霊は／此国土の東に（チュプ・カ）／音を飛ばし、／戻つてくる時に／戦の上へ／向つて来る神の如く／音を飛ばし、／新しき神となりて／刀の動くにつれて／閃々と光り渡れり。／全く死にきりたる神は／真西の下へ（シアフン・チュプ・ポク）／音ひくゝ／沈みゆき／悲み歎く神となり／引き返して／此国土の表に／音をよこしたりしき。[33]

アイヌラックルに切られながら何度も再生するシノッペ媛は、最後には二つに引き裂かれ、その身が再び癒合することがないように、海と山の別々の方向に投げ捨てられ、永遠の死を引き受けるのである。また、この文脈から東西の方位が特別な意味をもつことが分かる。チュプ・カ「日・の上」、東方が再生可能な世界であるのに対し、チュプ・ポク「日・の下」、西方は再生不可能な世界と考えられるのである。

久保寺逸彦の記すこの異伝ともいわれるオイナ一八「アイヌラックルの自叙[34]」には、シノッペ媛の最期は次のように語られる。その屍（しかばね）が二つ三つになり、ばらばらに斬り放され、その死霊はうらめしげな音を立てながら、再び蘇ることのない死霊らしく、西天低く沈んでいった。

このように、これらの詞曲において文化英雄に退治された魔神は再生できないことが強調されるのである。

神々の死の象徴

地下の世界あるいは西方の果てに追放された魔神は、再び人間の世界に舞い戻ることができない。天地開闢(てんちかいびゃく)以来、人間とともに良い神々ばかりではなく、さまざまな悪神たちも誕生した。したがって住みよい人間の世界を創り出していくためには人間に敵対する徹底して悪い神々を圏外へと追放しなければならないのである。

神話においてポクナ・モシㇼは、後述する人間と神との互酬的(ごしゅうてき)関係にふさわしくない、このような悪い神々を永久に追放するための受け皿として意識されているのである。ポクナ・モシㇼは、アイヌ・モシㇼ（人間の世界）とカムイ・モシㇼ（神の世界）とによって構成される宇宙の圏外、つまりアイヌ・モシㇼと互酬性の成立しえない第三の世界なのである。

元来神々には死はないと考えられている。しかし、魔神が退治されポクナ・モシㇼに追放されることは、彼らが永遠の《死》を引き受けたことを象徴する。つまり、カムイ・モシㇼとアイヌ・モシㇼは神々にとっての《生》を象徴する世界であるのに対し、追放の世界であるポクナ・モシリは彼らの永遠の《死》を象徴するのである。カムイ・ユーカラやオイナといった神話の文脈において、ポクナ・モシリは神々の死の象徴となっている。

いっぽう、神話においては、神々の死の世界となるポクナ・モシリは人間にとって必ずしも死後の世界とは考えられていない。すでに述べたように、カムイ・ユーカラでは、人間のあの世はポクナ・モシリではなくて、天上にあるカムイ・モシリと語られる。これらのことを考慮すると、神話においても第6節で述べるように、宇宙は相互交流が成立するアイヌ・モシリとカムイ・モシリによって構成されるという二元的宇宙観が基本となっているのである。

魂の行きつく果て

アイヌは、人間が死後の世界において、この世とまったく同じ姿をし、同じ生活を送り、至福の状態で永久に生きると考えている。

北海道西南地域のアイヌ語であの世の入口は、アフン・ル・パラ「入る・道・口」と呼ばれ、多くは海岸または川岸の洞穴がそれであるといわれる。あの世の入口に関する伝説や、生きながらあの世に行ってきた人の帰来談として語られるアイヌ・ウエペケルが残されている。これらの伝承においては、人間の死後の世界はポクナ・モシリとして語られるのである。[35]

たとえば、幌別（ほろべつ）地方に伝承されるアイヌ・ウエペケルのなかにおいて、人間が生きるこの世はカンナ・モシリ「上方の国」と呼ばれる。これに対し、死んだ人間の魂が行きつく世界はポㇰナ・モシㇼと呼ばれるが、そこはまた、カムイ・コタン「神の村（国）」でもある。また、沙流地方の伝承においては、死人の行く国であるあの世は海岸の崖山にある大きな横穴の奥深い先に続く世界として登場する。そこはポㇰナ・モシㇼとか、オヤ・モシㇼ「他の世界」と呼ばれるのに対し、人間の世界はカンナ・モシㇼとして語られる。

バチェラーの報告するあの世に関する三つの伝説をみると、いずれにおいてもあの世は下方の世界、この世は上方の世界として記述されている。これらの伝説においてもあの世はポㇰナ・モシㇼ、この世はカンナ・モシㇼとアイヌ語では語られていたことが分かる。

さらに、幌別地方には次のような伝承がある。カンナ・モシㇼで神のとがめる悪行をしたものは、ポㇰナ・モシㇼで暮らすことができず、カエル、マムシ、トカゲ、悪い鳥にされてカンナ・モシㇼに戻される。あるいは、悪い人間の魂は死後、幽霊（トゥカㇷ゚）となってこの世を徘徊（はいかい）する。[36] 沙流地方には、自殺したり、殺されたり、苦悩のうちに死んだ人の魂は地下のあの世を避け、復讐を求めながらこの世をさまようという考えも伝承される。[37] 悪い人間は地獄に赴くのではないが、カムイ・モシㇼで暮らすことができないという考えや、死にかたによって死後のありかたが異なるという考えもある。

各地に残る伝説やアイヌ・ウエペケルにおいては、人間の死後の世界は神の国カムイ・モシㇼであると同時に、この世の下方にあるポㇰナ・モシㇼであるとして登場するのである。そして、アイヌ・モシㇼとポㇰナ・モシㇼの両世界は暗い穴のような道によってつながると考えられている。

ポクナ・モシリは神話においては魔神の追放の世界としての意味をもつのであるが、アイヌ・ウエペケルや伝説においては人間の死後の世界としての意味をもつ。このようなポクナ・モシリの多義性は、次に取りあげるように、アイヌの他界観に関する多様な解釈の背景ともなるのである。

5　アイヌの他界観

地獄は存在しない

アイヌの伝承文学においてはすでに述べたように、人間の死後の世界は常にカムイ・モシリと語られるのであり、いわゆる《地獄》を想定したものはない。この点で、「アイヌのおとぎ話のなかには、死後の世界が地下にあるポクナ・モシリとして記されるが、天国、地獄といった記述は存在せず、アイヌのあの世に対する考えかたには、本来道徳的な綾が織りこまれていなかったと考えられる。死後の世界が天国と地獄に分かれるという考えかたは外来の影響を受けたものであろう」と記したチェンバレンの解釈は的を射ていた。[38] いっぽう、人間の死後の世界、他界は神謡・聖伝においては天界にあるカムイ・モシリであるのに対し、アイヌ・ウエペケルや伝説においては、地下のポクナ・モシリにあるカムイ・モシリとなる。他界としてのカムイ・モシッの宇宙における位置づけは伝承文学の形式によって、天上あるいは地下にあるというように相違する。

また、一般に人は死ぬと神となり、カムイ・モシッ「神の国」に行くと考えられた。本来的には生前の行為の道徳性によって死後の世界が異なるという考えはなく、死後の世界として地獄を想定する考えは後になって発生したものといえる。しかし、マンローの報告に、殺された者、自殺者、苦悩のうちに死んだ者は復讐を求めてさまよえる幽霊になり、時には四肢の麻痺(まひ)という病気を引き起こす原因となるとあるように[39]、死にかたが死者のその後のありかたに影響するという考えも認められる。すべての人間がカムイ・モシッに行き、カムイになるとは限らないという考えもあったのである。

これらのことが背景となり、善と悪という道徳観念の挿入、それが加味された宇宙での位置などが絡みあい、他界観は多様に解釈されてきたのである。

あの世の位置

たとえば、バチェラーは、天界は最高神である創造神をはじめとした神々が住む世界であるのに対し、地下界は人間の死者が赴く世界であると考えた。ポクナ・モシッには罰せられた死者が赴く《地獄》という意味はなく、あらゆる死者の魂は地下の中間状態であるポクナ・モシッを訪ね、その後生前の行為によってカムイ・コタン(神の村)あるいはテイネ・

ポクナ・モシリに行くと考えた[40]。地下の世界が天国と地獄に分かれるとしたのである。

いっぽう、吉田巌は、死者は「神の許に至る」というアイヌの説明を霊魂は神の許あるいは天国にあるという信仰の存在とみなし、善者の魂は死後カムイ・コタンまたはカント・モシリ（天国）に入り、悪者はそこに入ることを拒まれ、ポクナ・モシリまたはテイネ・ポクナ・モシリ（下界）に追いやられると解釈した。下界と上界とのあいだには明暗善悪などの区別があり、勧善懲悪因果応報（かんぜんちょうあくいんがおうほう）の観念が仏教化以前から成立していたと考えた[41]。また、金田一京助は次のように述べる。アイヌでは黄泉の国が下方にあるが、ここは神話において魔神や悪神が追放されて永遠に死ぬように語られ、悪霊の行くところである。人は死後神になるのであるから普通の人の死後行くところは天上の神の国である[42]。吉田巌や金田一京助は、バチェラーの見解に対し、善者の赴くあの世を天上に位置づけ、悪者の入るあの世を下界に位置づけたのである。

バチェラー、吉田、金田一らの解釈に対し、知里真志保は次のような見解を示した。天上の世界はカント「天」と呼ばれる神々の住む世界、地上の世界はカンナ・モシリ「上方の国土」と呼ばれる人間の住む世界、地下の世界はポクナ・モシリと呼ばれる死んだ人の霊魂の住む世界である[43]。あの世はカムイ・コタン「神の村」とも呼ばれ、死者の魂の安住する楽しい世界である。さらに、地下の世界を分けてポクナ・モシリのほかに、テイネ・ポクナ・モシリ「じめじめした地下の国」を別に設け、そこには悪い人間の魂が行くとする考えかたも生じていると記す。悪い人間が死後カエルにされたり、幽霊となってこの世を徘徊するという伝承を記すのに対し、悪い人間の魂がテイネ・ポクナ・モシリに行くとはっきり語る伝承は記していない。そして、知里はアイヌ本来の他界観としては、あの世が善悪という道徳的規範によって区別されず、あの世をいわゆる地獄と楽園に区別を設ける考えかたはあとで発生したものという見解をとったのである。

また、久保寺逸彦は神話・葬制の研究をもとに次のように述べる。「他界は地底にあって、ポクナ・モシリと呼ばれるが、……その最下底の陰湿の国は悪霊の落ち行く先であり、また、この世で悪業を重ねたものが神に罰せられて追いやられる処である。通常、死者の行くところは、ポクナ・モシリと呼ばれる一種の神の国カムイ・モシリであり、我々の住む上方の世界カンナ・モシリと少しも違わない先の明界である」[44]。久保寺の見解は、他界が生前の行為の善悪にしたがって二つに分かれるとした点で、基本的にはバチェラーの見解と同じである。しかし、バチェラーの考えかたの次の点について反論している[45]。ポクナ・モシリは死者の行きつくところであり、人間界からカムイ・モシリあるいはテイネ・ポクナ・モシリに行く中間状態とは考えられない。創造神が死者の魂の暮らす世界を決定し、火の媼神が裁判の検事のような役割を果たすということはアイヌの考えかたらしくない。

マンロー（Neil G. Munro）はまた、民族学的視点からの調査をもとにした死後出版された *Ainu : Creed and Cult*（『アイヌの信仰と儀礼』、一九六三）のなかで、アイヌの他界観に関して久保寺と同様の見解を発表している。同時に、火の媼神はこの世において悪い行為を罰する審判者であるといえるが、いわゆる最後の審判における審判者として関わるというバチェラーの見解は確かめることができなかったと記す[46]。

さらに、埋葬頭位と結びつけた他界の位置づけも行われてきた。たとえば、藤本英夫は各地のアイヌの墓における埋葬の長軸方向から、縄文時代の後期末から擦文土器の時代までの人びとには太陽を目標とした埋葬習慣があったと指摘した[47]。そして、次のようなアイヌの老人の話を紹介している。「アイヌの死者の国は、ポクナ・モシリといって日の落ちる西の方にある。それで、死んだ人が立ち上がったとき、まっすぐ西の方に向いて行けるように頭を東に向けて埋葬する」。埋葬頭位をもとに、縄文時代後期末から擦文時代におけるあの世の方向は、現在のアイヌと同じように、太陽の落ちる西の方であったと解釈したのである。

このように、これまでの研究において他界の位置づけは、天界、地下、西方の果てと多様に解釈されてきた。しかし、第6節で、《あの世》が語り伝えられる伝承形式の違いの意味について取りあげ、他界の位置づけについて論じるように、総合的にみて、人間の死後の世界としてのカムイ・モシリは地下のポクナ・モシリに位置づけられていたのである。

あの世はこの世と同じ

アイヌは、人間は死後の世界においてこの世とまったく同じ姿をし、同じ生活を送ると考えるのである。このため死者の埋葬に際してあの世での生活に困らないように、男性ならば弓矢、煙管（キセル）、タバコ入れ、マッチ、大小の刀、椀や盆、イクパスイ（捧酒箸（ほうしゅばし））などを、女性ならば針と糸、衣服、機織り（はたお）道具、杓子（しゃくし）、柄杓（ひしゃく）、椀、装身具などを一部壊して副葬した。さらに、死者がとくに女性の場合には小屋を燃やし、あの世に送ったのである。バチェラーが記すように、「妻が死んだときには、夫は小屋を燃やし、妻とともにあの世に送らなければならない」と語るアエオイナの伝承が残る[48]。

北海道西南地域にはあの世の入口に関する伝説や、生きながらあの世に行ってきた人の帰来談として語られるアイヌ・ウエペケルが残る。じっさい、これらの話では、あの世を訪れた人はそこに、この世とまったく同じ風景が広がり、同じような村があり、あの世の人びとがこの世とまったく同じ暮らしをするのを見るのである。

久保寺は、「他界における死者の生活は現世の生活そのものであり、Aの村人は他界でもAの村人同士で生活するし、ある川筋に住む人々はその人達だけで集落を作る」というアイヌの考えを報告している[49]。泉靖一（いずみせいいち）も、次のように述べている。「領域的なイウォル (iwor)、…-un-kur iwor の地下には…-un-kur の黄泉の国 (pokna-moshiri) があると信じられている。（中略）沙流川のアイヌは Sar-un-kur iwor の地下に現世の Sar-un-kur iwor によく似た彼岸の Sar-un-kur iwor があり、死後彼らは来世の Sar-un-kur に赴くものと考えている[50]」。Aの村人は他界でもAの村人同士で生活するというように、地下のあの世には現世と同じような村落構成さえ維持される。訪問者はそこで死んだ自分の親族や同じ村の人びとを見つけることができるのである。

あの世をこの世と同じように考えることはシベリアの諸民族にも認められる。たとえば、「下の方」にあるあの世に迷いこんだヤクート（現在はサハを自称し、以降民族名としてサハを用いる）の狩人はサハのような姿をした人間に出会う。彼らはヤクート語を話すが、そこでは人間も、その天幕も、家畜も、樹までもが小ぶりなのである。また、北シベリアのユカギールは死者があの世で氏族ごとに分かれて、地上と同じような天幕で暮らすと考える。[51]このため副葬品を一部壊して埋葬する習慣もシベリアの諸民族の間で広く認められる。[52]いずれの場合にも、アイヌと同様に、死あるいは壊すことによりあの世へ行く（送られる）という観念がその背後にある。

あべこべの世界

いっぽう、あの世とこの世とは、次のように異なると考えられている。[53]

①あの世の人間がこの世を訪れるときには見ることのできない幽霊になるように、この世の人間があの世を訪れるときにはあの世の人々にとって見ることのできない幽霊のようなものになる。

②この世の人間はあの世の人間の話を聞き、ときには自分の言いたいことをあの世の人の

口を通して伝えることができるが、直接話しかけることはできない。

③この世の犬があの世から来た幽霊の姿を見ることができるように、あの世でも犬のみがこの世の人間の存在を知ることができ、吠える。

④あの世とこの世とでは昼と夜とがあべこべであり、時間の尺度はあの世での数時間がこの世での数十日間に相当するというように異なる。

⑤あの世では、死んだ人びとはちょうどハエが天井に止まったように足をさかさにして歩いている。

⑥あの世の食物を食べると再びこの世に戻ることはできない。

⑦あの世から帰ってきた者はすぐに死ぬ。

アイヌはあの世とこの世はお互い裏がえしの、逆転した世界と考えるのである。第五章でアイヌの他界観と上代日本、シベリアの諸民族の他界観との比較を試みるが、あの世ではすべてがこの世と逆の関係にあると考える例はシベリアのアルタイ系諸民族にもみられる。たとえば、オルチャのあいだでは、地上が昼の時、あの世では夜であり、地上が夏ならばそこは冬である。あの世で熊や魚がたくさん獲れるときには地上では少ししか獲れないのである。サモエドのあいだではあの世の太陽は西から出て東に沈み、川の流れも逆に考えられている。シベリアの諸民族でとくに広く認められるのは、昼と夜が逆になるという考えかたであり、死者は夜出歩くと信じられているのである。(54)

また、死者の魂がときにはさまよえる霊となり、この世の人間のまわりをうろつき、ときには人間を苦しめるという観念もシベリアの民族に認められる。[55] たとえば、ナナイには、死産児、自殺者その他の不自然な死を遂げた者の霊《ブセウ》はすべての幸福な人間をねたんで苦しめるという考えがある。また、サハの《ヨル》、テレウートの《ユズュト》といった死霊の観念がある。《ユズュト》は、招かれざる客として家へ入ってくると恐れられ、シャマン以外の人間の目にはふつうは見えないが、犬はそれに気づいて吠えるという。死者の霊を生者はふつう見ることができず、犬が気づくという点はアイヌの例と同じである。

「あの世の食物を食べると再びこの世に戻ることはできない」という考えは、第五章でも取りあげる、「記紀」における「黄泉戸喫（よもつへぐい）」と同じ考えかたである。冥界譚（めいかいたん）における「ヨモツヘグイ」のモチーフは細部では異なることが多いが、日本の説話に限らず、ギリシャの説話、北米先住民の説話などにも見られる。このような汎世界的に分布する要素もアイヌの他界観に認められるのである。

死後に人は神となる

あの世を反転した世界とみなすことや、ヨモツヘグイの考えかたなどアイヌの他界観のなかには各地の民族で認められる要素がいくつかあるが、なかにはアイヌに特徴的な考えかたを認めることができる。たとえば、幽霊は異なる世界を訪れたときの仮の姿であり、異なる世界からの訪問者は目には見えないということである。つまり、死者が生者に対して幽霊と映るのと同様に生者は死者に対し幽霊と映るのである。幽霊はあの世で神となった死者の仮の姿にすぎず、恐ろしい超自然的存在ではないのである。また、生者と死者はお互い話を聞くことはできるが、直接話しかけることができないという点である。このため死者は夢に現れて生者に語りかけるのであり、生者は誰か別のあの世の人を介して話しかけるのである。

このように、アイヌは、この世とあの世とを相同と考えると同時に、異質なものとして区別する。しかも、このふたつの世界は直接交流することのできない世界と考える。そして、アイヌの他界観と他の諸民族における他界観とのもっとも大きな相違は、第五章で詳述するように、アイヌにおいて死後人は神となり、あの世を《神の世界》と考えることにある。

6　相補二元的宇宙観

伝承形式による宇宙観の相違

カムイ・ユーカラやオイナ、およびこれらと同じ内容を散文体に変えたカムイ・ウエペケルはアイヌの神話に相当する。これに対し、アイヌ・ウエペケルは人間の物語である。これまで述べてきたように、北海道西南地域を中心にして伝承されてきたカムイ・ユーカラ、オイナ、カムイ・ウエペケル、アイヌ・ウエペケルには、アイヌの宇宙観が如実に語られてきたのである。

アイヌの神話においては、宇宙観は次のように描かれていた。アイヌ・モシㇼ（人間の世界）が天上にあるカムイ・モシㇼに住む創造神によって造られ、人間の世界には人間の誕生と同時に地上の神々が誕生したのである。天上の神々と地上の神々が交流する。神々のなかには良い神と悪い神がおり、とくに魔神は互酬性の成立するアイヌ・モシㇼとカムイ・モシㇼから成る世界、二元的世界の圏外に追放されたのである。さらに、人間は死後、天上にあるカムイ・モシㇼに行くと考えられている。いっぽう、人間の物語であるアイヌ・ウエペケルにおいては、人間は死後カムイ・モシㇼに行くが、それは地下にあるポㇰナ・モシㇼであるとされるのであった（二六ページ、図1）。

伝承文学に投影されたアイヌの世界観においては、人間の死後の世界の一つとして地獄を想定しておらず、人間の死後の世界はカムイ・モシㇼであると考えられている。いっぽう、ポㇰナ・モシㇼの宇宙における位置づけには、カムイ・ユーカラでは二元的世界の圏外にある追放の世界と語られ、アイヌ・ウエペケルでは人間の死後の世界と語られるように、伝承の形式によって相違があった。また、人間の死後の世界はカムイ・ユーカラでは天上のカムイ・モシㇼと語られ、アイヌ・ウエペケルでは地下のカムイ・モシㇼと語られている。

アイヌの伝承文学のもっとも古い形式は、託宣（たくせん）から派生した巫謡（ふよう）であり、これからカムイ・ユーカラ、オイナへと発展し、ユーカラ「英雄詞曲」が誕生したのである。いっぽう、カムイ・ユーカラが散文体へと発展し、カムイ・ウエペケル、そして、アイヌ・ウエペケルが誕生した[56]。アイヌ・ウエペケルが成立する時代は江戸中期から末期にかけてである[57]。伝承文学のこのような系譜を考慮すると、カムイ・ユーカラやオイナが伝える宇宙観がよりアイヌのそれの原型に近いといえるだろう。

また、アイヌの叙事詩、ユーカラやオイナはシベリア諸民族の叙事詩と関連があるばかりではなく、一人称単数での語りという特徴において、中世日本の叙事詩や劇からの影響の可能性がある。そして、今日知られているようなユーカラは、北方文化および南西の和人文化双方との文化接触の過程で一七世紀ごろになって成立したといわれる[58]。このような伝承文学の歴史的背景を考えると、アイヌの伝承文学は北方文化および南西の和人文化における宇宙観を内包する可能性がある。

神話的時間、歴史的時間

いっぽう、伝承形式の違いは語り伝えたいメッセージという点からも重要な問題である。たとえば、神話のなかでとくにオイナ（聖伝）からは、次のようなアイヌの世界観を理解するうえでのカギとなる情報を読み取ることが可能である。聖伝の主人公オイナカムイは、人間の世界の果てに住む巨魔を退治し、人間に人間らしく生きる方法を教え終わったあと、父の国である天上の神の国に帰る。オイナカムイの天上への帰還という主題は、アイヌ・モシリ、人間の創造に始まり、人間の世界に関与し続けてきた天上の神々の役目の終了を象徴するのである。文化英雄の天界への帰去は、それまで一体であったアイヌ・モシリと天界のカムイ・モシリとの分離、天空がもはや現象的な意味しか持たなくなったことを象徴するといえる。オイナの主題は、アイヌの世界観において、時間の概念がアイヌ・モシリと天界のカムイ・モシリが一体であった神話的時間カテゴリー（神々の時代）、および両者が分離したあとの歴史的時間カテゴリー（人間の時代）の二つのカテゴリーに観念上区別されていることを象徴する。このように考えると、この世とあの世とは、神話的時間においては地上のアイヌ・モシリと天上のカムイ・モシリとに対置されるのに対し、歴史的時間では地上のカンナ・モシリと地下のポクナ・モシリに対置されるとみなすことができる。

歴史的時間においては、アイヌ・モシリに残った地上に誕生した神々と人間とで構成される世界が大きな意味をもつことになるのである。アイヌが一般に崇拝する重要な祭祀神は、火の神、水の神、家の神、幣所の神、森の神、熊の神、ハシナウ神（狩猟の神）などである。これらの神々はいずれも地上のアイヌ・モシリに誕生した神々である。沙流地方でもパセ・カムイ「尊い（重い）神」として信頼される神のほとんどは火の神、幣所の神などの地上の神である。(59)また、アイヌのもっとも重要な儀礼であるクマ送りにおいて、祭壇（ヌサ・サン）に木幣（イナウ）が供えられるのは、北海道西南地域ではすべて地上の世界（アイヌ・モシリ）に住む自然神であり、天界の神々である日の神や雷神は木幣を供えられる神ではな

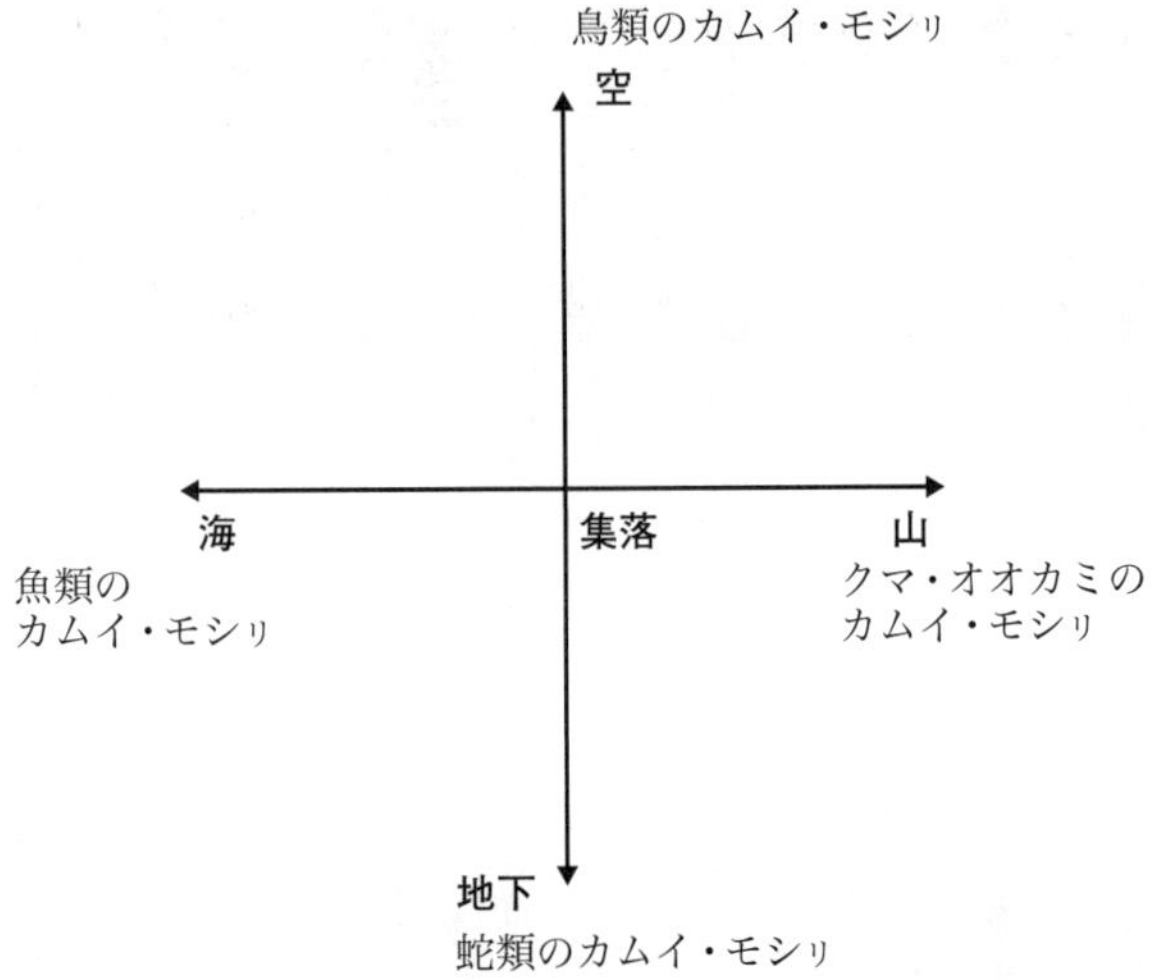

図2　人間の世界（アイヌ・モシㇼ）起源の神々の世界

い。[60] このように、現実のアイヌの儀礼において重要な意味をもつのは、地上のアイヌ・モシㇼに誕生した神々である。

「その神々の種類によって神の国はいろ〳〵あるようであります。鳥のように羽のあるものはその国が天にある。獣の神国は里河を遡って水源地に近い川の二股に岐れたところの、空に聳ゆる神山の中にある。（中略）魚だの鯨だのといふものの神国は海の底にあります」という。[61] 第四章で詳しく取りあげるように、動物に顕現する神々のカムイ・モシㇼは、〈ケダモノ〉、〈トリ〉、〈サカナ〉といったその動物のフォーク・カテゴリーに結びつく空間の延長線上に位置づけられる（図2）。人間にとってのカムイ・モシㇼは死後の世界そのものである。神話的時間において死の象徴でもあったポㇰナ・モシㇼが、そのメタファーによって、歴史的時間においては天上のカムイ・モシㇼに代わる人間にとってのカムイ・モシㇼになったと考えられる。

相補的にして二元的な宇宙観

コタンは人間を象徴する空間カテゴリーである。コタンを中心にして海、山とくに川筋をさかのぼっていった先の深山、空の延長線は自然神のカムイ・モシㇼとなる。人間と地上の神々とで構成されることになった歴史的時間における宇宙は、神々の世界を人間の村コタンを中心として山と海あるいは川上と川下を結ぶ水平線上、空と地下を結ぶ垂直線上の両極に配置するという構図をもつ。そして、ポㇰナ・モシㇼはこの神々の世界、カムイ・モシㇼの一部にすぎないのである。歴史的時間において、宇宙は現実の世界であるアイヌ・モシㇼ（人間の世界）と超自然的世界であるカムイ・モシㇼ（神の世界）との二つの世界で構成される。神々と死者の世界は、カムイ・モシㇼという一つの空間カテゴリーを構成し、現実の世界であるアイヌ・モシㇼの宇宙における余集合となるのである。

後述するように、空間を対立的にあらわす対語の例を認めることができる。たとえば、陸地を意味する「ヤ」は海を意味する「レㇷ゚」と対になり、「ヤ」と「レㇷ゚」は岸と沖という意味での対語ともなる。また、山を意味する「キム」は村を意味する「コタン」および「レプ」と対になる。さらに、上手を意味する「パ」に対し、下手は「ケシ」といい、上方を「カンナ」というのに対し、下方を「ポクナ」という。これらの対語が示すように、空間は水平線上においても垂直線上においても二項対立的に捉えられる傾向がある。アイヌの空間分類は、上と下、川上と川下、コタンと山、沖と陸、沖と山といったように二項対立的な空間認識を基盤としている。

結局、このような二項対立的な空間認識は宇宙観の基盤であり、宇宙は、神話的時間においては天界のカムイ・モシㇼと地上のアイヌ・モシㇼと、歴史的時間においては現象世界、自然世界としてのアイヌ・モシㇼとその余集合である超自然的世界としてのカムイ・モシㇼとで構成されることになっている。このように、その具体的内容が異なるとはいえ、人間の世界と神の世界との対比に基盤をおく二元的宇宙観がアイヌ文化の一貫した底流となっているのである。

さらに、次章で詳述するように、動物や植物の自然神は神の国から《自然の幸》として人間の国を訪れるのであり、これに対し、人間は神の世界にはないとされるイナウと酒でもてなすのである。すなわち、アイヌ・モシㇼ（人間の世界）とカムイ・モシㇼ（神の世界）とは断絶した世界ではなく、相互に交流し合い、互酬的関係、相補的関係に基づく世界である。アイヌの宇宙観は相補的二元観に基づくのである。

註

（1）金田一京助、一九三七年、『採訪随筆』、人文書院、一〇一―一〇二ページ。知里真志保、一九八四（一九五六）年、『地名アイヌ語小辞典』、北海道出版企画センター、六一ページ。

（2）Batchelor, John, 1981 [1938], *An Ainu-English-Japanese Dictionary*, Iwanami.

（3）次田真幸全訳注、一九七七年、『古事記』（上）、講談社学術文庫、三六ページ。

（4）君島久子、一九八三年、『中国の神話』、筑摩書房、一五ページ。

（5）ウノ・ハルヴァ、一九八九年、『シャマニズム―アルタイ系諸民族の世界像』、田中克彦訳、三省堂、二一一―二一三ページ。

（6）久保寺逸彦、一九七七年、『アイヌ叙事詩　神謡・聖伝の研究』、岩波書店、「神謡八四」。

（7）Batchelor, John, 1901, *The Ainu and Their Folklore*, London : The Religious Tract Society, pp. 41-45.

（8）久保寺、一九七七年、前掲書、「神謡八二」、「神謡八三」。

（9）知里真志保、一九五三年、『分類アイヌ語辞典　植物篇』、日本常民文化研究所、二二六ページ。

（10）Batchelor, 1901, 前掲書、四九七―四九八ページ。

（11）知里、一九五三年、前掲書、一六八―一七二ページ。

（12）Batchelor, 1901, 前掲書、四六七―四六八ページ。

（13）金田一、一九二五年、『アイヌの研究』、内外書房、二一七―二一八ページ。

（14）名取武光、一九四一年、「沙流アイヌの熊送りに於ける神々の由来とヌサ」『北方文化研究報告』四輯、三五―一一二ページ（四二ページ）。金田一、一九二五年、前掲書、二八三ページ。

（15）久保寺、一九七七年、前掲書、四二ページ。

(16) Batchelor, 1901, 前掲書、四七〇ページ。
(17) 久保寺、一九七七年、前掲書、六一—六二ページ。
(18) 金田一、一九二三年、『アイヌ聖典』、世界文庫刊行会、一〇—一五ページ。
(19) 次田全訳注、一九七七年、前掲書、六七—七二ページ。
(20) 金田一、一九二三年、前掲書、二〇九—二一〇ページ。
(21) 久保寺、一九七七年、前掲書、「神謡五八」。
(22) 久保寺、一九七七年、前掲書、「神謡五八」。
(23) 金田一、一九二三年、前掲書、三二ページ。
(24) Batchelor, 1901, 前掲書、六〇ページ。
(25) 久保寺、一九七七年、前掲書、六一三ページ。
(26) 知里、一九七四(一九三六)年、「アイヌ語法概説」『知里真志保著作集』第四巻、平凡社、三—一九七ページ(六一ページ)。久保寺、一九七七年、前掲書、五九六、六〇二、六二八、六四三、六七三ページ。
(27) 金田一、一九二三年、前掲書、二〇一—二〇六ページ。
(28) 久保寺、一九七七年、前掲書、「神謡六」。
(29) 久保寺、一九七七年、前掲書、「神謡八二」。
(30) 久保寺、一九七七年、前掲書。
(31) 久保寺、一九七七年、前掲書、六一六、六三五、六四六、六九一ページ。
(32) 久保寺、一九七七年、前掲書、「聖伝四」。
(33) 金田一、一九二三年、前掲書、「神伝(一)」、七六—八一ページ。
(34) 久保寺、一九七七年、前掲書、五八六—五九〇ページ。

(35) Batchelor, 1901, 前掲書、五六七—五六八ページ。知里、一九八四（一九五六）年、前掲書、九七ページ。知里真志保・山田秀三、一九五六年、「あの世の入口」『北方文化研究報告』一一輯、一—三三ページ。

(36) 知里、一九五四年、『分類アイヌ語辞典　人間篇』、日本常民文化研究所、六八六ページ。知里・山田、一九五六年、前掲書、六ページ。

(37) Munro, N. G., 1963, *Ainu : Creed and Cult*, New York : Columbia University Press, p. 122.

(38) Chamberlain, B. H., 1887, *The Language, Mythology and Geographical Nomenclature of Japan, Viewed in the Light of Aino Studies, Memoirs of the Literature College, Imperial University of Tokyo*, T. 1, p. 19.

(39) Munro, 1963, 前掲書、一〇四—一〇五ページ。

(40) Batchelor, 1901, 前掲書、五六—六三、五六七—五六八ページ。

(41) 吉田巌、一九一二年、「死に関するアイヌの観念と風習」『人類学雑誌』二八巻、四号、二〇一—二一〇ページ（二〇七ページ）。

(42) 金田一、一九二五年、前掲書、二九八ページ。

(43) 知里、一九七三（一九五三／五四）年、「ユーカラの人々とその生活」『知里真志保著作集』第三巻、平凡社、三—六四ページ（二七—二八ページ）。知里・山田、一九五六年、前掲書、六ページ。

(44) 久保寺、一九五五年、「アイヌの葬制—特にその他界観について」『日本人類学会・日本民族学協会連合大会第九回紀事』、二一一—二一三ページ。

(45) 久保寺、一九五六年、「北海道アイヌの葬制—沙流アイヌを中心として」『民族学研究』二〇（一—二）、一—三五ページ（一一—一二ページ）。

(46) Munro, 1963, 前掲書、一八、一二一ページ。

(47) 藤本英夫、一九七一年、『北の墓』、学生社、一八二—一八三ページ。
(48) Batchelor, 1901, 前掲書、一三一—一三二ページ。
(49) 久保寺、一九五六年、前掲書、一〇ページ。
(50) 泉靖一、一九五二年、「沙流アイヌの地縁集団におけるiwor」『民族学研究』一六(三—四)、二一三—二二九ページ。
(51) ウノ・ハルヴァ、一九八九年、前掲書、三一四—三一五ページ。
(52) ウノ・ハルヴァ、一九八九年、前掲書、二七一—二九三ページ。
(53) 知里・山田、一九五六年、前掲書、二一—二二ページ。Batchelor, 1901, 前掲書、五八、五七〇—五七一ページ。
(54) ウノ・ハルヴァ、一九八九年、前掲書、三一三—三一八ページ。
(55) ウノ・ハルヴァ、一九八九年、前掲書、三三一—三五〇ページ。
(56) 久保寺、一九七七年、前掲書、三三—三四ページ。知里、一九七三(一九四八)年、「アイヌの歌謡第一集」『知里真志保著作集』第二巻、平凡社、二九九—三二二ページ(三一七ページ)。
(57) 知里、一九五五年、『アイヌ文学』、元々社、二二〇—二二一ページ。石沢澈、一九六四年、「ウエペケル(酋長談・首領談)からみたアイヌ民族の歴史」『北海史論』九号、三一—一六ページ。
(58) 大林太良、一九八八年、「アイヌのユーカラとその歴史的背景—日本・シベリア」、川田順造・野村純一編『口頭伝承の比較研究[4]』、弘文堂、四〇—五七ページ。
(59) Munro, 1963, 前掲書、一三ページ。
(60) 名取、一九四一年、前掲書。
(61) 金田一、一九四二年、「アイヌの文化」『工芸』一〇六号「アイヌ号」、日本民芸協会、一—三一ページ(一八ページ)。

第二章　霊魂とカムイ

1　霊魂の観念

ラマッとイノトゥ

アイヌの世界観において、永遠不滅な実体、「霊魂」の存在が認められており、これは、アイヌ語でラマッ、あるいはラマチ（心臓の意）と呼ばれる。「霊魂」は人間のみならず、無生物、生物を問わずに存在すると考えられている。

また、日本語の「命」が起源と考えられる「イノトゥ」というアイヌ語がある。バチェラーはこのイノトゥという語彙に対し「生命」という訳を与えている[1]。しかし、詞曲のなかで、人や神が死ぬとそのイノトゥが肉体を離れてごろごろ音を轟（とどろ）かせながら天へ昇っていくとよく謡われる[2]。

イノトゥは死者の霊魂をあらわす語彙として詞曲で用いられているのであり、アイヌの考えでは霊魂（自由魂）と生命原理（身体魂）とが語彙のうえではっきりと区別されていいない。いずれにしてもこのような霊魂の存在の認めかたは、現実の物質的世界のみならず、これらの霊魂の居所となる別の超自然的世界の存在を宇宙に認めていることであり、人間の世界と神の世界との対比をもとにしたアイヌの二元的宇宙観の基盤となっている。

アイヌは人間の魂について次のように考えていた。蝿、蝶や蜂などの小さな虫が眠っている人の頭上を飛んでいると、それはその人の魂が変装したものである。また、夢は人の魂が眠っているあいだに体内から抜けでてさまよい歩くために生じるものである。魂が永久に抜けでてしまうとその人は死ぬか、馬鹿になってしまうとも考えていた[3]。

マンローはまた、アイヌの霊魂に関して次のように述べている。人が眠っているときとか、何かの原因で意識を失ったときなどは、ラマッが身体から抜け出て戻っていない状態であるとされる。このような状態の人は、息をしているのであるが、「ラマッ　サク（魂がない）」であると考えていた。呼吸の停止は死のしるしであると認めるのであるが、生命あるいは精霊（霊魂）が呼吸と同一視されはしなかったし、人の生命とその影とが関係あるとも信じていなかった[4]。

このように、アイヌは魂が生きている人間の体内から抜け出しうると考えていたのであるが、生命原理と魂がはっきり区別はされず霊魂は一元論的に捉えられていた。また、魂の一時的不在が病気の原因になるという観念はなかったのである[5]。

人間の魂の肉体からの一時的離脱は、第五章で詳述するように、日本上代やシベリアの諸民族にも認められる観念である。

たとえば上代日本では、霊魂を生命現象としての《いき》と遊離魂としての《たましい》に区別する二元論的な観念がある。また、その一時的不在が病気の原因と関係づけられたりする。アイヌの霊魂観はこのような点で、周辺諸民族の霊魂観と異なることが分かる。

すでに述べたように、一般に、人は死ぬとカムイとなり、その魂、ラマッはポクナ・モシリ「下方の世界」にある「神の国」に赴き、この世とまったく同じ新しい生活を始めると考えられている。人が死後神となるという考えかたは、第五章で取りあげるように、日本上代の文化やシベリアの諸文化には見られない考えであり、アイヌの世界観の重要なカギとなっている。

人はいかにして神となるか

では、人はどのように神となるのであろうか。次のように、死者を送る祈りの言葉は、この点に関するアイヌの考えかたを示唆している。

わたしのほとけさまよ／わたしの涙子よ／わたしのいふことを／ようく聞きなさいよ。／今はもう／お前は神様になつて（カムイ　エネ　ワ）／神様の魂がはひつて（カムイ　ラマッポ　イエウヌ）／神様の格好をして／ゐるんで／人間の言ふ言葉は／聞えをないんだらうが／お前を育てたおばあさん／即ちこの火の神のおばあさん／からの／をしへさとしが／あつたことだらうから／しつかりと心をおちつけなさいよ。／そして／お前が手をひらいた／お前が手をはなしてしまつた／この国土であるから、／今はもう／親々の国／神様たちの国／へ行くやう、／その前に／国土の主のおばあさん火の神さま（モシㇼ・コㇿ・フチ）／がそこへ伝言をやつてあるから、／まつすぐに／親々の国／へ到着を／するのですよ。

（金田一京助、『アイヌの研究』、一九二五、三一一―三一五ページ）

この祈詞のなかで、人間が死後ただちにカムイとなることは、「カムイ ラマッポ イエウヌ」（神の魂の霊威を授けられて）と詠われる。死後、人間の魂は神の魂を授けられてカムイとなると考えられたのである。

この祈詞のなかの「カムイ ラマッポ」という言葉や、人魂を示すアイヌ・ラマッという語彙が示すように、アイヌは人間の魂と神の魂とを区別している。人間には人間の、神には神の「霊魂」があると考える。そして、霊魂は永遠不滅であるとしても、人はその死によって、魂そのものが、人間のものから神のものに質的に変化するのである。この質的変化によって人はカムイになると考えられたのである。

徘徊する霊・再生の信仰

ところで、死者の魂に関してはこれとは異なる考えかたも若干認められる。他界観の節ですでに触れたように、必ずしもすべての死者の魂が神の世界、あの世に行けるわけではなく、ときにはトゥカプ（幽霊）となってこの世を徘徊するという考えかたなどである。魂がトゥカプとなる死者は、生前に悪人であったり、自殺した人、殺された人や苦悩のうちに死んだ人である。魂ラマッの一時的不在が病気になるという考えがないのに対し、トゥカプは他人に憑依（ひょうい）し、病気をもたらすと考えられている。

限定的ではあるが、再生の信仰も認められる。バチェラーは、とくにカムイがなにか特別なメッセージを伝えたいときなどには、人がこの世に生まれ変わることが起こるという考えかたを報告している。(6) また、マンローは、次のような二つのいくぶん矛盾する考えかたを記す。(7) ほとんどの年長のアイヌは人の生誕が特定の祈りなどによるポクナ・モシㇼからの魂の帰還によって起きるものであると信じていたが、とくに立派な、善行の篤い人は生まれ変わることができると考えられていたという。久保寺は、一九二〇年に書かれた資料を引用しながら、人はポクナ・モシㇼにおいて三回の死を経た後この世によみがえるというアイヌの考えかたを紹介している。(8)

また、静内（しずない）のある古老は次のように語っている。「人の体は死とともに休む。しかし、霊魂は生きている。そして再び、下界（この世）に戻る。自分の親戚のところに帰ってくる。

若い夫婦が妊娠するときに帰ってくるのである」[9]。どの地域の伝承であるのかは不明であるが、妊娠する以前に、その母親と父親それぞれの祖先霊たちが相談して、誰がこの世に再生すべきかを決めるのであるという報告もある[10]。

以上のような人間の魂の再生に関する伝承がある。しかし、たとえば、チベットにおける活仏は仏そのものの再来とされるが、アイヌにおいてはある人が死者の生まれ変わりとされる場合、必ずしもその人が死者と同一の人間とみなされるわけではないようである。魂の再生に関する伝承は多くはなく、しかもその過程はあまり明らかではない。生まれ変わるという観念は、霊魂そのものの再生を意味し、カムイ・モシㇼに住む死者の魂が新たな人の誕生の源になりうるという観念といえる。いずれにしてもこのような魂の再生の観念も認められるのである。

「もの」のラマッ

アイヌの起源譚であるカムイ・ウパシュクマのなかには、道具や器具などのさまざまな「もの」のラマッについて物語るものがある。

人びとが使い、すり減ったり、壊れたりしたさまざまな「もの」は、いずれも戸外のヌサ・サンに供えられた後、燃やされると、そのラマチ、ラマッは神の世界、カムイ・モシㇼに帰ることができると語られる[11]。じっさい、前述したように、かつて死者の埋葬の際には、死者が使った道具類は《壊されて》、一緒に埋葬されたのであるし、また、とくに死者が女性の場合には住んでいた家を《燃やした》。壊したり、燃やしたりすることによって、これらのラマッを死者とともにあの世に送ることができ、死者はあの世でこれらを再び使用できるのである。

このように、道具や器具などのさまざまな「もの」は、燃やされたり、壊されたりすると、その霊魂は宿主から立ち去ると考えられている。また、動物や植物、人間などの生き物は、死ぬとその霊魂は肉体を離れて移動するのである。

以上に述べたように、アイヌは人間が消滅することのない、ときにはよみがえる永遠不滅の実体であるラマッ「霊魂」を有すると考える。さらに、人間だけではなく、動物、植物をはじめ宇宙のすべてのものがけっして消滅することのないラマッをもつと考えている。ラマッ「霊魂」は人間の世界においても神の世界においても永遠に存在しつづけるのである。人間はとくに死後、カムイの魂を吹きこまれてカムイに変化するのである。また、死者の霊のなかには、カムイとなることができず、危害を加える悪意を持った形のないさまよえる死者の霊、トゥカプとして存在することがあるとも信じている。いずれにしても、一般に魂は死あるいは破壊によって、人間の世界から神の世界へと移るのである。

2　カムイの概念

自然に具現化するカムイ

アイヌは、森羅万象に神性を認めるというアニミズム的観念をもつといわれてきた。イギリスの人類学者タイラーは『原始文化』（一八七一）のなかで、霊的な存在、超自然的存在に対する信仰をアニミズムと名づけ、宗教の基礎・起源であると考えたが、このような信仰は人類文化に広範にわたって認められる。日本上代の神観念はいうに及ばず、古代ギリシャ・ローマ、エジプトなどの古代文明においてもさまざまな神への信仰が宗教生活の基本であったことはよく知られた事実である。また、ヒンドゥー教、仏教といった多神教的世界宗教はアニミズム的信仰から発展し、体系化されたものといえる。いっぽう、第五・六章で述べるように、アニミズムという信仰を具体的に個々の文化で何に、どのように神性を認めるのかという点から見ると、文化ごとの違いを見いだすのである。

では、アイヌのアニミズム的信仰においては、どのように霊的な存在が認められるのであろうか。霊的な力あるいは神性を備えた超自然的存在をあらわす、もっとも重要かつ一般的なアイヌ語としてカムイという語がある。このアイヌ語は古くからチェンバレンをはじめ、金田一京助らによって日本語のカミとの言語学上の関連性が指摘され、日本語訳として

「神」があてられてきた。しかし、カムイ・ユーカラやカムイ・ウエペケルなどの物語をみると、カムイの概念には日本語の「カミ」とは異なる特徴がある。また、シベリア諸民族における「精霊」の観念とも異なるものがある。これらの点については第五章で詳しく検討することにしたい。

カムイには、カント・コロ・カムイ（「天を・治める・神」）や、ユㇰ・コロ・カムイ（「鹿を・治める・神」）などのように、実在の世界になんら具現化されないものが少しは存在する。しかし、ほとんどのカムイは現実の世界の生き物や自然物、あるいは自然現象に具現化されるものである。たとえば、トカㇷ゚・チュㇷ゚・カムイ（「日中・輝く・神」）は太陽、ピカタ・カムイ（「西南風・神」）は西南風、キㇺ・ウン・カムイ（「山・にいる・神」）はクマ（ヒグマ）、スㇽク・カムイ（「トリカブト・神」）はトリカブト、コタン・コロ・カムイ（「村・を領有する・神」）はシマフクロウ、ポロシㇼ・ウン・カムイ（「ポロシリ山・にいる・神」）はポロシリ山そのものに神性が認められたものである。また、ある種の病気は神の訪れの徴（しるし）であると考えられていた。風邪はシオ・カムイの訪れによるものであり、疱瘡はパーコロ・カムイ（「徘徊する・神」）の訪れによるものとされる。

動植物ばかりではなく、天体、気象、地形から病理学的現象にいたる多様な実体がカムイ、あるいはカムイの顕示とみなされてきたのである。しかし、カムイと呼ばれるものを注意ぶかく眺めてみると、森羅万象すべてがカムイとみなされてきたわけではないことが分かる。たとえば、クマはそれ自身がカムイとなるのに対し、サケはカムイ・チェプ「神・魚」と呼ばれるが、それ自身はカムイではなく、神のもとから送られる魚なのである。また、シカもカムイとはならず、ユクというその名の語源が「えもの」であるように、狩猟の対象、食料としてのみ考えられていた。さらに、植物のなかの草本類にはカムイと呼ばれないものが多い。このように、じっさいには限定された対象がカムイとされてきたのである。

超自然的存在をあらわす語彙

神、あるいは超自然的存在をあらわすアイヌ語には、カムイという語彙の他に、セレマクという語彙がある。セレマクはセレ・マク「背・後ろ」という原義であり、人間を見守る後ろだて、守護霊としての超自然的存在をさすものである。[12] イヨイキリ「宝壇」におびただしい宝器や祭器の類を積み上げるのは、自己の「うしろだて」をつくる気持ちであるという。これらの一つ一つにラマッが宿り、持ち主のアイヌのうしろだてとなり、常に背後から見守っていてくれるものと信じた。

アイヌの首長の義務の一つに「宝物を多く集めること」があったのは、自己および自己の集団の「影を強くする」ためであった。また、男性なら伝家の宝刀、女性なら刺繡(ししゅう)した冠物などを身につけていれば、そのラマッはセレマクとなり、「影身に添って守ってくれる」と考えていた。さらに、祖先を祀るのも、祖先がわれわれのセレマクとなりわれわれの生命や生活を守ってくれると信じているためなのである。[13] このような個人あるいは集団の守護霊としてのセレマクという概念が認められる。

また、個々人の憑神をあらわすトゥレン・ペ「憑いている・もの」、トゥレン・カムイ「憑・神」、カシ・カムイ「表面の（?）・神」という語彙がある。神謡や聖伝のなかには、登場人物とともにその憑神が出現する。憑神はそれの憑く人の死とともに死霊となり、なきがらを離れて天に帰する。[14] 人は生まれ落ちると同時に、銘々一定の憑神を持ち、人の運命は憑神の意志であり、人の賢愚不肖はその人の憑神のそれに基づくと考えられた。また、成長するうちに、何かの機会に憑かれることがあって、一人にいくつでも憑物がありえたのであった。[15] トゥレン・カムイ、カシ・カムイはセレマクと同様に、一般に健康と幸運を授けてくれると信じられた。

マンローはさらに、カサニプという補助霊的な存在について次のように記している。カサニプは頭の上や後ろを漂うものであり、憑物と同じような働きをする。男性は女性の、女性は男性のカサニプをもつと信じていた。しかし、カサニプは常に信頼できる存在ではなかった。古老の個人的な見解のようではあるが、良いトゥレン・ペは人の死に際し、死者の魂とともにあの世に赴くが、悪いものは元の姿にかえるともいう。[16]

憑物あるいは憑神は個人の運命を左右するという意味で、守護霊的な性格をもつ。しかし、なかには常には信頼できないものがあったというマンローの記述から、セレマクとは異なる別の超自然的存在に関する観念といえる。

最後に、パウチ、コシュムプと呼ばれる超自然的存在も信じられた[17]。人の狂気はパウチあるいはコシュムプという妖魔、狂魔が憑き、人間の精神に変調をきたすからであるといわれる。コシュムプはとくに人間に惚れっぽくて、よく人の夫や人妻に惚れこむといわれる。また、ミントゥチと呼ばれる、水のなかに住む精霊の存在が認められている。これは信頼できない、ときには人を溺れさせるというように危険な存在であるが、ときには人間から依頼された偉い神々の命令に従順なのである[18]。

神霊の憑依

神霊の憑依はシャマニズム的慣行と結びつくことが多い。シャマンは超自然的存在との直接交渉を通して病気治療や占いを行うが、その直接交渉の一つは憑依による交渉である。じっさい、アイヌにおいてもシャマンによって病気治しが行われていた[19]。憑神はとくにトゥス・クㇽ「巫術・者」（シャマン）にとっての霊力の源泉として重要なものとされた。沙流地方では巫女（シャマン）の憑神はたいていヘビの神（キナ・シュッ・ウン・カムイ）と考えられていた。

シベリアの諸民族においては、シャマンは超自然的存在との直接交渉を脱魂によって行うが、シャマンの手助けをする補助霊には、鷲、白鳥、熊、牡牛、牡馬などの動物霊がある。

蛇がシャマンの補助霊になるという報告はみられないが、ブリヤートやツングース系のナナイのシャマンの装束（しょうぞく）には蛇をあらわす飾りがある。チュルク語系のトバは蛇を死者の国の神秘的動物と考える。[20] また、日本上代においても蛇をまつる蛇巫が存在し、しかもそれは女性の役目であったといわれる。[21] 日本の民間信仰においても、憑物の一つに「トウビョウ」と呼ばれる蛇がある。[22]

古代ギリシャにおいては再生と不死のシンボルとして蛇が登場する。その蛇は、インドにおいては宇宙的エネルギー＝シャクティ（性力）のシンボルとなる。古代エジプトでは死者の守護女神であるイシス神の標章ともなる。脱皮を繰りかえして成長する蛇は、このように、死あるいは生命力のシンボルといった特別な意味づけをされることが多い。アイヌにおける蛇に対する観念もこのような人類文化に普遍的なものと考えられる。

カムイという語彙をはじめとして、セレマㇰ、トゥレン・ペ、パウチなどといった語彙が示すように、アイヌは超自然的存在に関する多様な観念をもっていたことが分かる。このなかで、アイヌの世界観にとってとくに重要なものはカムイの概念である。では、このカムイの概念はどのように考えられているのであろうか。次に、カムイの概念について、とくに自然における神性の認識という観点から考えてみよう。

3　語彙素構成からみる神性の認識

アイヌは何に神性を認めているのか

すでに述べたように、アイヌは多様な神々の存在を認めている。では、いったい何にどのように神性を認めているのであろうか。カムイの名称に注目してみると、これを探る手がかりをえることができる。

というのも、これまでのアイヌ語の研究が示唆するように、[23] アイヌ語は複合語形成（あるいは語幹合成）を多用する言語であり、この特色がカムイの名称にもある。カムイの名称は、ほとんどカムイ kamui「神」、クㇽ kur「男」、あるいはマッ mat「女」という語彙をもつ合成語の形をとり、神格そのものの特徴を示唆する語彙素（語彙の基礎単位）で構成される。たとえば、ヌプリ・コㇿ・カムイ Nupuri-kor Kamui という名称は、山岳を意味する名詞ヌプリ nupuri、領有するという意味である動詞コㇿ kor、および神を意味するカムイ kamui という語彙素で構成される。そして、全体で「山岳を・領有する・神」の意味となるのである。

カムイの名称の語源や語義、語彙素構成などをみると、神性の認識という点からカムイを三つのタイプに大別できる。第一に、名前の中にコㇿ（領有する、あるいは支配する）、カラ（創造する）、ウク（受け取る）などの他動詞を語彙素として含むものである。このような名称をもつカムイは、たとえば創造者、支配者、受領者といった神としての役割、機能が名称のなかに直接表現されたものである。これらは神格化においてその機能に焦点があてられたものといえる。

第二に、神の名称が空間をあらわす語彙に、所在性を示す後置詞ウン、オルン、ウシ、およびカムイが付加された合成語となるものである。たとえば、キムン・カムイは、山を意味する名詞キムに、ウン（そこにいる）という所在性をあらわす後置詞およびカムイが結びついた形のキム・ウン・カムイという語彙素構成をもつ。これらは、ある場所における所在性が名称の重要な要素となるものである。

第三に、神格化されている動物や植物自身の属性が名称のなかに示されるものである。たとえば、クマゲラはチプ・タ・チカプ・カムイ「舟・掘る・鳥・神」の化身とされる。チプ・タ・チカプという語彙はキツツキの幹をつつく行動特性そのものを比喩したクマゲラの一般名である。この場合、カムイの名称は神格化の対象となる自然物を示す普通名詞にカムイという語彙が付加されたかたちをとる。

ところで、ほとんどのカムイは現象世界にそのあらわれをもつ。たとえば、カムイ・ユーカラにおいて、ヌプリ・コロ・カムイはクマとなってこの世に顕現する。ハシナウ・ウク・カムイは沙流地方ではカケスがその姿であろうといわれる。キナ・シュッ・ウン・カムイはアオダイショウである。アペ・カムイは火そのものである。このように、カムイはその名称の語彙のうえで神の属性をあらわすいっぽう、ほとんどの神は現実の世界の自然物、動物や植物などに具現化される。カムイは神の性格を言葉のうえで明確に表現されるいっぽう、アイヌが神性を認める自然物で象徴されることになっている。神性の認識は、どのような神を必要としたのかという点と、神の実在を何によって象徴するのかという二つのレベルによって形成されている。

カムイ名の語源や語義、語彙素構成とカムイの化身とされる自然物とを対照することによって、アイヌが何にどのような形で神性を認めるのかを明らかにすることが可能なのである。特定の動植物がカムイとみなされる背景については第三章と第四章で再び取りあげることにする。ここでは、カムイのアイヌ語名称の語彙素構成をもとに多様なカムイの概念について、神性の認識体系という観点からみてみよう。

機能（役割）の重視

名称の語彙素構成が第一のタイプを示すカムイの例を表1にまとめてみた。これらのカムイは次のような特徴をもつことが分かる。

まず、このなかには、コタン・カㇻ・カムイ（「国（村）・を創造する・神」の意、創造神）、カント・コロ・カムイ（「天空・を領有する・神」の意、天神）、チェプ・コロ・カム

カムイの名称	語彙素構成	具現物	ジェンダー
アトゥイ・コロ・カムイ	海・を領有する・神	シャチ／クジラ	男性
カント・コロ・カムイ	天空・を領有する・神	なし	不確定
コタン・カラ・カムイ	国(村)・を創造する・神	なし	男性
コタン・コロ・カムイ	国(村)・を領有する・神	シマフクロウ	男性
シリ・アムパ・カムイ	大地・を支配する・神	大木	不確定
シリ・コロ・カムイ	大地・を領有する・神	立木	女性
チェプ・コロ・カムイ	魚・を領有する・神	なし	男性
チセ・コロ・カムイ	家・を領有する・神	ハシドイ	男性
ヌプリ・コロ・カムイ	山岳・を領有する・神	クマ	男性
ヌサ・コロ・カムイ	幣所・を領有する・神	ヘビ	男性(女性)
ハシナウ・ウク・カムイ	枝幣・を受け取る・神	カケス	女性
ユク・コロ・カムイ	鹿・を領有する・神	なし	男性

表1　神性の認識　I

イ（「魚・を領有する・神」の意、魚主の神）などのように、カムイ・ユーカラやオイナなどの神話に登場するのみであり、日常の礼拝の対象とならず、その具現化した姿をもたない神もある。これに対し、他の神々はすべてほとんどの地域で礼拝の対象となるパセ・カムイ「重い・神」であり、地上の自然物をその姿としてもつ。

自然物に具現化される神々についてみると、カムイの名称からはそのあらわれとなる自然物が自明ではないことが重要な特徴となっている。表1に示したように、これらのカムイとそのあらわれである自然物との間には次のような対応がある。

関係はとてもシンボリック

ヌプリ・コロ・カムイはクマ、コタン・コ

ヌサ・サン（イナウを並べ立てた祭壇）（国立民族学博物館所蔵）

ロ・カムイはシマフクロウである。アトゥイ・コロ・カムイはシャチである[24]。後で述べるように、「山岳の領有神」は熊の肉と毛皮を人間にもたらすのであるが、これと同じように、「海の領有神」は鯨の肉を人間に授けてくれるのである。「国土の領有神」はアイヌを見守り、鹿と魚（とくにサケ）をもたらすという。

また、ヘビはヌサ（幣所）の神、ヌサ・コロ・カムイである。ヌサは地面に立てられたイナウ（木幣）の集まりであり、パセ・カムイそれぞれに固有のヌサがある。戸外のヌサの立てられた場所であるヌサ・サンは、アイヌにとって神聖な祭壇そのものである。「幣所の神」は集落のなかを見守る神であり、いかなる神への祈りにも欠かせない対象である。また、祖先崇拝や農耕儀礼とも深く結びつく神である[25]。

各樹木はシㇼ・コロ・カムイ（樹の女神）のあらわれである。とくに大きな樹は、樹の女神の頭領であるシラㇺパ・カムイと考えられた。樹の女神は、重要な三神の一つであり、人間に薪、有用な材、さらには食料を与えてくれ、この神の助けなくしてはアイヌは生活することができないという。アイヌは山でカシワの大木に出くわすと、シリ・コロ・カムイと呼び、必ずこれにイナウを立てて通り過ぎたものであるという。(26)

家のなかには、家内の保護と安全を見守る神として必ずチセ・コロ・カムイ（家の神）が祀られている。この神のご神体であるイナウは、沙流地方ではハシドイの樹で作られる。ハシナウ・ウク・カムイは、狩猟・漁撈の女神で、特別な枝幣であるハシナウを供えられる神である。すでに述べたようにカケスがそのあらわれであるとされる。

このように、カムイと具現物との関係は非常にシンボリックなのである。これらのカムイにおいては、具現化される自然物そのものよりも、名称が示唆する意味、いわばカムイの「機能」の方が神性の認識という点で重視されるのである。そして、それを象徴するものとして自然物が選ばれているといえる。

第一のタイプではハシナウ・ウク・カムイとコタン・カラ・カムイを除き、動詞「コロ」（支配する、領有する）という語彙素をもつ。第一のタイプの大半は支配者、領有者としての性格、機能をもつものである。しかも、「コロ」という語彙素は魚主の神、鹿主の神を除き、すべてが次のような空間カテゴリーと結びつく。「カント」（空）、「コタン」、「ヌプリ」、「アトゥイ」（海）、「ヌサ」（幣所）、「シリ」（大地）、「チセ」（家）などである。アイヌ・モシリはこれらの空間に区別され、そこには見守るカムイがいると考えられるのである。

神名における語彙素としての動詞コㇿ（支配する、領有する）が空間カテゴリーと結びつくこと、支配の観念はある特別な空間カテゴリーと結びつくことが分かる。そして、特別な動物、植物が支配の観念と空間カテゴリーを表すものとして選択されているのである。クマは山を、シャチは海を、シマフクロウは国土あるいは世界を、ヘビは屋敷内の神聖な場を、ハシドイは家屋内を、カシワは大地を象徴する。空間区分は支配性に基づくカムイの分化の重要な基準の一つとなっている。コタン（村または集落）、ヌプリ（山、とくに、そびえる山）、アトゥイ（海）、ヌサ（住居地の神聖な場所）、シㇼ（大地）、チセ（家）という空間区分がアイヌにとってとくに重要な意味をもつのである。

言葉をかえていえば、これらの空間カテゴリーは、カムイの存在を想定せざるをえないほどアイヌにとって重要なのである。神の機能として、特定の空間を支配し、見守ることが重要視されるのである。

空間上の所在性

では、空間上の所在性が名称の要素となる第二のタイプのものには、どのようなカムイがあるであろうか。表2を見てみよう。

クマの神の一般名であるキムン・カムイ（キㇺ・ウン・カムイ）を見つけることができ

カムイの名称	語彙素構成	具現物	ジェンダー
アパ・サム・ウン・カムイ	戸口・の側・にいる・神	タヌキ	一対、男性
キナ・シュッ・ウン・カムイ	草・根元・にいる・神	アオダイショウ	男性
キム・ウン・カムイ	山・にいる・神	クマ	男性
シノッペッ・ウン・マッ	シノッペ・にいる・女	シノッペ郷	女性
ヌプ・カ・ウシ・マッ	野原・の上・に住む・女	クリ	女性
ペッ・オルン・カムイ	河・にいる・神	ハリガネムシ	女性
ポロシリ・ウン・カムイ	ポロシリ山・にいる・神	ポロシリ山	男性
レプ・ウン・カムイ	海・にいる・神	シャチ	男性
ワッカ・ウシ・カムイ	水・に住む・神	ハリガネムシ	女性

表2　神性の認識　II

る。キムは、そびえる山を意味するヌプリに対し、日常生活圏にある里山を意味する語彙である。沖の神であるレプン・カムイ（レプ・ウン・カムイ）はアトゥイ・コロ・カムイと同じくシャチをあらわれとする。アトゥイが外海をも含む海を一般に示す語彙であるのに対し、レプは沖合、漁撈活動が行われる沖をさす語彙である。

　川の神あるいは水の神であるペットルン・カムイ（ペッ・オルン・カムイ）、ワッカ・ウシ・カムイは屈斜路地方や沙流地方ではハリガネムシとか、ウォルンペという川にいる虫に具現化される[27]。水は、水の神の聖なる乳であり、水は人間がこれなくしては生きられないものである。このため水の神はもっとも重要な三神の一つと考えられる。

　戸口の神アパ・サムン・カムイ（アパ・サム・ウン・カムイ）は沙流地方ではタヌキをあらわれとする。戸口の神は戸口に座り、魔物が家に侵入するのを防ぎ、人間の成長を見守る神である。キナ・シュッ・ウン・カムイはアオダイショウをあらわれとし、ヌサ・コㇿ・カムイと関係があり、疫病から人びとを守るのである。ポロシリ山は聖なる山で、ポロシㇼ・ウン・カムイそのものである。

「ポロシリ山の神」を除き、これらの神々においても第一のタイプと同様に、神名はそのあらわれとなる自然物をあらわしていない。神名の意味は、その神が《ある場所に所在するものであること》を強調するのである。所在性が神性の認識において意味をもたされている。この場合もカムイとそのあらわれとなる自然物との関係は象徴的である。

また、所在性は当然のことながら、空間カテゴリーと結びつく。第一のタイプと同じように空間カテゴリーが神性の認識におけるカギの一つとなっている。しかし、この場合、第一のタイプにおいて問題となった空間カテゴリーよりも、里山、沖、川、戸口、野、草原などといった日常生活圏の生計活動と直接結びつく、より限定された空間、場所に注目されるのが特徴となる。

第一のタイプでは空間の支配性あるいは領有性が強調されるのに対し、第二のタイプは所在性が強調される点で相違する。この二つのタイプは神の観念における強調点が異なるのである。また、ヌプリ・コㇿ・カムイはキムン・カムイの頭領であるとするアイヌの考えや、アトゥイ・コㇿ・カムイの使者としてポン・レプン・カムイ（小・レプン・カムイ）が活躍する神謡(28)がある。特定の空間の領有者は、所在する者の《上に立つ》と位置づけられるように、第一と第二のタイプのカムイははっきりと区別されている。

アパ・サムン・カムイの顕現となるタヌキの例を除き、シャチ、クマ、アオダイショウ、ハリガネムシはいずれも神名が表示する空間カテゴリーに生息する動物である。ここでも、動物の生息地から派生し、シャチは沖、海を、クマは山を、アオダイショウは草、草原を、ハリガネムシは川、水を象徴するために選ばれている。なぜこれらの動物がある空間を象徴するために選ばれているのかという背景については第四章で取りあげることにする。

特異性の重視

第三のタイプは、個々の自然物の神格化にあたって固有の、特異性に注目したものである。表3に例を示したが、これらにはどのようなものがあるのであろうか。

火はアペ・カムイ「火の神」と見なされる。アペ・カムイはアイヌにとってもっとも重要な神であり、人間の世界を見守るためにいちばん最初にカムイ・モシㇼから降り立った神と考えられる。この神は人間と神々との仲介者であり、カムイへの祈り（カムイ・ノミ）においてまず最初にこの神への祈りを行わなければならないとされる(29)。火は人間すべてをはぐくむもっとも根本的源であり、アペ・カムイは常に第一に礼拝されなければならないのであるという。アペ・カムイは家の中心にある炉に常に居座り、人びとを見守るのである。

材がいろいろな道具を作るのに用いられるカツラの木（ランコ、意味不明）はとくに神格化され、その神はランコ・カムイと呼ばれる。矢毒の材料に使われる松やに（ウン・コ・トゥㇰ）はウン・コ・トゥㇰ・カムイと神格化され、トリカブト（スㇽク）はスㇽク・カムイと呼ばれる。

ハシボソガラス（カララㇰ、意味不明）については、胆振地方の鵡川に大しけに出会った船を道案内し助けてくれたという伝承が残る。(30) これはカララㇰ・カムイと神格化される。キツネは一般にチロンヌㇷ゚（「我らがどっさり殺すもの」の意）と呼ばれるが、この神はケマ・コㇱネ・クㇽ（「脚・速い・人」）と呼ばれる。キツネの身軽さ、すばやさが神名に表現される形となっている。アシダカグモの神はアミ・タンネ・カムイと呼ばれるが、アミ・タンネは「その爪・長い」の意味で、その形態を比喩したアシダカグモの一般名である。クモの類はヤ・オㇱケ・ㇷ゚・カムイの顕現であるが、ヤ・オㇱケ・ㇷ゚はクモの巣を編む行動を文字どおり示唆したクモ類の一般名称となっている。

雷は雷神であるカンナ・カムイ（「上方の・神」）が、シンタという一種の神駕を走らせ、不敬の人間を懲らしめるために下すものであると考えられ、雷神が不遜の女を懲らしめる神謡が記録されている。(31) カンナ・カムイは(32)竜の姿をとるという。

雷神については、静内のあるフチ（媼）が次のように語っていた。

「畑にいても、遠いところにいても、雷の音が聞こえてきたら、ただちに頭のかぶり物をはずし、家に走り帰り、神窓の下側に模様を編みこんだキナ（ござ）を敷き、頭を下に伏せた

カムイの名称	語彙素構成	具現物	ジェンダー
1．動物起源			
アフン・ラサㇺペ	あの世に住む・化け物	アオバズク	不明
アミ・タンネ・カムイ	その爪・長い・神	アシダカグモ	女性
ウォセ・カムイ	吠える・神	オオカミ	男性
カララㇰ・カムイ	ハシボソガラス・神	ハシボソガラス	女性
クンネ・レㇰ・カムイ	暗い(夜)・啼く・神	フクロウ	男性
ケナシュ・ウナㇻペ	川端の木原・伯叔母	コノハズク	女性
シㇼカㇷ゚・カムイ	メカジキ・神	メカジキ	男性
タンネ・カムイ	長い・神	ヘビ	男性
チㇷ゚・タ・チカㇷ゚・カムイ	舟・掘る・鳥・神	クマゲラ	男性
ヤ・オシケ・ㇷ゚・カムイ	網・編む・もの・神	クモ	女性
レイェ・ㇷ゚・カムイ	はう・もの・神	イヌ	男性
2．植物、その他起源			
アペ・カムイ	火・神	火	女性
イモシュ・カムイ	目覚める・神	オオヨモギ	男性
ウン・コ・トゥㇰ・カムイ	われわれに・向かって・付く・神	松やに	女性
ケネ・カムイ	ハンノキ・神	ハンノキ	両性具有
シュシュ・カムイ	ヤナギ・神	ヤナギ	両性具有
スㇽク・カムイ	トリカブト・神	トリカブト	女性
ソコニ・カムイ	エゾニワトコ・神	エゾニワトコ	両性具有
ソコㇿ・カムイ	滝・神	滝	男性
チ・キサ・ニ・カムイ	我・擦る・木・神	ハルニレ	女性
トゥンニ・カムイ	カシワ・神	カシワ	女性
トカㇷ゚・チュㇷ゚・カムイ	日中・輝く・神	太陽	女性
ハル・カムイ	食料・神	ヒエ	女性
ラㇻマニ・カムイ	イチイ・神	イチイ	女性
ランコ・カムイ	カツラ・神	カツラ	女性

表3　神性の認識　Ⅲ

ものである。カンナ・カムイは神窓から家のなかに入って火の神と話をするのだと言ったものだ。雷が通りすぎるまでそのまま待たなくてはいけなかった。雷が鳴っているときにはどんな仕事でもやめなければ、カムイが怒って落ちるとよく注意された。カンナ・カムイは悪い者を追い払うために音を立てるのだと教えられた」。

　西南の風はピカタ・ニッネ・カムイ（「西南風・悪い・神」）と呼ばれる女神として神謡に登場する[33]。太陽はチュプ・カムイ（「輝ける・神」）とくに、トカプ・チュプ・カムイ（「日中・輝ける・神」）であり、月はクンネ・チュプ・カムイ（「暗いとき（夜）・輝ける・神」）なのである。

　また、舟も女神で、ニマム・カッケマッ（「舟なる・神女」[34]）とか、オンネ・チプ・カムイ（「老・舟・神」）、チプ・カムイ（「舟・神」[35]）と呼ばれる。舟の各部にも、数多くの神々がいる。たとえば、舳には、男神コチャララシエ・クㇽ（「馳らす・人」）と女神コチャララシエ・マッ（「馳らす・女」）の一対の神々が、艫には、男神コペノイエ・クㇽ（「水を縒る・人」）と女神コペノイエ・マッ（「縒る・女」）の一対の神々がいる[36]のである。

　伝家の宝刀である太刀（タㇺまたはエムㇱ）にはラマチがあり、これがセレマㇰ（うしろだて）として背後から見守ると考えられる[37]。溺死とか、熊に殺されるとか、変死のあった時、火事のあった時などに行われる除魔儀礼（ウエポタラ）の際には、手に手に太刀を振りまわしながら、行列をなして踊る[38]。太刀は威力をもつものであり、カムイともみなされ、トミ・カムイ（「太刀・神」）と呼ばれる。

第三のタイプは、動物や植物が形態的・行動的特性、あるいはその実用性に注目され、神格化されたものといえる。また、太陽や月、風、雷などの気象、船、太刀などの道具類といったものに至る様々な対象の神格化もこの例に当てはまる。これらは神格化にあたって、それ自身の属性、とくに日常生活上の実用性などが文字どおり神格化の源泉となる。

三つの原理

以上のように、カムイの名称の言語学的分析およびカムイと自然物への具現化をもとに、神性の認識という点から考察してみた。アニミズムといわれてきた観念をこのような視点から考えてみると、アイヌのカムイの概念は次の三つの原理によって形成されているとまとめることができる。①カムイの役割と自然物との隠喩的関係、②特定の空間、場所と自然物との換喩的関係、③自然物そのものの特異性、たとえば、行動特性、形態、実用性などのさまざまな特徴への注目である。そして、これがカムイの概念の多様性の源泉となっているのである。

第六章で少し触れるように、西チベット、ラダックのラーの観念においては、地方神ラーの名称はその機能を意味する語彙で構成されるものが多い。ラーは農耕、牧畜、交易といった生計活動に関連する事項と結びつく。詳しくは今後の検討を待たなければならないが、アイヌのカムイの第一のタイプのように、地方神ラーが自然の動植物に具現化されるということはあまりみられない。

また、第五章で取りあげる、上代日本やニヴヒにおいても多様な神あるいは精霊が存在している。日本神話の神々も、神名はその役割を示唆するものが多い。神々のリストは上代日本においてどのような現象に超自然的存在を認めたのかを示してくれる。また、日本上代の神の観念において、海の神ワタツミがワニあるいは竜と考えられるように、自然神が動物の形をとるという例もみられる。ニヴヒにおいても、熊を山・森の主霊の顕現、シャチを水の主霊の顕現と考えている。このように、神の観念を自然の動物などで象徴させるという考えかたは、アイヌのみではなく、他の民族にも認められるのである。

アニミズム的な神の観念は、日本神話やギリシャ・ローマ神話の神々をはじめとし、エジプト、インドの神々、ラダックの地方神ラーの観念、シベリア諸民族における精霊の観念などにもみられるものである。ここで示したような神の観念をその名称の言語学的分析をもとに神性の認識という点から考察する研究は、現在のところ少ない。このような視点は文化による超自然的世界の認識の違いを明らかにしてくれるのであり、今後の研究の進展によって、アイヌにおける神性の認識体系の特徴がより明らかになるものといえる。

4　人間的なカムイ像

カムイの性格づけ

カムイは神の世界で人間と同じように暮らすという考えを背景に、カムイはまた、人間と同じように性格づけされているのである。じっさい、カムイには、次節で述べるように、ペケㇾ・カムイまたはピㇼカ・カムイと呼ばれる良いカムイと、ウェン・カムイまたはニッネ・カムイと呼ばれる悪いカムイがある。また、男性と女性というようにジェンダーが付与されている。さらに、カムイは儀礼上の重要性によって、貴く、重い神であるパセ・カムイと軽い神であるコㇱネ・カムイとに区別される。

パセ・カムイというのは、ほとんどが天上から人間を見守るために降りてきた神であり、重要な儀礼の際には戸外のヌサ・サン（祭壇）にイナウを捧げて祈る対象になる神をさす。どの神をパセ・カムイとみなすのかについては、地域ごとの相異が多少認められる。しかし、アペ・カムイ（火の神）、チセ・コㇿ・カムイ（家の神）、ヌサ・コㇿ・カムイ（幣所の神）、ヌプリ・コㇿ・カムイ（熊の神）、シランパ・カムイ（樹の神）、ワッカ・ウㇱ・カムイ（水の神）、ハシナウ・ウㇰ・カムイ（枝幣を受け取る神）、コタン・コㇿ・カムイ（村の神）などの神は、ほとんどの地域でパセ・カムイと考えられている。

コシネ・カムイ（軽い神）は、宗教的儀礼において重要な神ではなく、神謡にはときにはいたずら好きな、災いをもたらす神として登場することが多い。たとえば、蟬は、疱瘡神を村から追い払った軽い神、ヤキの具現と考えられている。また、兎の神（イセポ・トノ）は津波の到来といった災害を人間に知らせてくれる反面、畑を荒らしたり、人間の女に自分の妻になるように言い含めようとするのである。コシネ・カムイは一般にヌサ・サンにイナウを捧げて祈る神とは考えられていない。

主従関係

また、カムイの間には、ある種の主従関係が認められることがある。タヌキはアパ・サムン・カムイ（「戸口の・側にいる・神」のあらわれであるが、この神はキムン・カムイ（「山にいる・神」、熊の神の別名）の召使いであると考えられている。キムン・カムイは熊の神の一般的な呼び名となっているが、熊の神たちの頭領をとくに静内地方ではヌプリ・コロ・カムイと呼び、沙流地方ではヌプリ・コロ・カムイあるいはメトッ・ウシ・カムイ（「奥山・に住む・神」の意）と呼んで区別している。静内地方では、キムン・カムイは山の中腹に住み、山の頂上地域に住むヌプリ・コロ・カムイの召使いであると考えられている。

個々の樹木は、シリ・コロ・カムイ（「大地・を領有する・神」の意、樹の女神）の具現化と考えられるが、その頭領はとくにシラムパ・カムイ（シリ・アムパ・カムイ、「大地・

を支配する・神」の意）と呼ばれる。アムパという語彙素は、コロと意味の上では同じであるが、カムイの頭領としての地位を強調する語彙として用いられている。

炉の上の自在カギや鍋、鍋のなかの杓子もまた神であり、火の媼神であるアペ・フチの配下の神（トポチ・カムイ）であるという。自在カギはシュワッ・トポチ、杓子はカシュプ・トポチ、鍋はシュ・トポチと呼ばれる。(39) 河口の神であるチワシ・カムイ、急流の神であるパン・ワッカ・ウシ・クル、川の底流の神であるチウ・ラペ・クルなどの神は、ワッカ・ウシ・カムイ（水の神）の助手とされるのである。(40)

また、疱瘡神パ・コロ・カムイはウタラ・コロ・カムイ（「眷属を・もつ・神」）とも呼ばれ、眷属神をたくさん引きつれて訪れると考えられる。その眷属神として、咳の神である男女一対のシカトロケ・クルとシカトロケ・マッ、瘧（おこり）の神である男女一対のトピシキ・クルとトピシキ・マッ、腐り病の神である男女一対のムニンペシ・クルとムニンペシ・マッなどが知られている。(41)

このように、神々のあいだには、性による区別、善悪という道徳上・倫理上の区別のみならず、儀礼上の重要性に基づく区別、社会・政治的地位による区別が認められているのである。アイヌの社会には、一六〇四―一六六九年にすでに地域集団の首長という社会的地位が存在し、一九世紀には社会的序列が形成されていたことが知られている。(42) 神々のあいだに認められるこのような序列化は、アイヌの社会における序列化を反映したものであるといえる。カムイは、人間の鏡像となっているのである。

良いカムイ・悪いカムイ

創造神は創造のはじめより良い神と悪い神を作った。天上のカムイ・モシㇼにも悪い神が存在すると考えられている。では、良い神と悪い神という道徳上・倫理上の区別はどのように位置づけられているのであろうか。カムイ・ユーカラなどの記述をもとに考えてみよう。

人を殺して食べるフーリ・チカㇷ゚・カムイ（「フーリ・鳥の・神」）[43]、沼にすみ、人を殺す老いた巨大なミミズ[44]、その悪臭で神や人を殺すシャㇰ・ショモ・アイエㇷ゚（「夏・（打消辞）・我ら言うもの」の意、竜蛇の神）[45]などのように、カムイ・ユーカラのなかで常に人間に危害を加える神として登場する神々がある。

いっぽう、次のように、善神と魔神はときには同じ酒席に列席する。「石狩の神が／酒を作って／こうしたのです、／善神も／魔神も／同じ数招待し／善神は／酒席の上座に／対し並び、／魔神は／酒席の下座に／対座して／座について」[46]。このカムイ・ユーカラは、石狩の神に招待された魔神のうちの一人が石狩の神の妹神をかどわかし、そのためシラㇺパ・カムイ「森の樹の女神」の夫神に退治されるという結末に終わる。しかし、この物語では魔神と善神とが一度は同席するのであり、魔神といえども常に排斥されるわけではない。

また、次のように、良い神がときには罰せられるという話がある。ウサギは天災の襲来を人間に知らせ感謝されるのだが[47]、いっぽうで、人間にたたろうとしたためオキクルミに退治される[48]。山岳を領有する神の娘は、人間に危害を加える悪いクマとなって罰せられ[49]、沖のシャチの女神（沖の神の妻）は嫉妬のため山の神の娘を殺し、そのため夫に罰せられる[50]。あるいは、キツネの神は人をだまそうとして懲らしめられる[51]。つまり、良い神といえども、ときには悪いことをすると考えられている。

逆に、悪い神といえども、ときには良い神となりうる。流行病をもたらす悪神として恐れられている疱瘡神は、アエオイナ神（文化英雄）の父ともいわれるし[52]、また、ときには母親の子を思う愛情に免じて、何もせずに立ち去る神ともなるのである[53]。ミントゥチ（河童）の神は、アイヌラックルが手ずから造ったイモシュ・カムイ（「目を覚ました・神」の意、ヨモギの神）の死霊が化生したものであり[55]、毎年溺死者を要求するという点で悪い神といえるが、コタンに豊漁をもたらす点では良い神となる[56]。

ミントゥチの神は淫魔や疱瘡神に対するウエポタラ（除魔儀礼）のなかで、さかさ削りの木幣を供えて祈る対象ともなる[57]。このように、神の悪い力に除魔力を認め利用するという考えかたもみられる。

さらに、ヌプリ・コロ・カムイの娘（雌グマ）が、自分の殺した人間の娘を再び蘇生させたあと、人間に狩られ、ていねいに神の国の自分の家に送りかえされる物語がある[58]。アイヌラックルを育てた人食い鬼であるキムン・アイヌ・ニッネヒ（「山人の魔」）は、成人したアイヌラックルに殺され退治される。しかし、アイヌラックルを育てたことに免じて、その霊魂は、魔神に供える木幣を手向けられてリクン・カント「上の天」に送りかえされる。[59] 魔神、悪い神といえども少しでも良い心をもつならば、その魂は神の国へと送られるべきものと考えられている。これに対し、良い神々に挑戦する魔神は、すでに述べたように徹底的に退治され、ポクナ・モシㇼに追放されるのである。

神謡に登場する文脈から、人間を殺したり、人に危害を加えたり、だましたり、たたろうとしたり、嫉妬によって人を殺すことなどを悪い行為と戒めていることが分かる。これに対し、飢饉を救ったり、災害や流行病から守ったり、子供を養い育てることなどが良い行為として強調されるのである。

神は絶対的な力を持たず

また、善と悪という道徳的規範に基づくカムイの区別は絶対的なものではない。善い神もときには悪いことを、反対に、悪い神がときには善いことをするように、この区別は相対的なものである。しかも、善神がときには悪神に敵しがたく、文化英雄であるアイヌラックルに助けられることがオイナ（聖伝）に謡われるように、[60] 善神といえども全能ではない。善と悪という区別が相対的であるように、神々の力も相対的であると考えられている。

いかなる神でもその来歴を明らかにされると、善神は人間のえらさに感心して、ますます加護と恩寵を垂れ、悪神は人間に働きかける呪力を失い、退散してしまうものとアイヌは信じている。(61) 神々の由来を知悉し、これに対する知識をそなえることによって、人は神の力を統御できると考えていたのである。神は絶対的な力を有しない存在と認められていたのである。

超自然的な存在にどのような力を認めるかは文化によって異なる。たとえば、キリスト教の世界においては、神は全知全能なる、唯一絶対の神のみが認められている。このような観念においては人間は神のもとに非力な存在として位置づけられ、すべては神の意志のもとにあるとされる。また、第五章で述べるように、シベリアのサハにおいても最高神ウルン・アイー・トヨンが認められており、世界の秩序は最高神の思い通りであると考えられている。これに対し、たとえば、上代日本においては絶対的な神はおらず、神の力は分化して認められている。何らかの人に優る霊力をもつ存在に神性を認め、善と悪の二面性が認められていたのである。

カムイの概念においては、絶対的な力をもった全能神が存在せず、カムイに善と悪を認める点では、日本上代の神の観念と共通する。しかし、カムイが何らかの超自然的な力をもつとしても人間がこの力を自由に統御できると考えること、また、後述するようにカムイと人間とは同等に考えられている点がアイヌ文化の大きな特色となっている。

5　カムイとジェンダー

神の性別

すでに触れたように、神々は人間と同じようにジェンダーが認められている。ジェンダーはカムイの性格づけのなかで、重要な意味をもたされてきた一要素である。たとえば、神話のなかで男性のカムイは弓矢をもって狩りに出かけ、銛をもって漁に行き、船を作るために大木を切り倒し、船に乗って交易に出かけ、あらゆる種類のイナウを製作し、さらに、木細工や彫り物を作ることが強調される。いっぽう、女性のカムイは水を汲みに出かけ、食事や酒を作り、織物をし、あらゆる刺繡をこなすのである。

じっさいには、すべての神が厳密に、一意的なジェンダーで性格づけられているわけではない。同じ地域であっても神話によってジェンダーが異なるカムイの例も認められる。たとえば、ハシナウ・ウㇰ・カムイ（狩猟の神）は女性、キムン・カムイ（山の神）は男性と常に考えられている。これに対し、シラㇺパ・カムイ（森の樹の神）は、ある神謡では男性として登場し、別の神謡では女性として登場するが、このような例は他にも認められる。

さらに、男性と女性の一対の神、夫婦神と考えられるものもある。アパ・サムン・カムイ（戸口の神）は、男神アパ・クンラリ・クㇽ（「戸口・の後ろに座す・男」）と女神アパ・クンラリ・マッ（「戸口・の後ろに座す・女」）との一組の神、シュシュ・カムイ（柳の神）は男神カミ・レッタラ・クル（「その身・白い・男」）と女神カミ・レッタラ・マッ（「その身・白い・女」）との一組の神[62]と考えられるのである。

神格に男性、女性を認めることは、アイヌ文化に固有なものではなく、他の文化にも認められる。たとえば、『古事記』の「神世七代」に記される泥土の神であるウヒヂニノカミは男性であるのに対し、砂土の神であるスヒヂニノカミは女性である。アマテラス（太陽神）は女性である。これに対し、ツキヨミノミコト（月の神）、根の国を主宰する神スサノヲノミコトは男性である。また、古代ギリシャ・ローマ神話においては、太陽が男神であるヘリオスあるいはアポロンであるのに対し、月は女神であるアルテミスあるいはディアナである。天空神であると同時に人間社会の秩序の維持者である最高神ゼウスは男性である。

では、アイヌにおける男性、女性というカムイのジェンダーにはどのような特徴が認められるのであろうか。

動物に顕現する男性のカムイ

まず、ジェンダーが男性に一意的に決められるカムイの例を取りあげ、どのような共通点がみられるのかを考えてみよう。

カムイの名称の語彙素構成が第一のタイプのものをみると（八九ページ、表1）、神としての性格がある空間の支配性となるカムイの多くは男性である。ただし、ヌサ・コロ・カムイ（幣所の神）は胆振の幌別地方に伝承される神謡では女性であり[63]、日高の沙流地方の伝承では男性となっている[64]。そして、これらの空間の支配性が特徴である男性のカムイはチセ・コロ・カムイ（家の神）を除き、動物に顕現する神となっている。

第二のタイプのカムイについてみると（九三ページ、表2）、レプン・カムイ（沖の神）、キムン・カムイ（山の神）、ポロシルン・カムイ（ポロシリ山の神）は男性である。沖の神はアトゥイ・コロ・カムイ（海の神）と同様にシャチに、山の神はヌプリ・コロ・カムイ（山岳を領有する神）と同じくクマに顕現する。沖、山という総称的な空間カテゴリーは男性の神と結びつくのである。

第三のタイプ（九七ページ、表3）をみると、動物に顕現する神は男性の神とみなされ、次のようにその特徴的な行動から崇拝されるものが多い。たとえば、クマとかみ合いをはじめ共倒れしながら老婆を救ったというオオカミ伝承や、オオカミがシカをとって食べているところに行きあっても、咳払いをすると獲物をおいて人間に席をゆずってくれるという伝承がある[65]。このように、オオカミはその獰猛性（どうもうせい）、攻撃における賢さやすばやさ、とくにクマにたいする攻撃行動などによって神格化されている。悪いクマに対し人間の味方をする神、また、シカの肉を人間に分けてくれる男性の神として崇拝されるといえる。

神謡のなかで、キツネの神は「脚の・軽い・神」、あるいは「脚の・速い・神」と呼ばれる。ヌプリ・コロ・カムイ（クマの神）の前に忽然と姿をあらわし、たぶらかすようにパウパウと声を立てるようすが物語られたりしている。悪知恵が人間の知恵におよばなかったことが語られたり、人間に化けるが見破られたりする。[66] ずるさあるいはたぶらかすこと、脚の軽さがその神格の大きな特徴となり、人をたぶらかすという悪い神としての側面が強調されたものがある。また、人間に天候の異変を知らせてくれる良い神として登場することもある。キツネの上手に隠した巣穴の作りかた、狩りのしかたなどの生態、行動がこのような神格化の背景となっているのである。

フクロウが夜啼くと、村人は「神様が呼んでいる」といい、朝になるのを待ってこの鳥の啼いた方向に出かけると必ずそこにはクマがいたという。[67] フクロウの夜目、夜行性であること、クマの存在を知らせることなどが神格化に結びついていることが分かる。

また、ウサギは神謡にしばしばずるがしこい男性の神として登場し、[68] タヌキはクマの神の召使いといわれる。じっさい、静内のあるフチは、「タヌキは脚が短いが、速いのでキムン・カムイの召使い、配達係として使われる。悪いタヌキは人間を殺し、人間の女を妻にしたりと恐ろしいものである」と語っていた。タヌキのすばやさ、獰猛さが男性性と結びついている。

さらに、オオワシの神はカパッチリ・カムイ（カパㇻ・チㇼ・カムイ、「カパㇻ・鳥・神」の意）と呼ばれる。[69] 釧路地方の詞曲サコルベには、オオワシの神の妹が何度も投げ落とされてはひらりと身をひるがえして岩に立つようすが謡われる。また、トビの神はヤトッタ・カムイ（意味不明）と呼ばれるが、朝晩に何十羽もコタンの上にきて輪を描き、コタンに仇するものを追っぱらってくれたのであり、悪いものが近寄らないといわれる[70]。このように、オオワシはその鋭く狙いを定めた、すばやく身をひるがえす飛翔が神格化の基盤となっており、トビは朝夕に村里の上空を輪を描いて飛びまわる習性によって神とあがめられている。

これらの例が示すように、動物は力強さ、獰猛さ、攻撃のすばやさ、脚の速さ、狙いの鋭さ、夜目、夜行性などといった特性によって神格化されていることが分かる。このような特性は人間の男性の狩猟活動においても必要とされる資質であり、このことがこれらの動物が男性の神として神格化される背景となっていると考えられる。

男女一対の神

いっぽう、植物のなかにも次の例のように、男性、あるいは男女一対の神とみなされるものがある。イナウ（木幣）の材料となるヤナギ、ハンノキ、エンジュ、ハシドイ、エゾニワトコなどは男女一対の神と考えられる。これらの木はイナウに作られると、男女一対のシュトゥ・イナウ・カムイ（棒幣の神）となり、人間を悪神から守ると考えられている[71]。ハンノキの神（ケネ・カムイ）はカミ・フレ・クㇽ（「その身・赤い・男」）、カミ・フレ・マッ

（「その身・赤い・女」）の一対、エンジュの神（チクペニ・カムイ）はカミ・クンネ・クㇽ（「その身・黒い・男」）、カミ・クンネ・マッ（「その身・黒い・女」）の一対の神とされる。ハシドイはイタク・ルイ・クㇽ（「話・上手な・男」）、イタク・ルイ・マッ（「話・上手な・女」）の一対の神であるという。ただし、先にも述べたように、ハシドイの木はチセ・コロ・カムイのご神体に作られたときには、男性の神となる。

また、食用、薬用となり、悪神、疫病から人間を守る特別な力をもつとされるエゾヨモギは男性の神イモシュ・カムイ（「目を覚ました・神」）の顕現と考えられる。アイヌは特有の臭気に除魔の力を認める考えかたをもつ。エゾヨモギはその特有の臭気ゆえに、超自然的な力を認められ、男性の神と考えられているのである。

女性のカムイ

ペッ・オルン・カムイ（川の神）、ワッカ・ウㇱ・カムイ（水の神）はいずれもハリガネムシに顕現し、女性の神と考えられている。静内地方のあるフチは次のように話す。「水の神の下された乳を皆飲んで大きくなっている。水の神が乳を絞って、それが流れ、それをわれわれは飲んで育ち、とてもありがたいのだと言いながら、この神に祈る」。水は人間にとってなくてはならないものであり、この神の聖なる乳と考えられるのである。川の神は水の神とほぼ同じ神と考えられているが、川は水の源であるばかりではなく、サケが上ってくるたいせつな場所であり、重要な食料の源を供給する場といえる。クリの神であるヌプ・カ・ウシ・マッ（「野・の上に・住む・女」）は名称が示すように、女性とされる。これらの例から食物に関係する神は女性とする傾向が認められる。

火の神は女性であり、常にカムイ・フチ（「神なる・媼」）と呼びかけられる。静内のあるフチはまた、この神について次のように語る。「火は我々に暖を与えてくれるし、これがなければ煮炊きすることもできない。火の神様がいなければ人間は生きてゆくことができない。だから、とにかくいちばん大切な神である」。

立木は一般に、女性であるシリ・コロ・カムイ（樹の神）と考えられる。ハルニレはとくに、火の創造神話に関係し、ハルニレの神、チ・キサ・ニ・カムイ（「我ら・擦る・木・神」）と呼ばれ、アイヌの文化英雄であるアイヌラックルを生んだ母として神話に登場する。[72] ハルニレの木は発火器の材料として用いられたといわれ、樹皮の繊維では、布を織り、袋物を作ったのである。

生計に役立つ植物は女性

また、カシワはもちろんのこと、カツラ、イチイの木はそれぞれ女性の神として神格化される。カシワの堅果は食用となり、カツラの材では道具や丸木船を作り、イチイの実は食べられるばかりではなく薬となり、その樹皮は染料となる。[73] 食用となる木の実や有用な材を提供する木本類の中には女性の神となるものが多い（九七ページ、表3）。

重要な作物ヒエは、神話のなかでアイヌラックルが天から降臨したとき、人間の世界に持ってきたと語られる。これは北海道に古くから存在した作物と考えられており、女神ハル・カムイ（食料の神）と呼ばれる。[74]また、ヒエとアワとはウㇺレㇰ・ハル・カムイ（夫婦の食料神）と考えられている。[74]ウバユリの根茎は主要な食物の一つとされてきたが、ウバユリは女神トゥレップ・カムイ（ウバユリの神）の化身と考えられてきた。矢毒の材料となるトリカブトと松やにもそれぞれ女神と考えられ、トリカブトはスㇽク・カムイ、松やにはウン・コ・トゥㇰ・カムイの顕現なのである。このように、食料や日常生活における道具の材料となる植物、草本類も同様に女性の神として神格化される傾向がある。

動物起源のものや、化身を直喩した名称をもつ神々には次のような傾向も認められる。たとえば、アシダカグモやクモの類は狩猟・漁撈を守る女神とされるが、クモの巣は網の、クモの糸をつむぐ行動は女性性を象徴する機織りのメタファーとなることがその背景と考えられる。ミヤマカケスに顕現するハシナウ・ウㇰ・カムイ（狩猟の神）は女性である。カワセミ、カワガラスは魚のいる場所を知らせてくれる鳥で、いずれも漁撈を見守る女神であるという。また、アイヌの聖伝オイナに登場する、ワッカ・ウㇱ・カムイ・コッ・トゥレシ（水の神の妹）はカワセミ、ソコロ・カムイ・コッ・トゥレシ（滝の神の妹）はカワガラスであるといわれる。[75]ハシナウ・ウㇰ・カムイをはじめとし、狩猟や漁撈を見守る神々は比較的小さい鳥に顕現し、女性と考えられる傾向がある。

ジェンダーの役割の理念

女神の自叙する神謡においては、主人公となる神の女性性は、次のように示唆されることが多い。たとえば、久保寺の採録した神謡一「火の媼神の自叙」に、「常のごと／刺繡のみして／一つ所を／ただに見つめて／我暮らしつつ」と謡われる。これに対し、主人公となる神の男性性は、「刀鞘を彫り／宝刀を刻み／ただそれのみを事として／一つ所を／見つめて／ありありて」（神謡五一「川鴉の神の自叙」）と謡われるのが典型となっている。このような叙述が示すように、女性の刺繡、男性の刀鞘彫りがジェンダーによる仕事の象徴として考えられていることが分かる。

アイヌの社会では日常の生活において、はっきりとした性的分業が伝統的に行われていた。たとえば、女性は各種の農耕作業をはじめ、山菜や堅果類の採集、カタクリやウバユリの根茎掘り、布を織るための樹皮の採集、冬のサケ漁の手伝い、魚の処理・燻製（くんせい）・乾燥作業、毎日の食事づくり、水や薪はこびなどの生計活動の多くを担ってきた。いっぽう、男性は主として狩猟・漁撈活動および宗教活動を担ってきた(76)。カムイに認められるジェンダーに基づく生計活動の区別は、人間の日常生活における生計活動の性的分業に正当な根拠を与えるものとなっている。

アイヌの神話はまた、社会生活におけるジェンダーごとの役割を物語る。[77]神話には、社会的交渉が酒宴を開き、客をもてなすことによって進められたり、また、時には酒宴の場が社会的・政治的抗争の場に転化する叙述がよく登場する。酒宴の場に参与するのは男性の神であり、女性の神は食物や酒を準備し、客に踊りを見せたり、酒を注ぐことによってもてなすのである。このような神話における叙述は、ジェンダーによる社会的な役割が、男性は社会的交渉や政治的事項に関与し、女性は家庭内の事項に限定されることを示唆するのである。

さらに、神謡には次のような叙述も見られる。「女というものが／してはならないことは／木幣を削ることなのですよ」[78]。イナウ（木幣）はカムイのいわば依り代であり、儀礼の場などへのカムイの臨席を象徴するものである。このためイナウを製作することは儀礼のもっとも重要な準備作業となっている。また、儀式の場においてそれぞれの神に祈りを唱えるのは男性である。上記の神謡における叙述はまさに、宗教的活動は男性の領域であること、人びとを代表して神々と交流するのは男性のジェンダーであることを直喩しているのである。

巫術・呪術

いっぽう、神謡には次のようなアイヌの観念も示される。ある聖伝オイナに、「シノッペッ媛／かくと、／いみじき巫者なれば／巫術にて見抜きぬ。」と語られる。[79]別の神謡には、火の神と水の神の巫術による超自然的力くらべの場面が登場する。[80]これらの例は、巫術、呪術を行使する力は女性のジェンダーにあると考えられていることを示す。

超自然的・宗教的事項に関しても、ジェンダーの役割が神話においてはっきり区別されているのである。男性は神の（宗教的）領域に、女性は呪術的領域に関係するのである。このような神話でのジェンダーによる役割の違いは現実の生活においても認められる。じっさい、各種の宗教的行事をとり行うのは男性である。儀式においてカムイと直接交流するカムイ・ノミ（神への祈りの儀式）を行うことができるのは男性のみであり、女性はシヌラッパ（祖先供養）の場合を除きカムイと直接対話することができないのである。

これに対し、神憑(がか)りになって病気治療や占いをするシャマン（トゥスあるいはトゥス・クルと呼ばれる）は、古くには男性のシャマンも存在したといわれるが、女性が一般的である。[81] 特定の刺激に対する命令的拒絶症とか反響症状といわれる、一種の情動的反応であるイムの状態を経験するのはほとんど女性であり、イムは悪い蛇の神が憑依することによるものであると考えられた。そして、イムを経験した女性はキナ・シュッ・ウン・カムイ（蛇の神）に認められ、トゥスになることもある。[82] シャマンになる条件である憑依状態の経験は女性に多いのである。

仲介者としての女性

たいていの儀礼において、木幣を捧げられる重要な神々のなかで、次の四神は女性である。火の神、水の神、樹の神と狩猟の神である。これらの女神の例は、アイヌの世界観において女性性が生命の源泉としての性質と深く結びつくことを示していた。

いっぽう、女性の神が登場する神話の文脈は、ここで取りあげるもう一つの女性ジェンダーの本質、仲介者としての本質を示す。そして、これはアイヌの世界観の重要な核ともなっている。

仲介者としての役割がもっともはっきりしているのは火の神である。アイヌの儀礼において、もっとも重要なカムイである火の神はカムイ・ノミにおいて最初に祈禱(きとう)をあげる対象である。これは、火の神に人間と神々との仲介を頼むことであると考えられている。また、仲介者としての火の神の役割は、第6節で取りあげる久保寺逸彦の採録した神謡六「山岳を領く神（熊）の自叙」にもはっきりと描写されている[83]。この神謡において、クマ狩りは人間と神との相互交渉の連鎖であることが強調される。はじめに、クマの神は火の神の招待を受けて人間の世界を訪れる、すなわち喜んで人間に狩られるのである。つぎに、クマの神は人間によって手厚くもてなされるのであり、このもてなしが熊祭りとなる。最後に、クマの神は、クマの毛皮と肉を人間のもとに残し、イナウや酒などの土産を持たされ神の世界に送られることになっている。この神謡において、火の神は、クマの神を招待すること、彼のために祝宴を開き、もてなすことによって人間とクマの神との仲介者の役割を演じるのである。

火の神と同じような仲介者としての役割を狩猟の女神に認めることができる。神謡七四

「狩猟の媛神の自叙[84]」において、狩猟の女神ハシナウ・ウㇰ・カムイは次のような役割を果たすことが謡われる。後述する第6節でもう一度詳しく取りあげるが、この神は人間からの飢饉（ききん）の訴えによって、チェプ・コロ・カムイ「魚主の神」とユㇰ・コロ・カムイ「鹿主の神」を、神の世界のあらゆる神々と一緒に招待する酒宴を開くのである。この宴席で、これらの二神を酒と踊りによって惜しみなくもてなし、人間に魚と鹿を再び与えさせるようにするのである。この神話において、鹿や魚（サケやマス）を支配するのは狩猟の女神ではなく、男性の神である鹿主の神と魚主の神であり、狩猟の女神はこれらの二神と人間との仲介者となることが示される。

仲介者としての性格は他の神話にも認められる。たとえば、矢毒に用いられるトリカブトと松やには、それぞれ女神スㇽク・カムイとウン・コ・トゥㇰ・カムイとに神格化されるが、神謡においてトリカブトの女神と松やにの女神が火の神の使者としてクマの神を誘って人間のもとにつれてこようとするようすが謡われる。

この二人の女神は人間とクマの神を仲介する役を担うことになっている。イチイは弓の材料とされる木であるが、この木は女神ラㇻマニ・カムイの顕現と考えられている。弓矢はクマ猟に使われる主要な狩猟具であり、クマの神を人間のもとに導く道具なのである。イチイの神が女性であるのは、人間とクマの神を仲介するという弓の性格にも基づいていると考えることができる。これらの例が示すように、仲介者としての役割は、女性のジェンダーの重要な特徴の一つであるといえる。

象徴性とジェンダー観

以上検討してきたように、カムイのジェンダーは象徴で彩られ、アイヌのジェンダー観の表出となっている。最後に、男性、女性というジェンダーの象徴性とジェンダー観についてまとめておこう。

まず、空や山といった総称的空間カテゴリーに結びつき、役割が支配性にある神々は、一般に男性であり、動物起源となる傾向がある。優位性と動物は男性性の象徴となるのである。また、男性の狩猟活動に必要とされる資質を行動特性として備えた動物は、男性化される傾向がある。動物は男性性と力のメタファーであり、力の具有性は男性性の象徴となる。

これに対し、食用として重要な植物は女性と見なされる傾向がある。シㇼ・コロ・カムイ（大地の領有者、樹の神）、ワッカ・ウㇱ・カムイ（水の神）もまた女性である。大地は食用植物、有用植物のまさに源であるし、水は生命にとってなくてはならないものであり、川はサケの源である。食物、ひいては命の源泉は女性とみなされる。生産性と植物は女性性の象徴なのである。

神としての女性と男性の対照は、属性としての生産性と力、自然物における植物と動物、生計活動における採集と狩猟に相応するのである。このようなジェンダーの象徴性はアイヌ文化にのみ特徴的なことではなく、人類文化に普遍的な側面でもある。

いっぽう、神話におけるジェンダーを付与された神の役割は日常活動における家庭的と社会的・政治的との対照、儀礼上における呪術的と宗教的との対照を象徴する。これは、男性と女性に割り当てられる役割分担の理念型を提示することになっている。ジェンダーによる役割分担の理念において、アイヌに特徴的な点は、宗教儀礼が男性の手に委ねられるのに対し、呪術的行為が女性のものとされることである。事実、女性はカムイに対し、カムイ・ノミを直接行うことはできない。祖先供養（シヌラッパあるいはイチャルパ）を除き、あらゆる宗教儀礼において女性はわき役となるのみである。

このように、神のジェンダーは理想的なジェンダーの役割を明らかにする機能をもち、二元的なジェンダー観を自然の象徴によって表明することとなっている。いっぽう、男性と女性とが一組となった、しかも両者が一体となってその与えられた役割を演じるという《一対の神》が存在する。このような神の存在は、男性と女性というジェンダーの調和を象徴的にあらわすものである。また、火の神、狩猟の女神などの例が示すように、女性の神は神の世界と人間の世界との仲介者としての重要な役割を果たしているのである。

アイヌ社会は男女同等

アイヌの社会はこれまでしばしば指摘されてきたように、社会的、政治的に地位が高いのは男性であり、アイヌは男性優位の理念をもつと考えられてきた。たとえば、バチェラーはアイヌの女性の地位についてつぎのように記している。[85]「アイヌの女性は多かれ少なかれ下等な人間のように扱われてきた。女性の全生活は、ほとんどの場合奴隷のように、休むこともなく、あくせくと働き続けることであった」。また、たいていの領有神が男性であるように重要な神々は男性であり、神の世界もまた、男性優位に彩られているようにも見える。

静内のある媼(フチ)は女性のカムイの重要さを得々と話しながら、「男は狩りをし、カムイ・ノミをするのが務めであり、夫になんら食べ物の心配をさせないで、家を守ることがアイヌの女性の務めである」と語っていた。日常生活における男女による性的分業は必ずしも女性の劣位を意味するものではない。じっさい、最近のジェンダー研究において、男性の人類学者によって描かれてきた男性優位の社会像の見直しがはかられるようになったが、男性優位の社会像は女性の役割の軽視による歪められたイメージであることが指摘されるようにもなってきた。

このことは、アイヌのジェンダー観についてもあてはまるのではないであろうか。人間の世界と神の世界との仲介者としての火の神の役割は、男性中心の社会における女性の必要不可欠性を象徴的に強調するものである。アイヌの社会において、もちろん社会的、政治的には男性優位も認められる。しかしながら、女性の神々の示す意味は、理念的には男性と女性の同等性を保証するものなのである。

結局、カムイのジェンダーは男性、女性という二つのジェンダーの対立を、かならずしも象徴していないのである。むしろ、両ジェンダーの相互補完関係に基づく統合された一体性を象徴するものといえる。

6　人間との関係

カムイからの贈りもの

「クマ送り」や「ふくろう送り」などの送り儀礼は、カムイと人間との関係のありかたを儀礼の場において確認するものといえる。いっぽう、動物や植物などの自然神が自ら語る形式のカムイ・ユーカラやカムイ・ウエペケルなどの物語は、これらのカムイが主役となって活躍する。これらのなかには次に示すように、カムイとアイヌの関係についての考えかたを語りのなかで明示するものがある。

たとえば、久保寺の神謡六「山岳を領く神（熊）の自叙」において、カムイと人間との交流が次のように謡われる。

（中略）／その時／付子（ぶし）の神／我が前に出現し、／火の媼神の／使者として言ふこと／かくありけり――／「いや重き大神よ！／心のどかに／我が許に遊び給へ、然らば／ゆつくり物語に興じて／我ら相見ゆ／べし。と／火の媼神／我を遣はしめて／我は来れる／なり。」と／付子の神／言ひたれども、／我そを烈しく打ちたたく。／飽くまでも／かの脚軽彦／かの脚速彦／我を魅せんとして、パウパウと鳴き／その尾を伸ばし／伸ばして、／我が遠くを／馳せめぐり／我が近くを／かけめぐる。／その時／松脂の神／立ち現はれ／付子の神／とともに／我が下肢に／我が手先に／我が足に絡みつき／我が手をとらへて自由を奪ふ。／我は神さびて／我は神のごと／どつと斃れ伏しぬ。／（中略）／今やいよいよ（用意万端整ひて）／我は送らるる（熊送りが営まれることになった）／こととなりぬ。／木幣一荷／粢餅（しとぎもち）一荷を／我家苞（いえづと）にもらひて／外の面に出で、／それより／帰途につき／我が家に／帰り着きて／我が家に入れば、／我より先に／神窓より／粢餅の荷／木幣の荷／とどけられありて、／横座も狭しと／粢餅の列／木幣の列／並べ置かれてありけり。／（中略）／かくて／近くの神々／遠くの神々に／招待の便りを出して／饗宴に招きたり。／神々皆／来り集ひぬ。／それよりして／盛んなる饗宴を／催ほし／たりき。／我が家妻の／いへる様――／「余りにも／人間の酒／人間の木幣の／心ともしくて／ならざれば、／人間の村へ／遊びに出掛けたるに、／……」

（久保寺逸彦、『アイヌ叙事詩　神謡・聖伝の研究』、一九七七、六七―七一ページ）

この神謡において、ヌプリ・コロ・カムイ「山岳を領く神」（クマの神）が霊山の山頂近

「アイヌ熊狩の図」（平沢屏山、市立函館博物館所蔵、江戸時代）

くにある神の国に住み、人間と同様の姿をし、家族とともに、ちょうど人間の世界での人とまったく同じように生活することになっている。そして、ときどき人間の世界を訪れたくなり、神の世界から人間の世界へとクマの毛皮と肉を土産として（クマの姿をとって）、訪れる。ヌプリ・コロ・カムイ（クマの神）はクマの毛皮をまとい、人間の国を訪れるのであるが、人間とカムイとの接点となる狩猟は、クマの神が火の神の招待を受けることによって成立するというアイヌの考えかたがこの神謡のなかで示されている。また、人間に狩られたクマの神は丁重にもてなされ、クマの毛皮を残し、人間から贈られたイナウ（木幣）、酒、粢餅などをみやげに持たされ、再び神の国に帰るのである。そして、クマの神はみやげに持たされた品々をもとにカムイ・モシリで神々を招待して饗宴を開くのである。さらに、クマの神は、人間の木幣、酒を欲して人間の世界を訪れるという考えかたが示されている。

また、知里幸恵が著した『アイヌ神謡集』（一九七八）のなかの「梟（ふくろう）の神の自ら歌った謡」においても、同様の考えかたが描かれている。

たとえば、梟の神が仕留められるのは、「小さい矢は美しく飛んで／私の方へ来ました、それで私は手を／差しのべてその小さい矢を取りました。／クルクルまわりながら私は／風をきって舞い下りました。」と謡われる。[86]ここでも、仕留めることができるのは、対象となる動物の意志によるものであるという考えかたがあらわされている。そして、仕留められた梟の神（コタン・コㇿ・カムイ）は人間の手厚いもてなしを受け、木幣、酒をみやげにカムイ・モシㇼに帰り、そこで神々を招待して酒宴を開くと謡われる。

このように、カムイは自分の世界、カムイ・モシㇼにおいて人間の姿をして暮らしており、人間の世界を訪問するときにはそれぞれ固有の服装をして訪れるのであるとアイヌは考えてきた。この世界の動物や植物などはカムイが人間の世界を訪れた結果による仮の姿であると考えられている。そしてカムイの人間への贈りものであると考えるのである。

相補的互酬性の関係

静内のある古老は次のように語っていた。[87]「カムイは人であり、人はカムイである」。カムイはカムイ・モシㇼでは「人」の姿をして暮らし、アイヌ・モシㇼを訪れるときにのみ神格化されたカムイとなって登場するのである。逆に、人間はアイヌ・モシㇼにおいてのみ「人」であり、死後、すなわちカムイ・モシㇼを訪れることによって人はカムイに変態するのである。人間とカムイはまさに反転した関係で捉えられている。

また、カムイの「仮の姿」を人間への贈りものとみなすことが示すように、人間とカムイとは交流しあうものと考えられている。しかも人間とカムイとの交流は互酬的交換といえるのである。[88] カムイがみずからの「仮の姿」を人間への贈りものとするのに対し、人間はカムイを食物や酒によってもてなし、酒、イナウ（木幣）などをみやげとして持たせるのである。イナウと酒は、カムイ・モシㇼでは手にいれることのできない品であるがゆえに、カムイのもっとも望む品であるといわれる。神々はイナウを求め、人間によって酒と食べ物をもてなされることを欲し、人間の世界を訪れると考えられていた。

アイヌは、クマの神が人間の世界を訪問しないということは将来の飢饉を意味すると信じていた。このため、人間は神々がしげしげと人間の世界を訪れてくれること、つまり狩猟の成功を望み、ヌプリ・コロ・カムイ（クマの神）をもてなすのである。しかし、ヌプリ・コロ・カムイは、クマの所有者としての性格をもつものではない。このカムイはクマの神の頭領であるといわれるが、クマを人間の世界に送るとは一般に考えられていない。人間の国を次に訪問するクマの神は、クマ送りされた神ではなく、その親族であるという。[89] 各々のクマの神が人間の世界を訪れた他のクマの神のみやげ話を聞き、みずから進んで人間の世界を訪れるのである。

このように、人間の世界と神の世界は、人間と個々のカムイとの互恵的な交換の関係、互酬性で結ばれている。両者の関係はさらに、お互い手にいれることのできないものを交換しあうという意味で相補的な性格をもつのである。

狩猟の神

シベリア諸民族の多くは、動物にはそれぞれ自分の守護霊、「主霊」があると考えている。「主」という概念はシベリアの宗教的思考に特有のものであり、これによって自然界全体が超自然的所有者に服属するありさまが示される。[90] たとえば、第五章で述べるように、ニヴヒのあいだでは、森・山の「主」と水の「主」はそれぞれ陸と海の動物を支配している。このためシベリアの狩猟儀礼においては、「主霊」への崇拝が儀礼の核となっている。

アイヌのヌプリ・コロ・カムイは、前述のように、シベリアにおける「主霊」の観念とは異なる。狩猟の神と一般にいわれるハシナウ・ウㇰ・カムイ（狩猟の女神）は、仲介者としての役割をもつ。狩猟の女神もまた、シベリアの「主霊」とは性格を異にするものである。このことは、アイヌの儀礼上重要な神々のなかには「主霊」の性格をもつものがいないことを示している。アイヌの狩猟観はシベリア諸民族のそれとは異なるということなのであろうか。狩猟の女神の意味を通して、アイヌの狩猟・漁撈観の特徴を考えてみることにしよう。

まず、狩猟の女神は人間の飢饉を救う神として神話に登場する。飢饉を救う話は数多く報告され、主人公は狩猟の女神であるばかりではなく、水の神ともなる。また、飢饉を救う方法、手段などにおいてヴァリエーションがあるが、いずれも魚主の神、鹿主の神をなだめ、魚やシカを人間界にあふれさせる結末で終わるものである。久保寺の採録した神謡七四「狩猟の媛神の自叙」[91]には、飢饉を救うようすが次のような構成で謡われる。

はじめに、狩猟の女神は、カムイ・モシㇼにおいて、人間が送り届けてくれる酒、木幣をもとに神々を招き、酒宴を開いて暮らすことが謡われる。あるとき、人間の世界が飢饉となる。このため人間はたくさんの酒、木幣を届けて、この神に救援を頼む。狩猟の女神はこの酒と木幣をもとに盛大な酒宴を開き、その席で魚主の神と鹿主の神に魚や鹿を人間界に満ちあふれさせてくれるように頼む。これに対し、たとえば、魚主の神は次のように答えるのである。

（中略）／魚主の神は／怒りて言へる／様は―「魚を下しやれば、／人間ども／魚を屠るには／よき木もて／頭叩き木を／作りて／それもて魚を屠らば、／それぞまことに／魚も喜び誇りて／（我が許に）帰り来るものなるを、／朽木もて／頭を滅多打ちにせられ／憤りつつ帰り来るなり、／そのこと／我も憤らしき故、／魚を群がらしやることはすまじ。」／と言ひつつ／憤り居たり。

これを聞いて、狩猟の女神は舞を舞い、酒宴の席の神々を楽しませ、笑わせるのである。

そして、

この時／魚主の神／少しく笑ふ、／笑ひしかば、／その口より／魚の鱗／少しこぼれ落つるを／我拾ふ。／鹿主の神もまた／少し笑ふ、／笑ひしかば、／その口より／鹿の毛／少しこぼれ落つ、／我（しめたとばかり）喜びて／そを拾ふ、／それ等を持ちて／我外へ出づ。／かの魚の鱗を／川面の上に／我吹き飛ばす、／かの鹿の毛を／山原の上に／我吹き飛ばす、／しかせるに……。

こうして、川には魚（サケやマス）があふれ、山野にはシカが群がることとなるのである。

カムイとの交流の場としての狩猟

魚主の神と鹿主の神の二神はすでに述べたように神話に登場するのみであり、宗教儀礼において礼拝の対象とはならない。サケやシカのたくさん獲れることをこの二神に直接祈ることはないのである。そのかわり、アイヌは狩猟や漁撈の成功をハシナウ・ウㇰ・カムイ（狩猟の女神）に祈る。この神話が示唆するように、儀礼の場において狩猟の神に祈ることは、人間と鹿主の神・魚主の神の二神との仲介の労をとるように祈ることとなのである。

既述したように、サケやシカはカムイではなかった。サケは魚主の神の、シカは鹿主の神の《持ち物》にすぎない。サケやシカは、これらに対する人間の手厚い扱いに呼応して、この二神が与えてくれるものと考えられているのである。

「クマ送り」儀礼や「山岳領有神」の神謡が示すように、クマの狩猟は人間とクマの神との直接交流の場である。クマそれ自身がカムイであるため、クマ狩りを人間とカムイとの直接交流の場と位置づけることが可能なのである。いっぽう、サケやシカはそれ自身カムイではなく、ましてや魚主の神や鹿主の神それ自身は、それぞれサケやシカに顕現するのではない。このことがこの二神と人間とが直接交流できない背景にあるといえよう。そして、狩猟の女神が仲介者として必要とされるのである。すなわち、シカ猟やサケ漁は、クマ狩りのような人間とカムイとの交流の場とは考えられないのである。

北方シベリアの諸民族においては、狩猟の対象となる動物の所有者としての「主霊」を認めることが多い。そして、狩猟儀礼の対象は「主霊」そのものとなるのである。アイヌは動物それ自身をカムイとみなす考えを基本としているため、狩猟そのものがカムイと人間との交流の場となるのである。これに対し、シカとサケは例外的にカムイとみなされず、シカ猟・サケ漁はカムイとの交流の場とはならない。このことが、仲介者としての狩猟の女神、ハシナウ・ウク・カムイというアイヌ文化独特の神を生みだしたといえるのである。

註

(1) Batchelor, John, 1981［1938］, *An Ainu-English-Japanese Dictionary*, Iwanami, p.194.
(2) 金田一京助、一九二三年、『アイヌ聖典』、世界文庫刊行会、八〇ページ。知里真志保、一九五四年、『分類アイヌ語辞典　人間篇』、日本常民文化研究所、二四四ページ。
(3) 知里、一九五四年、前掲書、六八六ページ。
(4) Munro, N. G., 1963, *Ainu : Creed and Cult*, New York : Columbia University Press, pp.8-9.
(5) 関場不二彦、一八九六年、『あいぬ医事談』、東西書屋蔵版、六―八ページ。
(6) Batchelor, John, 1901, *The Ainu and Their Folklore*, London : The Religious Tract Society, p.237.
(7) Munro, 1963, 前掲書、一七、一二一ページ。
(8) 久保寺逸彦、一九五六年、「北海道アイヌの葬制―沙流アイヌを中心として」『民族学研究』二〇（一―二）、一―三五ページ（七―八ページ）。
(9) 煎本孝氏に提供して頂いた未発表資料。
(10) 北海道開拓記念館編、一九七五年、『民族調査報告書―総集編』、『北海道開拓記念館研究報告』第二号、五六ページ。
(11) 知里、一九七三年a、『知里真志保著作集』第二巻、平凡社、四二八―四三〇ページ。
(12) 知里、一九五四年、前掲書、六二七ページ。一九七三年a、前掲書、二九二―二九四ページ。金田一、一九二五年、『アイヌの研究』、内外書房、二八四―二八五ページ。
(13) 知里、一九七三年a、前掲書、二九二―二九四ページ。
(14) 知里、一九五四年、前掲書、二四四ページ。金田一、一九二五年、前掲書、八〇―八三ページ。久保寺、一九七七年、『アイヌ叙事詩　神謡・聖伝の研究』、岩波書店、四九八―四九九ページ、「聖伝三」。

(15) 知里、一九七三年a、前掲書、二二三―二九七ページ。北海道開拓記念館編、一九七五年、前掲書、九―二一ページ。
(16) Munro, 1963, 前掲書、二四ページ。
(17) 知里、一九五四年、前掲書、一四三―一四四、六〇六―六〇七ページ。
(18) Munro, 1963, 前掲書、二四、一〇一―一〇四ページ。
(19) 関場、一八九六年、前掲書、六―八ページ。
(20) ウノ・ハルヴァ、一九八九年、『シャマニズム―アルタイ系諸民族の世界像』、田中克彦訳、三省堂、四一九―四三一、四六三―四六五ページ。
(21) 吉野裕子、一九七九年、『蛇―日本の蛇信仰』、法政大学出版局、一六五―一八五ページ。
(22) 石塚尊俊、一九七二年、『日本の憑きもの』、未来社、四八―五五ページ。
(23) 田村すゞ子、一九八八年、「アイヌ語」、亀井孝・河野六郎・千野栄一編著『言語学大辞典　第一巻―世界言語編（上）』、三省堂、六―九四ページ（六二―六三ページ）。
(24) 知里、一九七三年b、『知里真志保著作集』第三巻、平凡社、三三一―三三三ページ。また、アトゥイ・コロ・カムイは神謡の伝承者によって、海亀であるとか、鯨であるとかいう場合がある（久保寺、一九七七年、前掲書、六〇四、六〇七ページ）。
(25) Munro, 1963, 前掲書、一八―一九ページ。金田一、一九二五年、前掲書、二七一ページ。名取武光、一九四一年、「沙流アイヌの熊送りに於ける神々の由来とヌサ」『北方文化研究報告』四輯、一二五―一三一ページ（四二―四三ページ）。
(26) 知里、一九五三年、『分類アイヌ語辞典　植物篇』、日本常民文化研究所、一七八ページ。
(27) 知里、一九六二年、『分類アイヌ語辞典　動物篇』、日本常民文化研究所、一一〇ページ。久保寺、一九七七年、前掲書、六八四ページ。更科源蔵・更科光、一九七六年、『コタン生物記』、法政大学出版局、七一六ページ。
(28) 久保寺、一九七七年、前掲書、「神謡一八」、「神謡一九」、「神謡二〇」。
(29) 久保寺、一九七七年、前掲書、四二ページ。金田一、一九二五年、前掲書、二五九―二六九ページ。
(30) 更科・更科、一九七六年、前掲書、五九六ページ。
(31) 久保寺、一九七七年、前掲書、「神謡七六」、「神謡七七」。
(32) 竜を雷神の形態とする伝承は、日本内地から船載された刀剣の鍔などに彫られた竜の観念を取り入れたものとも考えられるという（久保寺、一九七七年、前掲書、六九一ページ）。
(33) 金田一、一九二三年、前掲書、二八二ページ。
(34) 金田一、一九二五年、前掲書、二五五―二五六ページ。
(35) 久保寺、一九七七年、前掲書、三一九ページ。
(36) 金田一、一九二五年、前掲書、二五五―二五六ページ。
(37) 知里、一九七三年ａ、前掲書、二九二―二九四ページ。
(38) 金田一、一九二五年、前掲書、二五六―二五七ページ。Munro, 1963, 前掲書、六二ページ。
(39) 金田一、一九二五年、前掲書、二五四―二五五ページ。久保寺、一九七七年、前掲書、五九八ページ。
(40) Munro, 1963, 前掲書、二〇ページ。
(41) 久保寺、一九七七年、前掲書、六五九、六九四―六九五、七三三―七三四ページ。知里、一九五四年、前掲書、三六七―三六八、三七一―三七七ページ。
(42) 煎本孝、一九八七年、「沙流川流域アイヌに関する歴史的資料の文化人類学的分析―C．一三〇〇―一八六七年」『北方文化研究』一八号、一―一二八ページ（二〇、一三八ページ）。
(43) 久保寺、一九七七年、前掲書、「神謡六三」。

(44) 久保寺、一九七七年、前掲書、「神謡四二」。
(45) 久保寺、一九七七年、前掲書、「神謡三八」。
(46) 久保寺、一九七七年、前掲書、「神謡八〇」。
(47) 久保寺、一九七七年、前掲書、「神謡三一」。
(48) 久保寺、一九七七年、前掲書、「神謡二八」。
(49) 久保寺、一九七七年、前掲書、「神謡一〇」、「神謡一一」、「神謡一二」。
(50) 久保寺、一九七七年、前掲書、「神謡二一」。
(51) 久保寺、一九七七年、前掲書、「神謡二三」。
(52) 久保寺、一九七七年、前掲書、「聖伝三」。
(53) 久保寺、一九七七年、前掲書、「神謡九五」。
(54) 知里は、イモシュの語源に関し、「目を覚ました」という従来の説に対し、イム・ウス「呪術・に入った」の意味ではないかとのべている（一九五三年、前掲書、五—六ページ）。
(55) 久保寺、一九七七年、前掲書、「聖伝九」。
(56) 久保寺、一九七七年、前掲書、「神謡一〇〇」、「神謡一〇一」。
(57) Munro, 1963, 前掲書、一〇一—一〇二ページ。
(58) 久保寺、一九七七年、前掲書、「神謡一〇」。
(59) 久保寺、一九七七年、前掲書、「聖伝五」。
(60) 久保寺、一九七七年、前掲書、七一三ページ。
(61) 久保寺、一九七七年、前掲書、五四七ページ。
(62) 久保寺、一九七七年、前掲書、「聖伝四」。
(63) 知里、一九七三年a、前掲書、三四九ページ。

(64) 金田一、一九二五年、前掲書、二七一—二七四ページ。Munro, 1963, 前掲書、一八ページ。
(65) 更科・更科、一九七六年、前掲書、二八九ページ。
(66) 久保寺、一九七七年、前掲書、「神謡二二」、「神謡二三」。
(67) 更科・更科、一九七六年、前掲書、五五九ページ。
(68) 久保寺、一九七七年、前掲書、「神謡二九」。
(69) 知里、一九六二年、前掲書、一九九ページ。
(70) 更科・更科、一九七六年、前掲書、五七六—五七七ページ。
(71) 久保寺、一九七七年、前掲書、「聖伝四」。
(72) 金田一、一九二五年、前掲書、二四八ページ。
(73) 知里、一九五三年、前掲書、二三八ページ。
(74) アワはヒエとともに夫婦神とされることから男性の神であることになるが、アワそれ自身の神としての名称は存在しない。
(75) 金田一、一九二三年、前掲書、「神伝（一）」。
(76) 金田一、一九二五年、前掲書、二九—三一ページ。Batchelor, 1901, 前掲書、一七五—一八〇ページ。
(77) 久保寺、一九七七年、前掲書。
(78) 久保寺、一九七七年、前掲書、二五〇ページ。
(79) 金田一、一九二三年、前掲書、四一ページ、巫者はヌプルペとこのオイナ（神伝［一］）では呼ばれている。神憑りとなって託宣する者を指す。巫術はツス（トゥス）と呼ばれる。シャマニズム的行為と考えられている。
(80) 久保寺、一九七七年、前掲書、「神謡一」。

(81) 知里、一九七三年a、前掲書、一二三ページ。
(82) Munro, 1963, 前掲書、一〇八—一〇九ページ。
(83) 久保寺、一九七七年、前掲書、「神謡六」。
(84) 久保寺、一九七七年、前掲書、「神謡七四」。
(85) Batchelor, 1901, 前掲書、一七五ページ。
(86) 知里幸恵、一九七八年、『アイヌ神謡集』、岩波文庫、一五ページ。
(87) 渡辺仁、一九八五年、『昭和五九年度アイヌ民俗文化財調査報告書、アイヌ民俗調査 四(静内、浦河、様似地方)』、北海道教育庁社会教育課、二七ページ。
(88) 煎本孝、一九八八年、「アイヌは如何にして熊を狩猟したか」『民族学研究』五二(二)、一二五—一五四ページ(一四六—一四七ページ)。
(89) 煎本、一九八八年、前掲書、一三五ページ。
(90) E・ロット゠ファルク、一九八〇年、『シベリアの狩猟儀礼』、田中克彦他訳、弘文堂、三五ページ。
(91) 久保寺、一九七七年、前掲書、「神謡七四」。

第三章　アイヌの植物命名法

1　植物名が語る認識のプロセス

特定部位に関心を払う

人類にとって植物の恩恵なくしては生活を支えることができない。アイヌの生活にとっても例外ではない。多くの植物は名づけられ、生活のさまざまな側面で活用されてきた。しかも、植物は単に実用的な意味のみではなく、カムイのあらわれとなるように信仰の対象ともなっている。

では、このような生活上重要な意味をもってきた植物に対し、アイヌはどのような観念をもつのであろうか。アイヌの植物認識、植物観をその命名法から探ってみることにする。

植物については、『北海道アイヌ語植物名詳表』（宮部・神保、一八九二）、『アイヌ・英・和辞典』第四版（バチェラー、一九八一〔一九三八〕）、『コタン生物記』（更科源蔵・更科光、一九七六）、『分類アイヌ語辞典　植物篇』（知里真志保、一九五三）などの数多くの報告がある。このなかで、知里真志保は、アイヌ語名称の語形、アクセント、語義、語源をはじめ、利用法、それに付随する彼らの感情、信仰、習俗などを詳しく記している。これは現在においてアイヌの植物の知識をもっとも網羅した資料となっている。ここでは主に、知里の資料に準拠しながら、アイヌの植物認識をアイヌ語植物名の語彙素構成の分析を通して検討することにする。

植物の命名法は、同一の文化的基盤を持った地域間においても異なることがよく認められる。アイヌ語植物名においても、たとえば、クロイチゴを沙流地方ではクンネ・エマウリ、千歳地方ではカムイ・エマウリと呼ぶ。また、沙流地方ではエゾユズリハを、幌別地方ではキバナシャクナゲをそれぞれリヤハムㇱと同じ名称で呼ぶといった例がある。このため植物の認識体系を取りあげる場合にはある程度地域を限定して考えることが必要である。したがって、ここでは『分類アイヌ語辞典　植物篇』を主な資料とし、これに記されるアイヌ語植物名の中から、植物全体を示すと考えられる名称を、とくに資料が豊富である幌別地方の事例から取りあげた。

『分類アイヌ語辞典　植物篇』（一九五三）の「序言」で知里真志保は次のように述べている。「アイヌの植物名は必要ある部分にのみつき、木や草の全体を表す名称は存在しなく、……特定の部位を表す名称がその植物全体を表す名称へと未だ十分に発達するにいたっていない[1]」。そのいっぽうで、オオヨモギの項では、幌別方言で葉をノヤ、茎をノヤ・イッケウ

(「ノヤの・背骨」)、根をノヤ・シンリッ(「ノヤの・根」)と記す。

知里が「序言」で述べるように、ノヤという植物名をオオヨモギの葉だけを指すものとすると、ノヤ・イッケウという名称はオオヨモギの葉の背骨という意味となり、葉脈を指すことにもなる。オオヨモギの茎の部位名称としてノヤ・イッケウという語法が採られることは、オオヨモギの葉という特定部位名称であったノヤがオオヨモギ全体をあらわす名称としても認識されることをあらわすといえる。同様の例が他の植物についても認められる。知里が特定の部位名称にすぎないとして記述したアイヌ語植物名のなかには、その植物全体を示す名称があるのである。このことから、アイヌは植物を認識するにあたって、特定の部位に強い関心を払うといったほうがより適切であることが分かる。

三つのパターン

植物名のなかには、オオヨモギを示すノヤ、バアソブを示すムㇰのように、植物の《種類》、最小の集合をあらわす名称と同時に、草をあらわすキナ、木をあらわすニなどのようにいくつかの《種類》の集合を示す名称がある。前者は個別名、後者は包括名ということができ、植物の認識という点では性格の異なる名称であり、区別して考える必要がある。個別名は認識上他と区別することを前提として命名されたもの、すなわち個別的認識の過程に基づくものである。それに対し、包括名は他との類似点が認識され強調されたもの、すなわち類別的認識の過程に基づくものである。

個別名の語彙素構成をみると多様であるが、これには大きく三つのパターンがある。

①ノヤ（オオヨモギ）のように意味のある語彙素に分解できないもの。

②トカオマㇷ゚（ト・カ・オマ・ㇷ゚「沼・の上・にある・もの」、ドクゼリ）、シゥキナ（シゥ・キナ「苦い・草」、エゾニュウ）などのように数個の語彙素に分解できるが、どの語彙素も他の植物の個別名でないもの。

③ピタㇻカウンノヤ（ピタㇻ・カ・ウン・ノヤ「河原・の上・にある・ノヤ（オオヨモギ）」、カワラヨモギ）、イワトペニ（イワ・トペ・ニ「山地・トペニ（イタヤカエデ）」、ヤマモミジ）などのように他の植物の個別名に修飾語（属詞）が付加されたものである。

①や②は植物それ自身によって識別され、命名されるものであるのに対し、③は他の植物の存在が前提となり、それとの対比で命名されるものである。このような語彙素構成の違いは植物名の生成過程の違い、つまり植物認知の過程の違いをあらわすものといえる。①や②のような語彙素構成をとる個別名は基本名、タイプ③の個別名は対照名と区別することができる。個別的認識は第2節、第3節で述べるように、二つの原理で成り立つのである。

基本名のなかには明らかに日本語起源と思われるものがある。

たとえば、ササンキ（ササゲ―「ささげ」）、アントゥキ（アズキ―「あずき」）、アタネ（センダイカブラ―「なたね」）、ハキ（ハハキギ―「箒木」）などの栽培植物や、ポフ（ハマボウフウ―「ぼうふう」）、トコロ（ウチワドコロ―「ところ」）、クンク（シオクグ―「くぐ」）、チャルペ（エノコログサ―東北方言「チャペ」）、カトゥンキ（フトイ―東北方言「カツギ」）などの野生植物である。日本語起源の名称をもつ栽培植物は、和人との接触によってアイヌの間に持ちこまれ、その栽培が普及していったものと考えられる。

また、野生植物の場合にもそのほとんどが日本文化となんらかの意味で結びつくものである。ただし、名称のみが伝播したハマボウフウや、同属の異なる種に名称や利用法が適用されたウチワドコロの例のように、伝播の過程において、受容者側による知識の選択、置き換えが働いたものが認められる。ここではこれらの日本語起源の名称をもつ植物は除外している。

2　基本名からみる命名のプロセス

名前から生活形がわからないもの

基本名には、名称から草であるのか、木であるのかを推測できるもの、すなわち名称の語彙素として木や草をあらわす包括名を含むものと、含まないものがある。包括名を語彙素として含まないものには語義不明のものも少なくない。語義不明な名称は植物を指示するためにのみ用いられる「ことば」である。これに対し、語義が明らかな名称は、日常会話の他の文脈においても意味をもつ比喩的な用語といえる。では、語義、語源が明らかな比喩的用語にはどのようなものがあるだろうか。まず、植物の弁別特徴を文字どおり示唆する語彙で構成されるものをあげることができる。

常緑の低木であるキバナシャクナゲがリヤハムシ（リヤ・ハム・ウシ「越冬した・葉・ついている」）、油性に富んだクロモジがスムナシ（スム・ヌ・ハシ「油・もつ・枝条」）と呼ばれる。針葉樹を除き落葉樹が大多数である地域においては、常緑性はその植物が他の植物と十分に区別できる指標となりうる。また、香気ある、油性に富んだ樹皮をもつことはどの植物にもあてはまる特徴ではない。キバナシャクナゲの葉は乾かしてタバコの代用にされるし、クロモジの枝条は煎じてお茶の代用にされる。このように、利用される部位の弁別特徴が名称の語彙素に文字どおり反映されるのである。

同様な例は草本類にもみられる。水辺の湿地に生え、根茎がときに水面に浮く、猛毒のドクゼリはトカオマプ（ト・カ・オマ・プ「沼・の上・にある・もの」）、池や沼の水中に生え、葉が放射状に水面に浮かぶヒシはペカンペ（ペ・カ・ウン・ペ「水・の上・にある・もの」）と呼ばれる。ドクゼリは腰痛のときの薬や矢毒に用い、ヒシの実は重要な食料となる。茎の繊維で糸を撚(よ)ったり、織物を織ったりするエゾイラクサは、茎や葉に逆毛を密布し、ちょっと触れるだけでも痛痒くさせるが、イピシシプ（イ・ピシシ・プ「われわれを・痛痒くする・もの」）と名づけられる。

特徴的な形態をもとに隠喩的に命名されるものもある。筒状の花が葉腋(ようえき)から下垂する、根茎を食用にしたオオアマドコロはエトロラッキプ（エトロ・オ・ラッキ・プ「鈴・そこに・ぶら下がっている・もの」）と、花を鈴になぞらえた名称をもつ。紡錘(ぼうすい)形の蕾(つぼみ)をもつアヤメは筆になぞらえられ、カンピヌイエプ（カンピ・ヌイエ・プ「手紙・書く・もの」）と呼ばれる。また、スミレは花の形からカムカタ・ノンノ（「蝶・花」）と、手を切りそうな鋭い葉をもつススキはラペンペ（ラップ・エン・ペ「翼・鋭い・もの」）といわれる。多数の鱗片からなる鱗茎(りんけい)をもつクルマユリは、鱗茎を食用とし、ニノオカイ（ニ・ノ・オカイ「歯が・十分に・群生する」）と呼ばれる。これらの例は必ずしも有用部位の示差的特徴に基づくものではないが、植物名称はきわだった特徴を隠喩的に表現するものである。

いっぽう、オクエゾサイシンとクロユリは、前者が双子葉類でウマノスズクサ科、後者が単子葉類でユリ科に属するように分類学上大きく異なり、しかも前者の花は花被が合生するが上半で離生し三裂するのに対し、後者の花は離生する六つの花被片から成り立つ。[2]しかし、いずれの花も黒紫色で鐘形を呈しており、アンラコロ（アン・ラ・コロ「黒い・葉・もつ」）と同一名で呼ばれる。クロユリは美幌地方では鱗茎を食用としたが、幌別地方に関しては利用したという記述はなく、オクエゾサイシンについても利用法の記述がない。これは有用性と結びつかないで命名された例である。

落葉樹に寄生し、宿主の樹木がすっかり葉を落とした冬に青々と、しかも赤い花を咲かせ、遠くからもすぐ目につく常緑のヤドリギをニ・ハル（「木・弁当」）という。アワをまくときには、「種をぬらす」といって、刻んだヤドリギと水を混ぜたなかに種子を浸してからまいたものである。アイヌの「種ぬらし」の処理は呪術的な意味で行われたといわれる。[3] 知里も次のように記す。「ヤドリギのアイヌ語名の《ハル》は弁当を意味すると同時に、《ハル・カル》（「収穫・する」）というように収穫の意味にもなるので、この植物は収穫をもたらすための呪法に用いられたのであろう[4]」。このようなヤドリギの用いられかたは冬でも青々とするその生命力にあやかろうとしたものなのである。

また、バイケイソウは早春にすくすくと生長する草といわれ、シクプ・シクプ（「成長する・成長する」）と呼ばれる。幌別では、成長が遅くいつまでも立てない児がいると、すくすく伸びたこの草をとってきて、「成長せよ、成長せよ」と唱えながら子の尻を叩いたものである。果実が服によくつくヤブジラミは何にも利用されないが、セタ（「犬」）と呼ばれる。このように語彙の上からだけでは植物名であることが分かりにくい例もある。

最後に、植物の用途そのものが語彙の上に反映される例がある。たとえば、内容物を取り去った漿果を口で吹き鳴らして遊ぶホオズキをチウクマウ（チ・ウク・マウ「我々が・吹く・漿果」）と呼ぶ。また、根茎を腹痛の薬にしたり、蛇よけに家のかたわらに植えたりするショウブはスㇽク・クスリ（「トリカブト・薬」）と呼ばれる。穂別地方ではショウブの根をトリカブトの毒の解毒剤に用いたのである。

名前から木か草かがわかるもの

包括名を語彙素として含む基本名については、まず、当該植物の顕著な外的形態や特性、用途がもとになって命名されるものをあげることができる。

たとえば、特有の臭気をもつエゾニワトコやクサギはソコニ（シ・コン・ニ「糞・もつ・木」）、芳香のあるキタコブシはオㇷ゚ケ・ニ（「放屁する・木」）、熟した蒴果が触れるとすぐ弾けるキツリフネはオㇷ゚ケ・ムン（「放屁する・草」）と呼ばれる。エゾニワトコはその特有の臭気に除魔力が認められ、薬用、呪術用に広く用いられる。幌別地方では魔除けの木幣はエゾニワトコで作られ、ソコニ・イナウと呼ばれるが、それ以外のときにはソコニといえばクサギをさす。クサギの枝の煎じ汁で服を洗うとノミがつかず、キタコブシの枝や樹皮は、風邪をひいたときに煎じて飲んだものである。

また、黄色の液汁をもつクサノオウがオトンプイ・キナ（「肛門・草」）と呼ばれるのに対し、乳液質の樹液をもつイタヤカエデはトペ・ニ（「乳汁・木」）と呼ばれる。イタヤカエデの樹液は早春に、樹幹に傷をつけ、そこから流れ出る樹液を容器に集めそのまま飲んだり、飯を炊くのに混ぜたり、煮つめて飴にしたものである。いっぽう、痔や婦人病のときにはクサノオウの茎葉の煎じ汁で患部を洗ったり、その葉で患部を温めたりした。このように、特徴を隠喩的に表現する名称も少なくない。

さらに、樹皮の煎じ汁が苦いニガキはシゥ・ニ（「苦い・木」）、同様に葉柄に苦みをもつ草本であるエゾニュウはシゥ・キナ（「苦い・草」）、幅広い葉をもつミズバショウはパラ・キナ（「幅広い・草」）、有刺のタラノキはアユシニ（アイ・ウシ・ニ「刺・ある・木」）と呼ばれる。花柄の上部に逆刺をもつママコノシリヌグイと、茎に開出毛を密布するメナモミは前者がタデ科、後者はキク科の草本である。いずれも側を通りすぎるとき衣服によく引っかかる草であり、ウン・ケレ・キナ（「我ら・引っかく・草」）と同じ名がつけられる。

第二に、有用な果実や樹皮などの特定部位の名称に包括名が付加された例をあげることができる。シナノキの内皮はニペシと呼ばれ、その繊維で脚絆(きゃはん)などを織るが、シナノキのことをニペシ・ニ（「ニペシ（のとれる）・木」）と呼ぶ。オヒョウは、厚司(あつし)を織る繊維がとれる樹皮アッにちなんでアッ・ニ（「アッ（の）・木」）と呼ばれる。果実を食用にする植物の多くは、シケレペ・ニ（キハダ、「キハダの実・木」）、マウ・ニ（ハマナス、「ハマナスの実・木」）、ヤム・ニ（クリ、「クリの実・木」）、ハッ・プンカラ（ヤマブドウ、「ブドウの実・蔓」）というように果実の名称にちなんで命名される。

第三として、植物の用途が名称に換喩的あるいは隠喩的に反映するものをあげることができる。たとえば、材で櫛（キライ）をつくるミヤマガマズミはキライ・ニ（「櫛（の）・木」）、杓子（カスプ）を作る材にするマユミはカスㇷ゚・ニ（「杓子（の）・木」）、矢筒（プシ）の材となるホオノキはプㇱ・ニ（「矢筒（の）・木」）と呼ばれる。火の創造神話に登場し、かつて発火棒と発火台を作ったというハルニレはチキサニ（チ・キサ・ニ「我ら・擦る・木」）と名づけられる。ハコベは虫に刺されて腫れた箇所に茎葉を塩で揉んでつけるのに用いられ、イ・ハレ・ムン（「それ（腫れ）を・ひかせる・草」）という名をもつ。茎葉を採暖用に沓（くつ）のなかに入れるのに利用するヤマアワやオオカサスゲはそれぞれケロムン（ケリ・オ・ムン「沓・に入る・草」）、ポㇷ゚ケ・ムン（「暖かい・草」）という。

第四に、関連性が不明であることが多いが、動物や他の植物に関連のある語彙を含むものがある。引っ張り遊びをするオオバコの細長い花穂はエルム・サㇻ（「ネズミ・尾」）と呼ばれ、オオバコはこれに因んでエルㇺ・キナ（「ネズミ・草」）という。チョウセンアサガオは果実の形が魚のハリセンボン（イカリポポ）に似ているところからイカリポポ・キナ（「ハリセンボン・草」）と名づけられる。常緑の亜低木であるフッキソウは、冬になるとシカが群れをなして食べに来るといい、ユㇰ・トパ・キナ（「シカ・群れ・草」）という。葉がキハダの実シケレペと同じ味をもつというザゼンソウはシケレペ・キナ（「キハダの実（の）・草」）と呼ばれる。関連性が不明であるが、ナンバンハコベはサメ・キナ（「鮫・草」）、若葉がモミジガサに似るニリンソウはプクサ・キナ（「ギョウジャニンニク・草」）、クワはトゥレプ・ニ（「オオウバユリ・木」）と名づけられる。

第五として植物の生育地を想定させるような名称がある。たとえば、アオダモをイワ・ニ（「山地・木」）、コシアブラをコトルㇱニ（コトㇿ・ウㇱ・ニ「斜面・にある・木」）、ブナをピラ・ニ（「崖・木」）、ハマエンドウをオタ・マメ（「浜・豆」）という。また、荒れ地、原野などの開けた場所に一番に生えだし、一面に広がってゆくアカザはシルㇱキナ（シㇼ・ウシ・キナ「大地・に〔たくさん〕ある・草」）と呼ばれる。

最後に、植物に対するアイヌの評価が基本名に反映したものがある。たとえば、ござを編む草のなかでもっとも喜ばれるガマがシ・キナ（「本当の・草」）と呼ばれる。いっぽう、神話のなかで火の創造に失敗したとして登場するドロノキは、幌別地方では何にも利用されずヤイ・ニ（「ただの・木」）と呼ばれるのである。

以上に述べた基本名の語義や語彙素構成の分析から次のことが分かる。比喩的語彙からなる基本名は、花、葉、果実、鱗茎などの諸器官の形態や、有刺性、臭気、味、液質性などの特性ばかりではなく、生育場所、有用性にいたるさまざまな植物の属性を考慮した、多様な隠喩・換喩で構成されている。植物の基本名の命名が比喩的用法をとることは、アイヌの例に限らず他の地方でも認められる。たとえば、沖縄の八重山地方の波照間（はてるま）島では、サンゴ礁岩に張りついて生えるイソマツを「ガラシィヌパン」（カラスの足）と呼び、果実に刺針のあるケイノコヅチを「サカジィシャ」（逆さの刺）と呼ぶ。また、フランス語においてもシモッケソウは「草原の王妃」を意味する名称で、アブラナ科のある草は「牧夫の財布」を意味する名称で呼ばれる。アフリカ、ザイール（現コンゴ民主共和国）の農耕民であるニンドゥにおいても、樹皮が結束用に用いられるシナノキ科のある灌木は「縄（縛るもの）」を意味する名前がつけられている。個々の植物の特有な属性が日常生活の他の文脈において意味のある語彙によって識別、認識されることは文化を越えて普遍的な傾向なのである。

有用性と名前が一体化

ただし、次のように比喩的命名のなかにはアイヌ語に特徴的な例もある。芳香性の植物をみると、いい香りの木だとか草だとかという気持ちで名づけられていない。たとえば、香りのよい花を早春に咲かすキタコブシは「放屁する・木」という名がつけられている。反対に、「臭いの悪い草」としてエゾノウワミズザクラ、イブキボウフウ、ギョウジャニンニク、センダイカブラがまとめられるように、魔除けの立場から臭いの悪さを強調することが多いのである。

また、アイヌ語の基本名のなかで木本類では、果実や樹皮が有用であるものにはその部位名に「ニ」という包括名をつけた名称が多く、材として重要なものには材の用途を表現する語彙で名称が構成される。草本類では、花、果実、根茎などが有用であるものはその部位名と基本名が同じであることが多い。有用である植物にのみ名称がつけられるというわけではない。しかし、有用であるものは他の植物との識別にあたって有用部位に着目して命名される傾向があることが分かる。

この傾向は植物の和名の場合にもあてはまる。ウメ、モモ、クリという名称は木をあらわすと同時にその果実を示すために用いられ、クワイという名称はオモダカ科の多年草をあらわすと同時にその塊茎をあらわすのである。また、ニンドゥの子供たちは集落地のまわりによく生える身近な植物や、よく利用するものから徐々に植物名を学習していくのであり、有用な植物では有用性と植物そのものとが一体化して認識されていた。有用部位と植物全体が語彙の上で区別されず認識されることは、人間が植物を活用していく過程で認められる普遍的な傾向なのであろう。

3　対照名からみる命名のプロセス

対照的属詞

「属詞＋基本名A」という語彙素構成の対照名をもつ植物Bは、Aとの何らかの類似性があると考えられる。また、植物Bは植物Aの認知の成立が前提となり、識別されるものである。こうしてみると、Bの名称を構成する属詞（修飾語）は、Aとの違いを強調させるための対照的属詞といえる。

対照的属詞は、文字どおり植物の大きさや形態、色、生育場所、用途といった属性を示すものから動物名、性別、親族名称、カムイなどといった植物とは直接関連のない語彙が隠喩的に用いられたものまで多様である。植物同士を対照させる際に、どのような語彙がどのような関係に用いられるのかを考えながら、植物観の一端を明らかにしてみよう。

大きさ・形・用途をあらわすもの

大きさをあらわす語彙としてポン「小さい」が用いられる。基準となる植物Aに対しポン・Aと呼び、小型であることをあらわす。たとえば、やや小型のムカゴイラクサは同科異属のエゾイラクサに対し、ポン・イピシシプと呼ばれる。エゾイラクサからとった繊維はムカゴイラクサのそれより高い評価を与えられる。また、小型のナルコユリは同属のオオアマドコロに対し、ポン・エトロラッキプと呼ばれる。オオアマドコロの根が食用にされるのに対し、ナルコユリの根は食用にされない。

これらの例ではアイヌの生活にとってより利用価値の高い植物に基本名が与えられている。より大型のものが先に認知され、しかもポン「小さい」という語彙が基準となるものに対して低い価値を象徴する言葉となる。

また、形をあらわす語彙としてはテク（「手」）がある。地上茎の節からたくさんの枝を輪生するスギナは、同属の地上茎が直立し、分枝しないトクサ（シプシプ）に対照させられ、テク・シプシプと呼ばれる。スギナの胞子穂（つくし）は食用にされ、トクサの茎は木工品を磨きあげるのになくてはならない材料である。シプシプは「戻り戻りする」の意であり、木工品を磨くときの手の動きから名づけられたものである。

スギナがトクサに対照されることは、トクサが先に認知されたことを示している。すなわち、トクサの利用価値のほうが、スギナの食用という利用価値よりアイヌにとってより重要であったことが分かる。

オオイタドリ、ウラジロタデ、ヨブスマソウは、前二者がタデ科タデ属、後者がキク科コウモリソウ属である。いずれも茎が中空になっている。若い茎を生食できるオオイタドリがクッタㇻ（「伸びているもの」）と基本名がつけられるのに対し、痩果を穀物のように飯に炊いて食べるウラジロタデはアマㇺ・クッタㇻ（「穀物・オオイタドリ」）と呼ばれる。若い茎は食用にし、成熟した中空の茎をラッパのように吹き鳴らして遊ぶヨブスマソウはチレッテクッタㇻ（チ・レッテ・クッタㇻ「我ら・鳴らす・オオイタドリ」）と名づけられる。

クッタㇻは伸びているものという語義から派生し、中空円棒状の茎一般を示す語彙でもある。中空円棒状の茎をもつ植物のなかで、オオイタドリがもっとも一般的な植物である。とくにきわだった利用のされ方をするウラジロタデやヨブスマソウが、その用途を換喩的にあらわす語彙を名称のなかの属詞としてもつことによって、オオイタドリと区別されるのである。

生育場所をあらわすもの

同属の植物を対照させるのに地名が語彙素として用いられる。

たとえば、海岸の砂地に生えるイヌドクサは山間の谷川辺に自生するトクサに対照され、オタ・シプシプ（「浜・トクサ」）と呼ばれる。ハマヒルガオは平地から丘陵地によく生えるヒロハヒルガオ（キッテㇱ）に対比され、ピスンキッテㇱ（ピㇱ・ウン・キッテㇱ「浜・にある・ヒロハヒルガオ」）と名づけられる。川岸や海岸によく生えているカワラヨモギは山野に生えるオオヨモギ（ノヤ）に対照され、ピタㇻ・カ・ウン・ノヤ（「河原・の上・にある・オオヨモギ」）と呼ばれる。湿地に生えるハンノキは乾地性のケヤマハンノキ（ケネ）に対し、ニタッ・ケネ（「湿地・ケヤマハンノキ」）と呼ばれる。

また、生育場所が基本的には異なっていないイタヤカエデとヤマモミジであるが、紅葉がとくに美しい後者が前者に対照され、イワ・トペニ（「山地・イタヤカエデ」）と呼ばれるといった例もある。さらに、ノヤとキムン・ノヤ（キㇺ・ウン・ノヤ「山手・にある・オオヨモギ」）の関係のように同種の植物を生育場所によって区別する場合もある。

アイヌは地形を次のように認識している。(5) 海岸部では、海からすぐの砂浜をオタという。これに続くハマナスなどの灌木のしげみになっている砂丘をフンキ、そこから集落地まで続く一面の草原をマサㇻと呼ぶ。オタが砂浜という海岸の限定された地域をさすのに対し、ピシはより一般的に浜をさす言葉である。ピタラは河原、とくに川岸の小石原をさすこともある。イワは祖先の祭場のある神聖な山をさしていたものから転じてただの山をもさすようになった。これに対し、キムというのは集落地の背後に控えた生活資源獲得の場としての里山を示す。湿地は悪いカムイの住む場所として神話によく登場する。

根茎をともに利用するヒロハヒルガオとハマヒルガオ、ヨモギの類として同じように利用されるオオヨモギとカワラヨモギ、薬用になるケヤマハンノキとハンノキの例は利用価値の上であまり両者に相違がないものといえる。これらの例で基本名を与えられているヒロハヒルガオ、オオヨモギ、ケヤマハンノキは、彼らの地形認識に照らし合わせてみると前二者は「マサラ」に、後者は「キム」に生える植物である。「マサラ」、「キム」のいずれの空間も集落地コタンに近く、いわば日常生活圏としてよく利用する場となっている。

また、有用であるトクサに対し、ハマドクサは有用でない。樹液を飲用にし利用価値の高いイタヤカエデに対し、ヤマモミジは紅葉がきれいではあるがとくに有用ではない。これらは、利用価値に相違がある植物間において、価値の高いものが基本名をもち、生育地の違いを語彙の上に反映させて対照させる例である。ハマドクサは形態的類似性によってトクサに対照され、砂地に生えるという生育地の違いが名称の上に反映されて区別されている。

イタヤカエデとヤマモミジの例では、前者は平地から山地にかけて、後者は山地に生育する。どちらも生育地の上であまり相違がないといえる。しかし、ヤマモミジは山地をあらわす語彙のなかでとくに神聖な山をさす「イワ」という語彙が用いられ、イタヤカエデに対照させられるのである。この例では、平地や集落地近くにあまり見かけないというヤマモミジの属性が、とくに深山をあらわす「イワ」の語彙によって表現されている。

このように、植物の生育地の鋭い観察が植物を対照させる背景にあることが分かる。利用価値に相違がある場合には、もちろん価値の高い植物が基本名をもつことになっている。しかし、利用価値に差がない植物間では、集落地に距離的、心理的により近くに分布する植物が基本名をもちやすいことが分かる。

色をあらわすもの

対照名の語彙素（属詞）として用いられる色のカテゴリーは、レタㇻ（「白い」）、フレ（「赤い」）の二通りだけであった。オオヨモギに対し、全株雪白色の綿毛でおおわれている同属のシロヨモギはレタン・ノヤ（レタㇻ・ノヤ「白・オオヨモギ」）と呼ばれる。食用となる赤い穂状の漿果をもつチョウセンゴミシは、黒紫色の漿果をもつ異科のヤマブドウ（ハッ・プンカㇻ）に対照され、レㇷ゚ニ・ハッ・プンカㇻ（フレㇷ゚・ネ・ハッ・プンカㇻ「赤い・もの・の・ヤマブドウ」）と呼ばれる。これらは植物のじっさいの色の違いが語彙素に反映される例である。

シロヨモギは海岸の砂地に生え、ピスン・ノヤ（ピㇱ・ウン・ノヤ「浜・にある・オオヨモギ」）とも呼ばれ、集落地により近い、浜の草原マサラに生育するオオヨモギ（ノヤ）を基本にするヴァリエーションの一つでもある。ヤマブドウは果実を食用や薬用にするだけでなく、蔓をそのまま縄にしたり、裂いて袋を編んだり、ワラジ様のものを作るなど、利用価値の高い植物である。チョウセンゴミシの蔓や実も秋に採集して、冬の用に供えた。チョウセンゴミシに対し、ヤマブドウがより一般的で、高い評価を与えられていることが分かる。

いっぽう、色のカテゴリーが植物の色の違いを反映しないと思われる例もある。クマイチゴは、同属のナワシロイチゴ（エマウリ・ニ）に対照され、フレ・エマウリ・ニ（「赤い・ナワシロイチゴ」）と呼ばれる。いずれも漿果は赤く熟し、食用とされる。形態的にはクマイチゴは茎が直立し、心形の単葉をもち、花が白色であるのに対し、ナワシロイチゴは茎は匍匐(ほふく)性で、三出羽状複葉をもち、花が淡紅色であるといった相違がある。

ナワシロイチゴは平地から丘陵地にもっともふつうに生える。それに対し、クマイチゴは山地の明るいところに生える。ナワシロイチゴが基本名をもつのは、これが集落の周辺によく生えるという分布によるものと考えられる。この例では、生育場所や形態といった両者の違いを対照的属詞に反映させるのではなく、漿果そのものに関心があてられ、色のカテゴリーを強調的に付加することによって両者を区別することになっている。

動物をあらわす属詞—チカプとセタ

植物を対照させるのに用いられる動物名はチカㇷ゚（「鳥」）とセタ（「犬」）の二つの語彙であった。ユリ科のキバナノアマナをケシ科のエゾエンゴサク（トマ）に対照させ、チカㇷ゚・トマと呼び、ユリ科のキジカクシをキキョウ科のバアソブ（ムㇰ）に対照させ、チカㇷ゚・ムㇰと呼んでいる。また、ユリ科のスズランを同科ネギ属のギョウジャニンニク（プクサ）に対照させ、セタ・プクサと呼び、キク科のゴボウを同科フキ属のフキ（コㇿコニ）に対照させ、セタ・コㇿコニと呼ぶ。

　エゾエンゴサクの球形の塊茎やキバナノアマナの卵形の鱗茎はいずれも食用となるものである。この二つの植物は地上部の形態はいちじるしく異なるが、地下茎を食用にする点で共通する。エゾエンゴサクの塊茎は水にさらして臼（うす）でついて餅状にして食べる。キバナノアマナの鱗茎は必ずしもどの地域でも食べられたわけではない。幌別地方では熱い灰の中に埋めて焼いて食べたというが、食べられないとする地域もある[6]。エゾエンゴサクの塊茎はどの地域でも食べられ、食物としての評価が高い。評価の劣るキバナノアマナが、「鳥の」という修飾語を付加した対照名によって弁別されるのである。

　キジカクシとバアソブは、前者が単子葉類であるユリ科、後者が双子葉類であるキキョウ科に属するというように地上部の形態が著しく異なるが、太いニンジン状の根をもつ点で共通している。バアソブの根は食用とされ、キジカクシの根は白癬（はくせん）（チカㇷ゚・オテレケ[7]「鳥が・踏んづけた」）の治療に用いられる。キジカクシの名称に含まれるチカㇷ゚という語彙素はこれが薬として用いられる病気に由来する。

いっぽう、スズランとギョウジャニンニクとは葉の形が非常に似ている。後者の葉が食用、薬用として重要であるのに対し、スズランは全草に強心配糖体のコンバラトキシンを含み毒性が強く[8]、その葉は食用にはできない。また、ゴボウはフキのように長い葉柄をもつ根生葉を叢生（そうせい）するが、ゴボウは若葉を食用にするのみである。これに対し、フキはその葉柄を食用に、葉ではものを包んだり、仮小屋の屋根を葺いたりするというように、生活と密接なかかわりをもっている。スズランをセタ・プクサと呼ぶことによって、「食べられないこと、間違って食べてはいけないこと」を、ゴボウをセタ・コロコニと呼ぶことによって、その葉柄が食べられないことを伝える。

以上の動物名によって植物を対照させる例は、異科の分類学上遠縁でしかも地上部の形態が大きく相違する植物を対照させるのにチカㇷ゚（鳥）、近縁の形態的にも類似するが利用価値の異なるものにセタ（犬）を属詞として用いる傾向があることを示している。セタという語彙は似て非なるもの、とくに有用性という点で非なるものの隠喩として、チカㇷ゚は形態的類似性の低いものの隠喩として用いられるのである。

植物や人間をあらわす属詞

また、スス（ヤナギ類、とくにはオノエヤナギをさす）、キナ（草）などという植物名称が対照名の語彙素となる例がある。キク科のコウゾリナはアザミ類（アンチャミ）に対照され、スス・アンチャミ（「ヤナギ・アザミ」）、ユリ科のエンレイソウとオオバナエンレイソウはバラ科のナワシロイチゴに対照され、キナ・エマウリ（「草・ナワシロイチゴ」）と呼ばれる。

アザミ類の葉が深羽状に分裂するのに対しコウゾリナの葉は全縁で倒披針形であるが、いずれも若葉が汁の実として利用される。コウゾリナに葉の形をヤナギになぞらえた名称をつけることによって、アザミ類と区別することになっている。エンレイソウやオオバナエンレイソウの漿果は甘く、食用にできるという点でナワシロイチゴと共通する。草本類であるエンレイソウを木イチゴであるナワシロイチゴと区別するために生活形（生物の生活形式の類型をあらわす概念）をあらわすキナ（草）を語彙素として用いたのである。

人間をあらわす属詞として、マッ・ネ（「女・である」）、ピン・ネ（「男・である」）、エカシ（「爺さん」）という語彙があった。オオヨモギは一般にはノヤと呼ばれるが、オトコヨモギをピン・ネ・ノヤと呼ぶのに対し、マッ・ネ・ノヤとも呼ばれる。オオヨモギの葉は洋紙質であり、枯れ葉を揉めばもぐさがとれるが、オトコヨモギの葉はやや肉質であり、枯れ葉を揉めばこなごなになってしまう。ノヤという語彙はノヤ・ノヤ（「揉みに揉む」）からきており[9]、ピン・ネという属詞は葉の硬さの隠喩なのである。

ツリガネニンジンはムㇰ・エカシ（「バアソブ・爺さん」）と呼ばれ、同科のバアソブに対照させた名称をもつ。ツリガネニンジンもバアソブも食用となる根茎をもつが、前者の根茎は太くて長いニンジン状であるのに対し、後者のは短い塊状である。

エカシは祖父をあらわす親族名称であると同時に、男系の祖先、老翁をあらわす用語でもある。植物名の語彙素として親族名称が用いられるのは植物のあいだにも家族があるというアイヌの考えを示すものという[10]。しかし、家の神をカムイ・エカシ（「神なる・爺さま」）と呼びかけたり、カシワの大木をとくにコㇺニ・フチ（「カシワ・婆さま」）と呼び、女神の顕現として崇拝したり、火の神をアペ・フチ（「火の・婆さま」）、カムイ・フチ（「神なる・婆さま」）と呼びかけたりするように、親族名称は親しみ、敬意をこめた呼びかけとしても用いられる。ツリガネニンジンはバアソブにくらべ太くて長い根茎をもつのであり、植物の属性としての太さあるいは大きさを、人間の成長に対比し、人間のなかで年を経た老世代をあらわすエカシという語彙によって象徴的に表現したものと考えられる。

対照的属詞としてのカムイ

最後に、植物の対照的属詞としてカムイという語彙が用いられる例が三例あった。いずれも同属の植物に対するものである。サマニヨモギはカムイ・ノヤ（「神（の）・オオヨモギ」）、ニンニクはエゾネギ（シクトゥッ）に対照されカムイ・シクトゥッ（「神（の）・エゾネギ」）、ヒオウギアヤメはアヤメ（カンピヌイェプ）に対しカムイ・カンピヌイェプ（「神

（の）・アヤメ」）と名づけられる。

オオヨモギが原野に生えるのに対し、サマニヨモギは高山の砂礫（されき）地に生えるものである。エゾネギは若い茎葉や球茎を食用にする野生種であるのに対し、ニンニクは栽培種であり、鱗茎を食用とするばかりでなく、風邪の薬、流行病のときの魔除けとして用いられる。ニンニクが対照名をもつことから、これが栽培されるようになったのはエゾネギの利用より後のことであることが分かる。さらに、アヤメは原野に生えるのに対し、ヒオウギアヤメは湿原に生える。

アイヌの神謡には沼の神が病気をもたらすこと[11]や、沼に住む魔神[12]を謡うものがあり、湿原は人びとがあまり訪れることのない場所である。日常生活圏ではあまり接することのないサマニヨモギやヒオウギアヤメはカムイという属詞が使われる端的な例といえる。また、ニンニクは強い臭気に特別な、超自然的力を認めていることが名称の上に反映したものといえる。カムイという語彙は植物の深山性や稀少性、あるいは特別な力の具有性の隠喩として用いられるのである。

以上のように、ある既知の植物との何らかのアナロジーに基づいて命名される対照名では、命名にあたって両者の差異が注目され、それが対照名のなかの語彙素に反映することになっている。また、対照名をもつ植物は、利用価値のより低いもの、生育地がより遠いもの、あまり見かけないもの、あるいは後になってもちこまれた栽培種といったものなどであることが分かる。さらに、対照的属詞として用いられる語彙は多様であり、形、大きさ、生育場所、用途といった植物の特性の違いを直接的に表現するものばかりではなく、動物名、性別、人間関係名称、カムイ（「神」）、色などの語彙が隠喩として用いられる。隠喩的表現のなかには、たとえばチカㇷ゚（「鳥」）、エカシ（「爺さん」）、カムイ（「神」）などのように、アイヌ文化の文脈を考慮してはじめて理解可能なものがある。

4　類別的認識

生活形に基づく類別

では、植物はどのような原理によって分類されるのであろうか。包括名を基にしながら考えてみよう。

包括名とみなすことのできる名称としてまず、草をあらわすキナ、ムン、木をあらわすニ、チクニがある。また、蔓性の茎をプンカㇻと呼ぶという。しかし、蔓性の草本であるイケマはフラ・ルイ・キナ（「臭いの・強い・草」）と記すのに対し、名称の中にプンカㇻを語彙素にもつ植物は蔓性木本類である。[13] このことからプンカㇻは、蔓性木本類をあらわす包括名ということができる。

キナあるいはムンが草質の茎を、チクニが木質の幹を、プンカㇻが木質の蔓をもつものをあらわす。そして、蔓草がキナに含められることから、植物の類別にあたって草質であることが蔓という性質に優先して考慮されることが分かる。アイヌにとって植物を類別する第一の弁別基準は、茎が草質であるのか木質であるのかによる。そして、木質である植物の、茎が真っ直ぐかどうかという基準によって、木本類と蔓性木本類に区別されるのである。

また、食用になる草をキナといい、食用でない草はムンという[14]。しかし、幌別地方では茎を食用にしないオオバコをエルㇺ・キナ（「ネズミ・草」）、若苗を食用にするハンゴンソウをオロ・ムン（「そのなか（に入れる）・草」）と呼んでいる。キナとムンとの区別はあいまいであり、植物の生活形をあらわすカテゴリーとして同義語とみなすことができる。

以上のことから、アイヌは植物界を次のように分類すると考えられる。植物全体をあらわすカテゴリーはない。植物は生活形をもとに、草質の茎をもつ、草本、蔓草類に相当する〈キナあるいはムン〉、木質のまっすぐな幹をもつ木本植物に相当する〈チクニ〉、木質の蔓をもつ蔓性木本類に相当する〈プンカㇻ〉に類別される。

用途などに基づく類別

包括名のなかにはさらに、植物の利用できる部位や、その用途に基づいて類別されたものがある。矢毒に用いるトリカブト属の数種の植物は総称としてスㇽクと呼ばれる。そして根茎の毒性の強弱によってさらに細分類される。もっとも弱いものがセタ・スㇽク（「犬・トリカブト」)、中位のものがヤヤイ・スㇽク(「普通の・トリカブト」)、もっとも強いものがシノ・スㇽク(「本当の・トリカブト」)という。ヤヤイ・スㇽクはさらにケマ・フレ・スㇽク(「脚・赤い・トリカブト」)とケマ・クンネ・スㇽク(「脚・黒い・トリカブト」)に、シノ・スㇽクはケレ・ㇷ゚・ノイェ(「触れる・もの・ねじる」)とケレ・ㇷ゚・トゥㇽセ(「触れる・もの・倒れる」)に細分類される。ケレ・ㇷ゚・トゥㇽセは毒性の点ではケレ・ㇷ゚・ノイェに多少劣るが、効果がもっとも著しいものという。

トリカブトの根茎の折れ口は、最初は白いがそのうちに赤色をへて紫色に変わるものと、さらに、黒色に変わるものがある。後者は毒性がもっとも強いといわれる。ヤヤイ・スㇽクの細分類はこのような根茎の変色具合に基づく。また、アイヌは毒性の効果の遅速を親指の根元につけた血のにじまない程度の傷口に微量の毒を塗って試すという。シノ・スㇽクの細分類はこのような試験方法に基づく。アイヌは毒性の異なるトリカブトの根茎から別々に丸薬を作り、これを鏃のへこみに塗りこみ、松やにで固定する。毒を塗りこむときには、効き目は遅いが毒性の強いものを下に、毒性は弱いが効き目の速いものを表面に塗る。すると、獲物には毒性の弱いものから順々に効いていって最後にケレ・ㇷ゚・トゥㇽセでとどめをさすのだという[15]。スㇽクの細分類はこのような矢毒の捉えかたを背景にしたものである。

また、マメ、アマㇺ等のように、果実の形態によって類別されるカテゴリーがある。マメはマメ科の植物のような果実をもつものであり、アマㇺは野生種と栽培種を含むが、タデ科のウラジロタデやノダイオウ等の瘦果、イネ科のチシマザサ、イネ、ヒエ、アワ等の穎果（えいか）のように主食として利用できる種子をもつものである。イネがシ・アマム（シサム・アマム「日本人の・アマム」）と呼ばれるのに対し、ヒエとアワはアイヌ・アマム（「人間の・アマム」）と呼ばれる。後者がアイヌの食生活の根幹をなしていたことを名称は裏づけている。

利用できる部位に基づいた類別は他にもみられる。エゾイラクサ、ムカゴイラクサ、ツルウメモドキの内皮の繊維はそれぞれ、イカライ（イ・カラ・ハイ「それを・作る・ハイ」）、カパイ（カプ・ハイ「皮・ハイ」）、プンカラ・ハイ（「蔓・ハイ」）と呼ばれる。これらの植物は〈ハイ〉という繊維のとれるものに類別されるものといえる。また、オヒョウ、ハルニレ、エゾノバッコヤナギの内皮の繊維はそれぞれ、アッ、ニ・カプ・アッ（「木・皮・アッ」）、スス・アッ（「柳・アッ」）と呼ばれ、これらの植物は〈アッ〉という繊維のとれるものに類別されるのである。さらに、トドマツ、エゾマツ、キハダの樹皮はそれぞれ、フプ・ヤラ（「トドマツ・ヤラ」）、スンク・ヤラ（「エゾマツ・ヤラ」）、シケレペ・ヤラ（「キハダ・ヤラ」）と呼ばれるように、これらの木は〈ヤラ〉という樹皮をもつものに類別されている。

〈ハイ〉の繊維は白く、いずれも糸につむいで厚司を織るのに利用された。ハルニレやオヒョウの繊維は薄茶色であるが、これらも厚司を織るのに利用されてきた。エゾノバッコヤナギの繊維では縄をなう地方もある。トドマツ、エゾマツ、キハダの樹皮は屋根や壁を葺いたり、木皮舟を作るのに用いられてきた。このように、〈ハイ〉、〈アッ〉、〈ヤㇻ〉への類別は用途と強く結びつく。

さらに、エゾノウワミズザクラ、イブキボウフウ、ギョウジャニンニク、センダイカブラはフラ・アッ・ムン（「臭いが・する・草」）と類別される。これは臭気を発し、疱瘡神その他の悪疫の神を退ける除魔力をもつと信じる植物をまとめた類別カテゴリーとなっている。この例では〈チクニ（木）〉であるエゾノウワミズザクラが有臭性によって〈キナ（草）〉である他の植物と同一のカテゴリーに含められている。

以上のことから、植物の類別的認識を次のようにまとめることができる。まず、植物は木、草といった生活形をもとに類別されている。いっぽう、蔓草が〈キナ（草）〉に類別され、蔓性木本は〈プンカㇻ（蔓）〉に類別される。このように、蔓草と蔓性木本とでは、それぞれの蔓の利用価値の相違が類別化に反映することとなっている。

第二の特徴として、類別的認識が特定の部位の有用性に強く基づくこと、類別カテゴリー間には重複が認められることを指摘できる。たとえば、ウラジロタデは茎の形態からクッタㇻ（オオイタドリ）に対照させた個別名をもつと同時に、果実の特徴から〈アマム〉に類別される。ムカゴイラクサは刺毛をもつ点からイピシシㇷ゚（トクサ）に対照させた個別名をもついっぽう、内皮の繊維の利用価値から〈ハイ〉に類別される。また、生活形から〈プンカㇻ（蔓）〉に類別されるツルウメモドキは、内皮の繊維の利用価値から〈キナ（草）〉に属するエゾイラクサ、ムカゴイラクサとともに〈ハイ〉に類別されるのである。生活形から〈チクニ（木）〉に属するエゾノウワミズザクラが有臭性に基づく利用価値から他の草本類とともに、フラ・アッ・ムン（「臭いが・する・草」）に類別されるのである。

5　植物観と神格化

アイヌは優れた自然観察者

アイヌ語の植物の基本名のなかには意味不明なものも多い。しかし、このなかに登場する語彙素には、植物の外的形態、液質性、有臭気性、生育場所、有用性といった特性を直接的あるいは隠喩的に表現するものがある。言語による標識化にあたって植物の多様な属性が考慮されている。アイヌは優れた自然の観察者であったことが分かる。しかし、基本名のなかには生物学的特性よりも、有用性といった人間の文化との関わりによってはじめて意味をもつ属性を示唆する語彙素がより豊富に認められる。有用部位への着目が植物の認知において大きな契機となっていたといえる。このことは対照名をもつ植物、類別カテゴリーについてみるともっとはっきりとしたのである。

たとえば、八重山地方における植物の基本名をみると、有用性に着目して命名される植物も少なくないが、形態や色、味、その他の特性に注目して名づけられるものが多い[16]。有用性が必ずしも植物名の語彙素に反映されることが多くはないのである。アイヌの例では有用であることにより名前をもつ例が多く、しかも有用部位への関心が強いことが分かる。

言語を通した標識化によって、所与としての植物をアイヌ文化の文脈に組み入れる過程で、人びとと実生活との関係が強調される傾向がある。アイヌの物質文化は植物の活用なしては成り立たず、植物に対する関心が役に立つかどうかに集中しがちであるといえなくもない。もちろん、植物は単に実用的な意味ばかりではなく、魔除け、イナウ（木幣）への利用にみられるように信仰、儀礼においても重要なものである。命名される植物がすべて利害関係にある植物ではないが、アイヌにとってとくに有用であることによって植物の世界が意味ある世界となるのである。

神の顕現とみなされる植物は、すでに述べたように、主要な食料源となるもの、狩猟活動に結びついて利用されるもの、イナウ（木幣）の材となるもの、有用材としてとくに重要な樹、呪術的な力が信仰され魔除けとして用いられるものなどである。たいていが食用、有用材、薬用、儀礼用などの実用的な意味をもつのである。

霊は役に立ちたがる

アイヌの世界観において、有用な植物の霊は鳥獣魚介類の霊とともに天上にある神の国に住み、この世の人間と同様に家を建て、村を作り、衣服をつけて暮らすと考えられる。[17] また、樹木も動物もアイヌの役に立つために神の国カムイ・モシㇼから地上の世界アイヌ・モシㇼへ送られたのであり、役に立ちたがっているのだと考える[18]。

じっさい、各地に残る伝承には、人間の役に立つために天上の国から地上の国に降ろされたり、役に立ちたがっている植物の神々の話がいくつもある。たとえば、ヒエとアワは「夫婦の食料神」と考えられるが、ヒエはとくに文化英雄アイヌラックル（オキクルミ）が地上に降り立ったとき天上から隠して持ちこんだものと神話で語られる。「カツラの木に育てられたアイヌ」の話[19]においては、カツラの木の女神が人間の子供を育てる、慈愛深い神として登場する。冬の間の炉火を絶やさないために他の薪とは比べるものがないほど重要であるハルニレはチキサニ・カムイの顕現である。これは、火の創造神話において火の神を生みだしたとして常に登場する。また、別の神話では、天からはじめてこの人間界に天降るときに、日の神に恋われて、妊娠し、文化英雄アイヌラックルを生んだと語られる[20]。

鱗茎が最も重要な食料の一つとなるウバユリには次のような話が残っている。ウバユリの女神が人間にこれを食料にすることを教えに村々を訪れ、ウラシベツの人の家でやっとウバユリのラタシケㇷ゚（混ぜ煮）を食べてもらうことができ、その村人の夢の中で次のように語るのである。

（中略）あなたのような精神のいい人に私の肉を食べてもらったおかげで、私も神の国に帰ることができます。どんな草や木にもいちばん位の高いものがいるが、私はトゥレプ―ウバユリの神です。その昔コタンカㇻカムイ（国造りの神）がアイヌモシㇼをつくったそのとき、国土をつくり、草をつくり、人間をこしらえた後で、食べ物がなければならないと、食料になる草―ウバユリをこしらえたのです。コタンカㇻカムイは、川には魚、山にはシカやクマ、いろいろな動物をもつくって、アイヌたちがそれを獲って食うことができるように教えてから、神の国に帰りました。

だからアイヌたちは、クマやシカを獲って食うことは覚えたけれど、ウバユリだけはどうしても食べてくれません。アイヌに食べてもらうためにこの国土に生えているのに、生えてはただ腐り腐りして神の国に帰ることができません。それで私は自分を加工してアイヌの村を訪ねて歩きはじめたのです。ところがウバユリは加工するとかさぶたみたいになるので、なおさら皆は私を食べてくれなかったのでした。（中略）

本当にありがとうございました。ウバユリの料理の仕方は、あなたの妻にあらためて夢を見せて教えます。それを覚えたら国中の主だった人々を夫婦ともども招待し、皆に教えてあげなさい。女たちがそれを覚えたならば、どんな飢饉のときでもウバユリを食べていれば生きのびることができるから、加工して、貯蔵することを忘れないように。

（萱野茂、「かさぶたの女神」『炎の馬』、一九七七、九五―九六ページ）

ただの木

いっぽう、次のドロノキの例のように、神話の文脈が植物の価値評価に影響を与えることもある。沙流地方のコタン・カㇻ・カムイ（国造りの神）による火の創造神話において、火を生み出すのに失敗し、魔神を生み出したとされるドロノキはヤイ・ニ（「ただの・木」）と呼ばれる。しかも、これは沙流地方、胆振地方では樹木の中でもっとも精神の悪い木として嫌われている。[21]沙流・胆振地方では、ドロノキは神格化はされず、役に立たない木の象徴となっている。これに対し、北海道北東部ではドロノキをクルニ（クㇽ・ウン・ニ「魔・住む・木」）と呼ぶが、根室、虹別のスワンコタンのように、イオマンテ（クマ送り）においてこれでイナウを作る地域もある。[22]また、ドロノキの材は一般に軟らかく、耐久力は劣るといわれるが、旭川地方のように、太いドロノキで舟を作るという地域もある。材を丸木舟に利用するように、ドロノキが《ただの木》ではなく、材としての実用性、利用価値をもつことを他の地域では認めているのである。つまり、沙流・胆振地方におけるドロノキに対するマイナスの評価は、この植物の実用的価値によるというよりも、火の起源神話に由来する価値づけということができる。

アイヌは、「植物は人間に役立つものである」という実用的価値に基づく植物観をもつ。これは有用性が強調された植物の認識過程に相応すると同時に、植物の神格化の背景とも一致する。しかし、ドロノキの例が示すように、実用的価値は必ずしも経験的に確かめられたものとはいえず、神話に語られる植物像が日常生活における評価を規定する場合も認められる。植物の認識、植物観は彼らの世界観全体の枠組みとも切り離すことができないものなのである。

註

(1) 知里真志保、一九五三年、『分類アイヌ語辞典　植物篇』、日本常民文化研究所、八―一〇ページ。
(2) ラはラップ「羽、翼」から派生し、葉を示すようになった語彙である（知里、一九五三年、前掲書、二八一ページ）。
(3) 林善茂、一九六九年、『アイヌの農耕文化』、慶友社、五二―五三ページ。
(4) 知里、一九七三年、『知里真志保著作集』第三巻、平凡社、二三〇ページ。
(5) 知里、一九八四（一九五六）年、『地名アイヌ語小辞典』、北海道出版企画センター、五七―五八、九四ページ。
(6) 更科源蔵・更科光、一九七六年、『コタン生物記』、法政大学出版局、一四七ページ。
(7) この病名は、流行する病気を渡り鳥が持ってくるという考えかたに基づくものである（知里、一九五三年、前掲書、一九六ページ）。
(8) 三橋博・山岸喬、一九七七年、『北海道の薬草―家庭での育て方、用い方』、北海タイムス、二〇五ページ。
(9) 知里、一九五三年、前掲書、二ページ。
(10) 知里、一九五三年、前掲書、四八八ページ。
(11) 金田一京助、一九二三年、『アイヌ聖典』、世界文庫刊行会、二九三―二九六ページ。

(12) 久保寺逸彦、一九七七年、『アイヌ叙事詩　神謡・聖伝の研究』、岩波書店、「神謡四二」。
(13) 知里、一九五三年、前掲書。
(14) 知里、一九五三年、前掲書、二七四ページ。
(15) 知里、一九五三年、前掲書、一四二―一四四ページ。更科・更科、一九七六年、前掲書、二〇七ページ。
(16) 山田孝子、一九八四年、「沖縄県、八重山地方における植物の命名、分類、利用―比較民族植物学的考察」『リトルワールド研究報告』七号、二五―二三五ページ（六二ページ）。
(17) 金田一、一九二五年、『アイヌの研究』、内外書房、二九六―二九七ページ。一九三七年、『採訪随筆』、人文書院、一〇二―一〇三ページ。
(18) 萱野茂、一九七八年、『アイヌの民具』、『アイヌの民具』刊行運動委員会、一三ページ。
(19) 萱野、一九七七年、「カツラの木に育てられたアイヌ」『炎の馬』、すずさわ書店、八三―八七ページ。
(20) 金田一、一九二五年、前掲書、二四七―二四八ページ。
(21) 萱野、一九七八年、前掲書、二八六ページ。更科・更科、一九七六年、前掲書、三一ページ。
(22) 犬飼哲夫・名取武光、一九七〇年、「信仰・祭儀―イオマンテ（くま送り）」、アイヌ文化保存対策協議会編『アイヌ民族誌』、第一法規出版、五四九―五七六ページ（五六五ページ）。

第四章　動物の分類と動物観

1　動物の個別名と包括名

分解できるもの・できないもの

動物の分類体系を明らかにするためには、自然環境に生息する全動物相を明らかにし、これら一つ一つの動物を対象に名称の有無、識別の方法、動物相互の類縁関係の認知などについて調査・研究する必要がある。これによってはじめて、動物名称の指示する集合の範囲を特定し、その集合を一つの民俗分類単位として取り扱うことができ、民俗分類単位相互の関係を明らかにすることができる。

しかし、現状においては、上記のような実地調査は非常に困難なものである。アイヌの生活の変化にともなって動物との関わりは大きく変化している。また、現実の動物の世界そのものも大きく変貌してしまっているからである。いっぽう、アイヌと動物の世界との関係についてはこれまでにさまざまな形で取りあげられ、数多くの報告が残されている。このなかには、『分類アイヌ語辞典　動物篇』（知里、一九六二）および『コタン生物記　2、3』（更科・更科、一九七六―一九七七）の二篇の研究のように、アイヌをとりまく動物の世界全体にわたる知識を網羅的に取りあげたものがある。したがって、ここではとくに胆振の幌別地方を対象にした、これまでに報告された動物に関する文献資料と、胆振の白老（しらおい）・幌別地方で筆者が行った聞き取り調査の資料とを照らしあわせることによってアイヌの動物分類、動物観を考察してみることにしよう。

動物名はその語彙素構成によって、語彙素に分解できないもの、分解でき語彙素に他の動物名を含まないもの、分解でき語彙素に他の動物名を含むものに区別できる。また、動物名は植物の場合と同じように、個別名と包括名とに区別できる。

個別名についてみると、たとえば、マンボウを示すキナポ、バショウカジキを示すニッポ等は語彙素に分解できない。これらは意味不明な名称である。アンコウを示すペライ・ソㇰは「釣りをする」と「奴」という二つの語彙素で構成されるもので、どの語彙素も他の動物名称とならないものである。ババガレイをあらわすムイ・サマンペは、草をあらわすムンが転じた語彙素ムイとカレイ類をあらわす包括名であるサマンペで構成される。また、ホシガラスを示すメトッ・エヤミは、ミヤマカケスの個別名であるエヤミに山奥を意味するメトッが付加されてできた名称である。

包括名のなかにも貝を示すセイや、虫をあらわすキキㇼのように語彙素に分解できないものと、分解できるものがある。分解可能なものには、獣をあらわすチ・コイキ・プ（「我らが・殺す・もの」）のように三つの語彙素で構成されるもの、カジカ類をあらわすチマカニ・チェプ（「（意味不明）・魚」）のように「属詞＋包括名」という語彙素構成をとるものなどがある。包括名のなかには、明らかに上位の分類単位に含まれることのない第一次分類単位をあらわすものと、第一次分類単位を構成する中間カテゴリーとなるものが認められる。

植物名では、個別名の語彙素となる包括名は、その植物の属する類別カテゴリーをあらわしていた。動物の個別名においても同様のことがいえ、個別名を構成する語彙素からそれが属する類別カテゴリーがわかる場合がある。

動物の世界全体をあらわすアイヌ語名称はなく、第一次分類単位をあらわすものとして、まず、チ・エ・プ（「我らが・食う・もの」）から派生し、魚を示す語彙となったチェプがある。個別名に用いられる語彙素のなかで「魚」と訳出されるものには、チェプとともにイペという語彙がある。イペは一般に、食事という意味で使われることが多く、合成語や成句のなかで「魚」をあらわす。チェプの方が魚をあらわす語彙としては一般的であり、ここでは魚をあらわす包括名はチェプであるとみなした。包括名チェプに類別される名称のなかには、個別名と同時にいわゆるカレイ類をあらわすサマン・ペ（「横たわっている・もの」）、カジカ類をあらわすチマカニ・チェプ「（意味不明）・魚」、サメ類をあらわすサメなどの第二次分類単位に相当する包括名が含まれる。

〈エモノ〉と〈ケダモノ〉

哺乳類に対して付与される動物名のなかに包括的な意味をもつ名称といえるものがいくつかある。包括的な動物のカテゴリー名であることを示す場合には〈 〉書きとする。叙事詩のなかでケダモノはチコイキㇷ゚（チ・コイキ・ㇷ゚「我らが・殺す・もの」）と呼ばれる例が多い。キタキツネの個別名であるチロンヌㇷ゚はチ・ロンヌ・ㇷ゚（「我らが・どっさり殺す・もの」）という意味で、〈エモノ〉、〈ケダモノ〉を示す語でもある。また、胆振、日高地方の叙事詩の中では、キツネはキモッペとも呼ばれる。これはキム・オッ・ペ（「山・に沢山いる・もの」）という意味で、海のケダモノを示すレポッペ（レㇷ゚・オッ・ペ「海・に沢山いる・もの」）に対しての山のケダモノを示す語彙でもある。さらに、キムンペ、チラマンテㇷ゚はいずれも北海道ではヒグマを示す名称であるが、前者はキム・ウン・ペ（「山・にいる・もの」）の意で、山のケダモノをも示し、後者はチ・ラマンテ・ㇷ゚（「我ら・狩りとる・もの」）の意である。どちらも〈エモノ〉および〈ケダモノ〉の二通りの意味をもつのである。エゾシカの個別名であるユㇰは語源がイ・ウㇰ（「とる・もの」）であり、本来狩りの獲物をさすことばであった[1]。

以上のように、いわゆる〈エモノ〉を示すものと、全身に毛があり、四足である動物をさす、いわゆる〈ケダモノ〉をあらわすものがある。〈エモノ〉という語彙は人間の生計活動の対象となるものをとくにあらわすカテゴリーであり、いわば用途に基づく。これに対し、後者は動物を形態的特徴から分ける。

獣に対する幌別方言はチコイキㇷ゚である。[2] また、叙事詩のなかでヒグマとエゾシカがカムイ・チコイキㇷ゚、ユㇰ・チコイキㇷ゚と対照させられることが多い。これらのことからチコイキㇷ゚がより一般的に〈ケダモノ〉をあらわす語彙であると考えられる。[3] そして、包括的カテゴリー〈チコイキㇷ゚〉には、下位区分として陸棲動物をさす〈キモッペ〉、海獣をさす〈レポッペ〉の区分があるといえる。

鳥、虫および貝

鳥は一般にチカㇷ゚と呼ばれるが、チㇼとも呼ばれる。鳥類の個別名の中には、チカㇷ゚、チㇼを語尾に含むものが多い。チカㇷ゚が大型の鳥、チㇼが小型の鳥をさすともいうが、大型のオオワシをカパッ・チㇼ、やや小型のクマゲラをチㇷ゚タ・チカㇷ゚と呼ぶ例がある。[4] 必ずしもチカㇷ゚とチㇼの区別が厳密ではないといえる。鳥の幌別方言はチカㇷ゚であり、チカㇷ゚が鳥をあらわす包括名とみなした。

虫と一般に訳される包括名にはキキㇼがある。日本語の〈虫〉とは古来、本草学で人類・獣類・鳥類・魚介以外の小動物の総称されたものである（『広辞苑』第五版、一九九八）。また、〈虫〉はもっぱら地表をはう種類に用いられ、蛇も虫の一種とみなされた。[5] このように、日本語での〈虫〉は昆虫のみならず爬虫類、両生類、人体寄生虫などをも含む広い意味でのカテゴリーとなるのである。アイヌ語の語彙キキㇼが本草学でいう〈虫〉や日本語表現における〈虫〉とまったく同じ意味のカテゴリーであるかどうかは後で検討する。個別名の語彙素分析から、キキㇼは昆虫ばかりではなく人体寄生虫をも含む包括的類別カテゴリーとなる。

最後に、個別名の中で「貝」と訳出されている語彙素にはセイおよびトが認められる。二枚貝であるアサリがチウリ・ト（チ・オウリ・ト「我らが・掘る・貝」）と呼ばれるいっぽう、ハマグリはル・オ・セイ（「縞・ある・貝」）と呼ばれる。

また、巻き貝であるエゾバイ類をモコリリあるいはチポイト（チ・ポイェ・ト「我らが・ほじくりだす・貝」）、巻き貝であるユキノカサをフㇷ゚・セイ（「腫れ物・貝」）という。トとセイとの間には分類上の意味において相違がない。幌別方言では一般に貝をセイと呼んでおり、セイが貝類をあらわす類別カテゴリーとみなした。

以上のことから、明らかに上位の分類単位に含まれることのない、第一次分類単位をあらわす主な包括名には次のものがあるということができる。〈チェㇷ゚（サカナ）〉、〈チコイキㇷ゚（ケダモノ）〉、〈チカㇷ゚（トリ）〉、〈キキㇼ（ムシ）〉、〈セイ（カイ）〉である。

2　個別化の原理

各文化固有の尺度

個別名の語義、語源をみると、ヒグマをカムイ、シマフクロウをカムイ・チカプまたはコタン・コロ・カムイ、アオバズクをアフン・ラサムペ（アウ・ウン・ラサムペ「あの世・に住む・化け物」）、渡り鳥の一種をパ・コロ・カムイ（「年を・支配する・神（疱瘡神）」）と呼ぶ例のように、名称が象徴的語彙で構成されるものもある。一般には動物の個別名の語彙素は、利用法や捕獲法を表現するもの、鳴き声、行動や生態、色や形、臭いなどの動物の特徴をあらわすものが多い。動物の世界を識別、命名するにあたっては、このような動物それ自身の特徴が考慮されるのである。

ところで、名称はある「もの」を他と識別するためにつけられるものである。このことは「もの」と「もの」との間に境界を設けることである。このように考えると、動物の個別名は、文化として人びとが自然（ここでは動物界をさすが）をまとまりごとに分断して識別したもの、つまり、文化として自然のなかに識別した不連続性をあらわすものである。いっぽう、動物分類学上の種、属、科、目、綱、門といった分類単位は、系統上の近縁関係を示すものである。各分類単位はそれに含まれる種類間の均質性の程度の違いを表現するのである。すなわち、種がもっとも均質性の高いものであり、順次上位の分類単位になるほど不均質性が高くなる。

一つのアイヌ語の個別名でくくられる集合、すなわち最小分類単位は、動物分類学上の種に相当するものから、属に相当するもの、科や目に相当するものなど多様であるが、さらにはサケ、ヒグマ、イヌなどのように同一種内で名称が区別されるものもある。個別名の指示する集合と動物分類学上の分類単位との関係にみられる多様性は、自然の不連続性の識別が各文化固有の尺度で行われることを示すものである。

個別名と動物分類学上の分類単位

では、アイヌの動物分類における最小分類単位と動物分類学上の分類単位とには、どのような関係が認められるのであろうか。

〈チェプ（サカナ）〉のカテゴリーでは、個別名の多くは一種の魚に対応する。なかには、トゲウオ科のイトヨとエゾトミヨのように区別されず、ヤチ・チェプ・ポ（「泥・魚・（指小辞）」）と呼ばれるものがある。また、アイナメ科のスジアイナメとクジメはルマイペ（ル・オマ・イペ「縞・ある・魚」）、ハリセンボン以外のフグ目の魚類はププ、ヤツメウナギ科のスナヤツメとカワヤツメはヌクリペ[6]と呼ばれるように、一つの個別名に数種の魚が対応する例が少なくとも五例認められた。いっぽう、サケでは後述するように、性別、成長段階による区別だけではなく、季節、大きさ、生育場所などによって細かく名称が区別される。〈チコイキㇷ゚（ケダモノ）〉のカテゴリーに属するものでは、食虫目のトガリネズミ類を区別しないでエトゥ・チケレ・ㇷ゚（「鼻・削れた・もの」）と呼ぶように、アイヌ語名と動物種が一対多対応のものが二例認められた。しかし、ほとんどはカワウソをエサマン、エゾタヌキをモ・ユㇰと呼ぶように一対一対応のものである。そして、ヒグマ、イヌ、エゾシカでは動物種に対応する名称が存在すると同時に、性別、成長段階などによっても区別されている。

〈チカㇷ゚（トリ）〉のカテゴリーについては次のような傾向がある。一時的に通過する旅鳥では、なかにはパ・コㇿ・カムイと呼ばれる渡り鳥があるが、ほとんど識別されないことが多い。しかし、留鳥、夏鳥または冬鳥として渡来するものでは命名されるものが多い。個別名を付与されるものでは多くは一つの名称に一種の鳥が対応する。

〈キキㇼ（ムシ）〉のカテゴリーに属するものでは、個別名と動物分類学上の種との関係は次のとおりである。ヘイケボタルをニニンケッポ、ヒトノミをタイキ、クロヤマアリをクンネ・イトゥンナㇷ゚と呼ぶ例のように、個別名が動物分類学上の種に対応するものがある。また、ヒトジラミの種内変異にすぎないアタマジラミとコロモジラミがそれぞれ別個のものと区別、命名され、しかもアタマジラミでは大きさに基づいて三種類に区別されるという例がある。しかし、多くの場合、個別名は数種に対応する。キリギリス科の数属の昆虫を含むツユムシ類はオマ・キ・ルㇱ（オ・マキリ・ウㇱ「尻に・小刀・ついている」）と一括して呼ばれ、テントウムシ科のものはトゥキ・キキㇼ（「（意味不明）・虫」）、ハサミムシ科のものはオアイカンチ（意味不明）、ゲンゴロウ科のものはエチンケ・キキㇼ（「亀・虫」）と呼ばれるように同科の数属の昆虫に対し同一の名称をつける例がある。さらに、クワガタムシ科とカミキリムシ科の成虫はチ・クパ・キキㇼ（「陰茎・かじる・虫」）と呼ばれ、トンボ目の昆虫はハンク・コッチャ・ㇷ゚（「へそ・つく・もの」）、鱗翅目（りんしもく）蝶類をカマカタㇰ、扁形動物門条虫綱のいわゆるサナダムシはパラ・カンカン・キキㇼ（「幅の広い・腸・虫」）と呼ばれる。このカテゴリーにおいては個別名の指示する集合の大きさが他のカテゴリーに比べ変異に富んでいる。

〈セイ（カイ）〉のカテゴリーでは、個別名が動物種に対応するものも多い。ただし、同科のエゾアワビとトコブシはアイペと呼ばれ、エゾバイ類は大きさによって二つに区別されている。また、ヒザラガイ類を示す名称であるメヨのように個別名がほぼ動物分類学上の綱に相当するもの、フジツボとマガキがピサㇱと呼ばれるように門のレベルで異なるものを同一名称で呼ぶ例がある。

以上のように、フォーク・カテゴリーである個別名と動物種との関係は多様である。

価値評価が名称の細分化につながる

前述したように、イヌ、ヒグマ、サケなどについては、同一種内での名称の細分化がみら

アイヌ語名	名称の語彙素構成	特徴
オ・トゥイ・セタ	尻・切れる・イヌ	尾が短い犬
フレ・セタ	赤い・イヌ	茶色の犬
クンネ・セタ	黒い・イヌ	黒っぽい犬
レタㇻ・セタ	白い・イヌ	白毛の犬
マナ・ウㇱ・セタ	灰ほこり・ついた・イヌ	灰色の犬
ケㇱ・オ・セタ	斑紋・つく・イヌ	ぶち犬
トゥンロ・セタ	とらふのある・イヌ	とらふのある犬
トゥ・シㇰ・オ・セタ	二つ・目・つく・イヌ	目の上に白斑のある犬
ヘチミ・オ・セタ	真ん中から分けた髪・つく・イヌ	頭に髪を分けたような模様のある犬
ヘプㇽ・セタ	むく毛の・イヌ	むく犬

表4　イヌ（セタ）の名称の細分化

れる。これらの例からは個別化における別の原理をうかがうことができるのである。

イヌの例をみてみよう。これにはまず、成長段階、性別による区別がある。また、毛色のパターン、尾の長さ、毛質の三つの示差的特徴を使い分けることによって一〇種類の名称に区分される（表4）。

尾の短かったり、まったくないイヌはあまり尊ばれず、オ・トゥイ・セタと呼ばれる。尾の短いイヌが毛色や毛質に無関係にその特徴によって弁別される。すなわち、尾の長さという示差的特徴は他の二つの特徴に対し、優位な類別基準となっている。また、毛脚の長いむく毛のイヌがとくに、ヘプㇽ・セタと呼ばれるように、毛質は毛色のパターンに対し優位な弁別基準となる。セタ（イヌ）の下位区分では、オ・トゥイ・セタが尾の短さによって他のものと遊離、識別され、その余集合から次に毛脚の長いものが遊離し、ヘプㇽ・セタと命名され、最後に、残った集合が毛色のパターンによって弁別される。尾の長さあるいは有無という特徴が他の二つの特徴に対し優先的類別基準となることが特徴的である。

一般に、北海道犬は粗剛な毛をもち、太い巻尾を特徴とする。毛脚の長いイヌは別系統のイヌであり、毛の長さによる識別はイヌのいわば品種の違いに対応する。尾の長さの多少の相違は同一血統においても生じうるが、猟犬としての良い悪いの評価にも結びついている。イヌの間に認められる区別は文化的価値評価を強く反映したものなのである。

良いクマと悪いクマ

ヒグマの例をみよう。イヌの場合と同様に、成長段階、性別による名称がある。その年に生まれた仔グマはヘペㇾ、二年目のものはリヤㇷ゚、三年目のものはチスラㇷ゚と呼ばれ、これらは雌雄の区別がされない。四歳以上になると性別によって名称が区別される。妊娠中の雌グマをキロロ・パセクㇽ、一歳仔をもつ母グマをペウレ・コロ・ペ、二歳仔を連れるものをリヤㇷ゚・コロ・ペと呼ぶ。一方、雄グマは五歳以上が成獣とみなされ、シ・ユㇰ（「ほんとうの・えもの」）と呼ばれるのに対し、四歳の雄グマはアシカ・クチャンと呼ばれ、五歳以上のものと区別される。

ヒグマには、このような区分以外に、毛色、性質、四肢の長さなどに基づく名称区分があ

アイヌ語名	名称の語彙素構成	特徴
ノ・ユㇰ	良い・えもの	黒っぽい毛色、おとなしい
キㇺ・ウン・カムイ	山・にいる・神	おとなしいクマ
ウェイ・ユㇰ	悪い・えもの	毛色の変わった、人に危害を加える
シㇼ・キラㇷ゚・ペ	何となく・脂気のない・もの	年とった大きなクマ
エ・ペン・クワ・ウㇱ	そこ・上・杖・つく	前足の長いクマ
エ・パン・クワ・ウㇱ	そこ・下・杖・つく	後ろ足の長いクマ
アラサルㇱ(1)	(不明)	クマの化け物
チチケウ(2)	(不明)	長い尾をもつクマ
イ・ムッ・カムイ	それ・首から下げる・神	月の輪のあるクマ

註　(1)更科・更科（1976：358）には、アラサルㇱは赤毛で、尾の長いヒグマとある。
(2)更科・更科にはチチケウナとして、瘦せて毛がなく、耳の間にだけ毛があるものとある。

表5　クマ（カムイ）の名称の細分化

る（表5）。アイヌは一般に、クマをその性質によってノ・ユㇰ（良いクマ）とウェイ・ユㇰ（ウェン・ユㇰ「悪いクマ」）に分ける。悪いクマは、エ・ペン・クワ・ウㇱ、エ・パン・クワ・ウㇱ、赤毛で尾の長いアラサルㇱ、馬のように長い尾をもつとされるチチケウや、赤毛のクマ、冬になっても穴ごもりしないクマである。毛色の変わったクマや赤毛であるクマがウェイ・ユㇰとされるのに対し、黒っぽい毛色または銀毛であるクマがノ・ユㇰとされる。

性質に基づくクマの分類が、毛色の相違に対応づけられている。しかし、クマの毛色はじっさいには連続しているし、クマの性質と毛色は必ずしも対応関係をもつものではない。ウェイ・ユㇰはとくに際だった赤毛（褐色の毛）であるとか、上半部が褐色であるのに、下半部がくすんだ色であるといったような毛色の異例なものが他の標準的な毛色のクマと弁別された結果生まれたカテゴリーと考えられる。

また、ウェイ・ユㇰとみなされるクマは、表5にある前足の長いクマ、後ろ足の長いクマ、赤毛で尾の長いクマであるアラサルㇱ、長い尾をもつチチケウ、あるいは冬になっても穴ごもりしないクマである。このような特徴をもつクマは形態的あるいは行動上、標準的なクマととくに区別されているのである。標準的なクマとの形態的、行動上の相違が異例（アノマリー）であるとみなされ、異例性が強調されて悪いクマ、つまり人間を襲う恐ろしいクマとみなされているといえる。しかし、形態的異例が赤毛をもつといった形質と相関するとはいえないし、性質の悪さに対応するともむろんいえない。

このように、性質に基づくクマの分類では、毛色の異例、前足が長かったり、後ろ足が長かったりという形態的異例のクマが悪いクマとみなされることになっている。クマの性質の良い悪いの区別は、人間に危害を加えるものかどうかに関係するものである。それは、狩猟の成否を握る重要なカギとなる。標準的なクマに対し外形が異例のクマを作り出し、対立させることによって、外形からは推測できない特性に基づく区別に実在性を与えることとなる。毛色、体型などの《異例であること》が負の評価を与えられており、異例性を定義することによって《良いクマ》をその余集合として実在させることになっている。このように、ヒグマの分類においても文化的価値評価が個別化の原理に投影されるのである。

サケもいろいろ

最後に、サケの例をみてみよう。サケは一般にチェプ（「魚」）、あるいは、カムイ・チェプ（「神・魚」）と呼ばれる。カムイ・チェプというのは最初にとれたサケをとくにさすという、「神のもとへいく魚」という意味に解する地域もある。サケはそれ自身カムイとは考えられないのである。

サケは生活史に基づいて、次のように名称が細かく区分されている。腹部に卵黄嚢をもつ孵化したばかりの稚魚をチポロ・セ・チェッポ（「卵・負う・小魚」）とかパッカイ・チェッポ（「子を負う・小魚」）と呼ぶ。降海時の稚魚は特別な名称を与えられないが、再び回帰して沿岸に現れたサケをアトゥイ・オロ・ウン・チェプ（「海・の中・にいる・魚」）、または銀色の鱗をもつところからヘル・ラン（「光る・鱗」）と呼ぶ。産卵のため川へ入ったものは、ペッ・オロ・ウン・チェプ（「川・の中・にいる・魚」）、十分成熟し、体側に赤紫色の斑紋を生じた婚姻色のサケは、ペテチ・チェプ（ペッ・エ・チ・チェプ「川・で・煮える・魚」）、産卵場に到着し生殖行動に入った雄をイクシペ・トゥイエ・プ（「柱・切る・もの」）、雌をモセ・カラ・ペ（「草・刈る・もの」）と、生殖行動の終わったものは雌雄の区別なく、オ・イ・シル・チェプ（「尻・もの・こする・魚」）と呼ばれる。

また、性別、大きさ、河川に回帰する時期に基づいた名称がある。たとえば、雄ザケは一般にチャ、雌ザケはオㇱと呼ばれる。また、雌のとくに大きいもの、小さいものは、一般に大小をあらわす対立的語彙である〈ポロ―ポン〉が用いられる。これに対し、雄ザケの大小の区別の場合には大小、親子をあらわす対立的語彙である〈シ―モ〉が用いられる。サケの性別・大小の区別は名称の語彙素の上からも明確に区別されている。

アイヌのサケ漁（西川北洋筆「アイヌ風俗絵巻」のうち「鮭の瀬付マレポ突き」函館市中央図書館所蔵、1800年代末頃）

さらに、河川に回帰する時期に基づいた名称がある。秋とれるサケをチュク・イペ（「秋・魚」）という。冬になって川へはいるサケは、形は細いが、鱗がぴかぴかひかったもので、マタ・チェプ（「冬・魚」）と呼ぶ。「マタ・チェプは卵をもたない。川の下流域まででしか遡上せず、産卵が目的で川を上るのではない」という。北海道各地の河川に遡上するサケには早期遡上群と後期遡上群があるが、後者は河川域に入ってからも銀鱗のままである。このような回帰時期の違い、川に入ってからの鱗の色の相違などが名称の区別の背景となっていることが分かる。

サケに対するこのような名称の区別は、サケそのものの生態上の特異性によるものではある。しかし、サケの生活史にあわせた名称区分をみると、稚魚になってからの降海中のサケには特別の名称が与えられていない。いっぽう、沿岸に回帰しはじめてからのサケに対しては名称が細かく区別され、さらに、産卵場での行動特性に基づく雌雄の区別もされる。このことは、漁撈の対象として回帰してきたサケがとくに重要であること、サケの漁場が産卵場中心であったことと無関係ではない。サケの名称は生計活動との関連で細分化されているのである。

イヌの区別が猟犬としての良否に結びつき、ヒグマにみられた良いクマと悪いクマの区別が狩猟活動の成否に結びつき、サケにみられた名称の区別はサケの経済的価値、サケ漁と結びつくのである。イヌ、ヒグマ、サケなどのアイヌの狩猟、漁撈活動の上で重要な動物に対してみられた名称区分は、個別化が生計活動との関係の強さによって進展し、さらには生計活動を介した価値評価によって生じうることを示すのである。

3　類別カテゴリーの外延

コウモリ・ヘビ・クジラをどうみるか

では、包括名のとくに第一次分類単位に相当するものは、どのような動物を内包するのであろうか。第一次分類単位を構成する中心的な動物の種類は、包括名の意味から〈チェプ〉では魚、〈チコイキプ〉では獣、〈チカプ〉では鳥、〈キキリ〉では昆虫、〈セイ〉では貝である。しかし、動物の世界には異例（アノマリー）のものも多く、分類学上近縁でありながら、これらの第一次分類単位の典型的な種類のいずれにも形態上の類似性を示さないものが存在する。また、これらのカテゴリーの中心的な動物に動物分類学上、近縁関係を示さないものも多い。このような動物はその個別名の語彙素が意味論上、何らかの手がかりを示さない限り、第一次分類単位への帰属が名称の語彙素分析のみでは不明となる。

じっさい、語彙素分析のみでは第一次分類単位への帰属が不明なものには、哺乳類のコウモリ類やクジラ・イルカ類、爬虫類のカメ、ヘビ、トカゲ類、両生類のカエル類、節足動物門軟甲綱のエビ・カニ類、軟体動物門頭足綱のイカ・タコ類等がある。そこで、次に、文献資料に記されるアイヌ語動物名の語義と実地の聞き取り調査に基づく情報とを対照させながら、類別カテゴリーの外延を検討してみることにしよう。

チェプ（サカナ）

個別名に用いられる語彙素のなかで「魚」と訳出されるものには、チェプとともにイペという語彙がある。チェプまたはイペを個別名の語彙素としてもつ動物は、動物分類学上の魚類および円口類に属するものに多く、それ以外のものでは両生類のエゾサンショウウオ一種であった。

白老のある古老はサンショウウオについて次のように語っていた。「あれは足があるから、魚とは思えないね。魚には鰭がないとおかしい。しかし、頭は魚の形をしているし、名前に〈ウオ〉がついているから、やっぱり、魚なんだろう」。また、他の古老は「足があり、トカゲによく似ているから〈ムシ〉である」という。サンショウウオは異例なもの、両義的特徴をもつと考えられていることが分かる。ここでは、後述するように、名称の語彙素に「チェプ」をもつところから、〈サカナ〉とみなした。

また、イルカ・クジラ類も名称の語彙素からは帰属は不明である。じっさい、聞き取り調査においてイルカ・クジラ類について、ある古老は、イルカ・クジラ類が哺乳類であることを認めた上で、次のように語っていた。「イルカやクジラの肉は赤肉であり、魚の白身とは別のものだ。海にすむラッコやアザラシは水かきがついてはいるが、手足があるから〈ドウブツ〉である。しかし、クジラ類は尻尾で泳いでいる。手足がなく、鰭をもち、水中を泳ぐのだからやはり〈サカナ〉である」。また、ある人は「肉が〈ドウブツ〉と同じである。また、仔を腹にもつから、〈ドウブツ〉だろう」と語る。このように、これらは、「サカナである」と「ドウブツである」とに意見が分かれたものであった。

イルカ・クジラ類は、いわばチェプとチコイキプとの両義的特徴をもつものである。じっさい、幌別地方に伝承されるアイヌ・ウエペケルのなかでクジラの肉はフンベ・カㇺと語られ[7]、その肉を表現するのに獣や鳥の肉をあらわすカㇺ[8]という語彙が使用される。古老たちも語っていたように、肉質の上でチコイキㇷ゚やチカㇷ゚との共通性が認識されているのである。

一方、幌別地方に残る伝説に、巨鯨の劫（こう）を経たものと考えられているシヨキナ（シ・オキナ「大・オキナ」）という海の動物が登場する[9]。オキナは旧記『北海随筆』のなかで、「東海にヲキナといふ魚あり、……鯨を呑むといへり」と記されるように[10]、魚の一種と考えられていた。また、『松前志』の中でもオキナ、クジラ、カミ（カミキリのことでシャチを示す）などは魚として登場する[11]。これらのことからイルカ・クジラ類はチェㇷ゚を構成する種類と考えることができる。〈チェㇷ゚〉のカテゴリーには、魚類、円口類、両生類のエゾサンショウウオ、イルカ・クジラ類が含まれるのである。

チコイキㇷ゚（ケダモノ）

包括名チコイキㇷ゚は、包括名チェㇷ゚にみられたように、個別名の語彙素として使用された例は一例もない。語彙素分析からこの類別カテゴリーの範囲を推定することはできないのである。アイヌ語のカテゴリーと日本語のそれとがまったく同じものであるということはできないが、チコイキㇷ゚が「ケダモノ」と訳されていることは少なくとも《全身に毛があり、四足である動物》を示すカテゴリーであると考えられる。

ところで、日本語で獣とされる動物はすべて動物分類学上哺乳類に属するものであるが、必ずしもすべての哺乳類が日本語での獣に類別されているとはいえない。じっさい、江戸時代に著された『本朝食鑑』（人見必大、島田訳注、一九七六―八一）のなかでクジラ類が魚類とともに鱗部に類別され、コウモリ類が鳥類とともに禽部に類別される。[12] これらは伝統的な日本文化において獣とはみなされていなかった。

前述のようにアイヌもまた、クジラ類は〈サカナ〉、コウモリ類は後述するように〈チカプ（トリ）〉とみなしている。これに対し、アザラシ、トドなどの鰭脚類、イタチ科のラッコなどの海棲哺乳類は〈ケダモノ〉なのである。

日高地方には次のように、トドがもともと陸の〈ケダモノ〉であったと語る起源譚が残る。これは鰭脚類を海の〈ケダモノ〉とみなす考えかたの背景となるものといえる。

> （中略）ある時、人間の国で神々がタバコを吸おうと、白樺の枝を擦り合わせ火をつけようとした。ところが黒と黄色の火の粉がでるばかりで火をつけることができなかった。黒い火の粉からは熊が、黄色い火の粉からは疱瘡神が生まれた。木の枝は投げ捨て、次に石を擦り合わせやっとのことで火をつけた。タバコを吸い終え、神の国に帰るとき、神々は石の一方を海に投げ、他方を陸に投げた。すると、陸に投げた石からはト

ドが、海に投げた石からはクジラが生まれた。
陸地に残った熊とトドは喧嘩ばかりし、平和に暮らせなかった。そこで、国造りの神は、どちらが陸にすむかを決めさせるため、競走させることにした。熊が競走に勝ち、陸にすむことを許され、負けたトドが海にすむようになった。

（John Batchelor, *The Ainu and Their Folklore*, 一九〇一、四六七—四六八ページ）

また、ある古老は爬虫類カメ目に属するウミガメ類について、「これは足が四本あり、肉も赤いので、〈ドウブツ（ケダモノ）〉に入るのではないか。アザラシなどに近いといえる」と語っていた。

以上のように、〈チコイキプ〉にはクジラ目、翼手目を除く哺乳類が含まれ、さらにウミガメ類も含まれる。そして、〈チコイキプ〉のカテゴリーは山のケダモノと海のケダモノという二つの下位区分をもつ。また、これに属する動物は、動物種と個別名とが一対一対応するものがほとんどであり、個別的に認知される傾向が強いのである。

チカプ（トリ）

動物分類学上の鳥類すべてがこのカテゴリーに含まれる。家禽であるニワトリは地上性の、いわば飛べない鳥であるが、羽をもつという形態的類似性や潜在的飛翔力が認められ、

〈チカプ〉に類別されている。

哺乳類であるが、翼をもち、空を飛ぶ翼手目のコウモリ類は、聞き取り調査では類別化にあたって、〈トリ〉と〈ケダモノ〉とに個人ごとの意見の相違が認められた。たとえば、ある古老はコウモリについて次のように語る。「コウモリは空を飛ぶが、普通の鳥のように日中空を飛んで歩かない。コウモリは穴倉（洞窟など）に入る。生き物では、クマも穴ごもりするし、ネズミも穴を掘ってすむ。コウモリはネズミによく似ている。だからこれは〈ドウブツ〉だと思う」。また、ある人は「頭の形はネズミによく似ているが、空を飛ぶのだから〈トリ〉の仲間になるのだろう」と話す。このように、コウモリ類の両義的特徴が認識されていた。

沙流地方に伝承されるアイヌ・ユーカラの中でカパプ・サイ「コウモリ（の）・群れ[13]」と、コウモリの群れを表現するのに鳥と同じサイという語彙が使われる。沙流や幌別地方では鳥、獣、魚といった動物の種類ごとにその群れを表現する語彙はそれぞれサイ、トパ、ルプと異なる[14]。群れをあらわす語彙は動物の類別カテゴリー（第一次分類単位）と対応するのである。沙流地方と幌別地方とは言語の共通性が高く、幌別地方においてもコウモリ類は伝統的には〈チカプ〉に類別されていたといえる。

キキリ（ムシ）

個別名の語彙素分析から、このカテゴリーは少なくとも節足動物門昆虫綱に属するものをはじめとし、フナムシなどの節足動物門軟甲類、扁形動物門に属するサナダムシや袋形動物門に属するカイチュウなどの人体寄生虫を含むことが分かる。

いっぽう、聞き取り調査では、ある古老は次のように語っていた。「これは《地表をはうもの》だが、また、何の役にも立たないものという意味もある。人間に嫌われるもの、食卓に上らないものは〈ムシ〉だ。ヘビ、カエル、トカゲもみな〈ムシ〉だ」。そして、これは爬虫類のヘビ・トカゲ類、両生類のカエル類、節足動物門の蛛形類をはじめ、さらには海藻類によく付着する甲殻類端脚目のワレカラ類、海底の砂の中に潜んでいる甲殻類等脚目のシオムシ、環形動物門のウミケムシ・ゴカイ類、紐形動物門のヒモムシ類、棘皮(きよくひ)動物門のナマコ・キンコ類等の海棲のものを含むカテゴリーであると話す。さらに、カタツムリは、「ツブのような巻き貝によく似た殻をもつが、殻には蓋がないし、殻をもつがはって地上で生活すると〈ムシ〉である」と語っていた。すなわち、カタツムリは、地面をはって歩くからところから〈カイ〉ではなく、〈ムシ〉なのである。

〈キキㇼ〉には中間カテゴリーがいくつか認められる。人体寄生虫類は〈キ〉、アブ類は〈シラウ〉、ハエやハナアブ類は〈モㇱ〉、アリ類は〈イトゥンナㇷ゚〉と類別される。また、昆虫類の中には幼虫と成虫に異なる名称が与えられ、しかもそれぞれ異なる集合を形成する場合がある。たとえば、鱗翅目の成虫はカマカタㇰ（蝶）とアペエトゥンペ（アペ・エトゥン・ペ「火・借りる・もの」の意、蛾）とに区別される。[15] いっぽう、これらの幼虫類はアケビコノハの幼虫、毛虫類一般、青虫類、とくに黒い青虫、シャクガ科の幼虫であるシャクトリムシなどに区別される。また、クワガタムシ科とカミキリムシ科の成虫は区別されないが、カミキリムシ科の幼虫は寄生する樹種に応じて区別される。

いずれにしても〈キキㇼ〉のカテゴリーに属するものは多様性に富み、共通する生物学上の特徴を抽出することは困難である。このカテゴリーは生産的に生成されたというよりはいわば剰余として定義されたものなのである。

セイ（カイ）

このカテゴリーは、セイまたはトを個別名の語彙素に含むものの例から、少なくとも次のものを含む。石灰質の殻をもっている軟体動物門斧足綱（ふそくこう）に属する二枚貝類、および腹足綱（ふくそくこう）に属する巻貝類である。

節足動物門軟甲綱に属する石灰質の殻をもち、マガキのように岩礁上にしっかりと付着するフジツボは、斧足綱に属するマガキと名称の上で区別されず、ピサㇱと呼ばれる。したがって、〈セイ〉は二枚貝や巻貝類ばかりではなく、フジツボなどを含むカテゴリーでもある。さらに、ある古老は、石灰質の殻をもち、岩礁に付着するメヨと呼ばれる軟体動物門ヒザラガイ綱に属するヒザラガイ類、触手動物門腕足類のタテスジホオズキガイ類、棘皮動物門のウニ類なども殻をもち、水棲であるという点からこのカテゴリーに含めていた。

類別カテゴリー〈セイ〉の内部には中間カテゴリーとみなせる例は一例であった。螺旋状の殻をもつ巻貝のエゾバイ類は一般にモコリリというが、淡水産の巻貝であるタニシあるいはカワニナはト・モコリリ（「沼・モコリリ」）と呼ばれる。螺旋状の殻をもつ巻貝類は〈モコリリ〉という一つの中間カテゴリーを構成するのである。

4　類別化の原理

ケダモノは歩く

以上のことから、〈ケダモノ〉、〈サカナ〉、〈トリ〉、〈ムシ〉、〈カイ〉といった主要な第一次分類単位には、次の動物が含まれる。〈ケダモノ〉は手足をもち、四足で歩くことができるもの、〈サカナ〉は手足のかわりに鰭（ひれ）をもち、水中を泳ぐもの、〈トリ〉は羽をもち、空中を飛ぶことのできるもの、〈ムシ〉は地表をはうものである。〈カイ〉は狭義には二枚貝だけをさすが、広義には殻をもち、水の底をはうものである。動物の類別化にあたって、形態、行動、空間という三つの側面での大まかな差異が考慮されているのである。これらは、動物の生活型の指標となるものであり、第一次分類単位は動物の生活型の差異と類似によって弁別されるのである。

では、生活型の差異と類似をもとに、どのようにカテゴリーへの類別化が行われるのであろうか。分類上異例となる動物は類別化の原理を探る手がかりを与えてくれる。すなわち、これらの第一次分類単位への帰属のさせかたをみると、動物の形態的特徴が類別化にあたって、どのように使い分けられるのかをもっとはっきりとうかがうことができる。

たとえば、〈ケダモノ〉の典型的な構成員は陸上の哺乳類であるが、示差的特徴からは異例となる食肉目鰭脚類のアザラシ、トド、オットセイ類や爬虫類カメ目のウミガメ類を含む。アザラシやトドの鰭状の四肢は《水かきのついている手足》、ウミガメ類の櫂(かい)状の四肢も《手足》であるといわれ、いわゆる四足獣の四肢と相同にみなされるのである。この場合、類別化にあたってアザラシやウミガメ類の陸上における《はう》に等しい移動様式がむしろ《歩く》と同等に認識され、水中で泳ぐという生活型が考慮の対象にならないのである。

飛ぶ・泳ぐ・はう

また、哺乳類翼手目のコウモリ類は〈トリ〉と〈ケダモノ〉との両義的特徴をもつものであるが、これは〈トリ〉とされる。コウモリ類の頭部はネズミ類との形態的類似が認められたり、洞窟内の泊まり場をネズミやリスの巣穴、クマの冬眠のための巣穴と同等視されたりする。しかし、空を飛ぶという生活型上の鳥類とのアナロジーが強調されて〈トリ〉とされるのである。

〈サカナ〉に類別されるものの典型は魚類である。しかし、後肢がなく前肢が鰭状で、しかも尾鰭をもつ哺乳類のイルカ・クジラ類もこのカテゴリーに含められる。これは《手足がなく、鰭をもち、水中を泳ぐ》ものであるという特徴によってである。この場合、胎生であり、〈ケダモノ〉と同じ肉をもつという特徴が第一次分類単位への類別にあたっては考慮の対象とされないのである。

四肢をもち、形態がトカゲに似ている両生類のエゾサンショウウオは、〈サカナ〉と〈ムシ〉との両義的性格をもつものと考えられている。これは成体に達した後陸上生活をはじめ、繁殖期以外陸上ですごすことが多い。アイヌ語で、オチゥ・チェプ・ポ（「交尾する・魚・（指小辞）」）と名づけられるように、〈サカナ〉に含められる。繁殖期において水中生活するという特徴がうまく表現されているが、「交尾する」という語彙が示すように繁殖行動の上での〈サカナ〉のなかの異例として認識されるのである。

殻をもち、陸上生活をするカタツムリは、〈カイ〉と〈ムシ〉の両義的性格をもつが、〈ムシ〉に類別される。

カタツムリはアネ・ケㇺ・ポ（「細い・針・（指小辞）」）、あるいはキナ・モコリリ（「草・巻貝（エゾバイ類）」）というようにエゾバイ類に対照させた名称をもつ。カタツムリが〈ムシ〉に類別されるのは、殻をもつという〈カイ〉との形態的類似よりも地表をはうという

〈ムシ〉との類似に因るのであった。

さらに、殻をもち、水中にすみ、いわば《はって》移動する棘皮動物門のなかで、ウニ類が〈カイ〉に類別されるのに対し、ヒトデやハスノハカシパン類は〈カイ〉には類別されず、独立のカテゴリーとなる。食用とならないものは〈カイ〉ではないというのである。〈カイ〉への類別にあたっては有用性も一つの弁別基準になる。

弁別特徴と優先順位

以上のことから、鰭脚類・ウミガメ類とクジラ類とが分類上区別される大きな点は、前者は四肢が四足獣の四肢と相同とみなされるように陸上での移動が可能であるのに対し、後者は海中でのみ移動可能であるという点にあることが分かる。すなわち、鰭脚類・ウミガメ類の類別にあたっては、陸地を移動できることが水中を自由に泳ぎ回ることよりも優位な弁別特徴となるのである。このように、行動上の弁別特徴の間には、類別化にあたって考慮される優先順位が認められるのである。

優先順位は形態的特徴と行動型との間にも認められ、前者よりも後者の方が優位な弁別基準として考慮される傾向がある。じっさい、コウモリ類、カタツムリの例は形態的特徴よりも行動型での類似性が優位な弁別基準として作用することを示している。また、サンショウウオの例は、行動型の形態的特徴に対する優位性のみならず、水中を泳ぐという行動型の陸上をはうという行動型に対する優位性を示している。

類別化にあたっては生活型のみではなく、ヒトデに対するウニの例のように有用性が考慮されることがありうる。また、〈ムシ〉に類別されているものは、その形態、生活型は多岐にわたっている。このカテゴリーは、昆虫類も生活史のなかで《はう》時期をもつという点を考慮することによって、共通の生物学上の特徴として《はうもの》を抽出できるにすぎないのである。このカテゴリーは、いわば他のカテゴリーの否定としてはじめて定義されうるものである。そして、古老が共通点として《人間に嫌われるもの、役に立たないもの》であると語るように、他のカテゴリーがプラスの利用価値をもつものであるのに対し、このカテゴリーは利用価値の上でも他のカテゴリーの否定となるのである。

最後に、クラゲ類は、体をいろいろな形に動かすことができるが、自らの意志で動きまわることができない。これは、〈イキモノ〉(動物界という意味で)ではあるが、〈イキモノ〉らしくないものであると、別個のカテゴリーにみなされた。これに対し、腔腸(こうちょう)動物門のウミヤナギは木のように堅い、まっすぐな芯をもつのだから、〈イキモノ〉とはみなすことができないという。動物とは体の各部分を動かすことができ、しかもみずからの意志で場所を変えること、移動できるものとされている。類別化にあたって行動型が最優先される背景にはこのような動物観があるといえる。

以上のように、主要な動物カテゴリーへの分類は移動様式と生息場所における相違と類似に基本的には基づく。このため〈トリ〉のカテゴリーは昆虫類を除く《飛べるもの》、〈ケダモノ〉のカテゴリーは地上を移動できる《歩くことのできる脚》をもつもの、〈サカナ〉のカテゴリーは水中を《泳ぐもの》、〈ムシ〉のカテゴリーは地上を《はうもの》、〈カイ〉のカテゴリーは殻をもち、水中にすむものということになるのである。

5　動物分類と空間分類の連繫

五つのカテゴリー

前節までに述べたように、アイヌは動物の多くを五つの主要なカテゴリーに分類する。チカプ（トリ）、チコイキプ（ケダモノ）、チェプ（サカナ）、セイ（カイ）、キキリ（ムシ）はアイヌにとって基本的な動物の第一次分類単位である。これらのカテゴリーは総体としての動物の生活型に基づいて弁別される。このため、チカプ（トリ）は空、チコイキプ（ケダモノ）は原則的に地上、チェプ（サカナ）は水中、セイ（カイ）は水底、キキリ（ムシ）は原則的に地上といったように動物のカテゴリーは空間区分と大いに関係するものとなる。

〈サカナ〉のカテゴリーはあらゆる魚を含むが、また、サンショウウオ、クジラ・イルカ類を含む。〈ケダモノ〉のカテゴリーは、コウモリ以外のすべての陸上哺乳類および鰭脚類やウミガメ類を、〈トリ〉のカテゴリーはすべての鳥およびコウモリを含む。〈ムシ〉のカテゴリーは昆虫、ミミズのみではなく、カタツムリ、カエル、トカゲ、ヘビを、〈カイ〉のカテゴリーは二枚貝や巻貝などの貝類、フジツボ、さらにはウニを含む。

異形の変則的な動物の主要カテゴリーへの類別、たとえば、サンショウウオやクジラ、鰭脚類やウミガメ、コウモリ、カタツムリなどの類別は、アイヌの動物観を明らかにできる重要な手がかりとなっていた。たとえば、クジラ類が他のアザラシ、トドなどの海獣類と分類上区別されるのは、クジラの鰭状の脚は魚の鰭と類似したものと考えられるのに対し、鰭脚類の脚は陸上動物の脚と同じものと考えられること、さらに、クジラ類は陸上で移動することができないのに対し、鰭脚類は陸上でも移動可能であるからである。ウミガメは鰭脚類と同じ理由によって〈ケダモノ〉と考えられている。このように、地上における移動可能性がもっとも優先的に考慮されていた。

注目される生息場所

動物の主要カテゴリーへの分類にあたって移動様式、生息場所が重要な弁別特徴なのである。このため動物の認識は空間区分、空間分類と深く関連する。

動物の類別カテゴリーと空間区分との関係は第一次分類単位の下位分類単位をみると一層はっきりとする。アイヌ語の語彙には、はっきりしたカテゴリーの例があまりなく、〈ケダモノ〉の下位区分としてキモッペ（山にたくさんいるもの）とレポッペ（海にたくさんいるもの）という対比や、一般の陸獣に対し海獣類はレプン・チコイキㇷ゚（海の・ケダモノ）に区別されるにすぎない。しかし、聞き取り調査においては古老たちは常に、〈ケダモノ〉であれば山のものであるのか海のものであるのか、〈サカナ〉であれば「海魚」であるのか「川魚」なのか、さらに「海魚」であれば沖の魚、岸辺の魚、磯の魚、砂底の魚といった区別をする。また、〈トリ〉であれば「海鳥」か、「山鳥」か、「人里のもの」か、〈ムシ〉であれば陸上のものであるのか海のものであるのかといった区別を暗黙のうちに行っていた。このように、動物の認知、類別にあたってその居住空間、空間カテゴリーが重要な指標になる。そして、空間は海と山、沖と岸辺、磯と砂場、海と川、陸と海といったように対立的に捉えられる傾向がある。

空間の二項対立

じっさい、アイヌ語地名をみると、[16] 空間を二項対立的にとらえた語彙が多い。平面上、地表上での空間カテゴリーには、アトゥイ（海）、レㇷ゚（沖）、ヤ（陸）、コタン（里）、キム（山）などがある。ヤ（陸）という語彙はレㇷ゚（沖）に対する「陸」という意味をもつが、同時に沖に対する「陸岸」という意味でもある。海の空間は二つの対立する方向の対照によって区別され、しかも、その対照は《陸への方向性》と、陸から離れる《海への方向性》が基本となるのである。

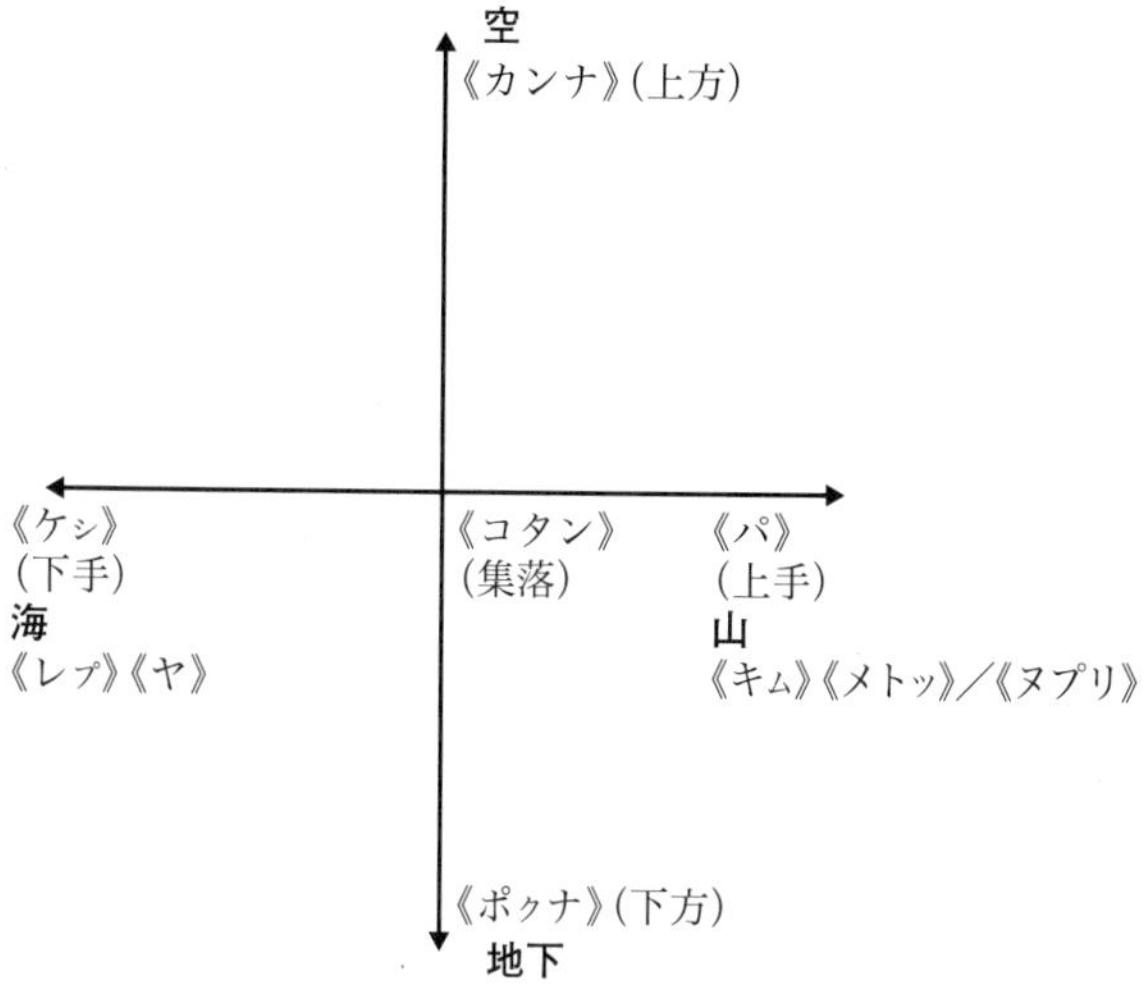

図３　空間配置による対立語彙

鵡川地方の実例をみてみよう[17]。海は、陸に近い方から、ヤンケ・トマリ、レプン・トマリ、ヤンケ・ソッキ、レプン・ソッキの四つの空間カテゴリーに分けられる。ヤンケという語彙は「陸にあげる」を、レプンは「海の上に、海の」を意味する。トマリは「舟がかりのできる入り江」を、ソッキはもともと「神々の住む所」という意味があるが、沖では「カジキマグロなどの多くいる場所」をさす。このように、空間はヤ（陸）とレプ（沖）との対比を基にしながら範疇化される。アトゥイは海を示す一般的な名称であるのに対し、レプは海と同時に、とくに沖をさす語彙である。すなわち、「レプ」と「ヤ」という対比は、海における「沖」と「陸岸」という対立的空間区分でもある。

また、陸上の空間についても同様な空間の範疇化が認められる。キム（山）という語彙はコタン（里）およびレプ（沖）に対しての「山」であると同時に、生活圏の一部としての山を意味し、聳える山あるいは奥山を意味するものではない。聳える山は一般にヌプリと言及される。コタンという語彙はたとえ一軒でも家が建っている場所を本来意味し、一般には里、村あるいは居住地を意味する。コタンはまた、モシㇼと同じように「国あるいは世界」をあらわす語彙としても用いられる。これらの空間カテゴリーから、陸地はコタン「里」とキム「山」とに二分されること、山が生活圏の一部であるキムと奥山メトッあるいは聳える山ヌプリに二分されること、そしてキム（山）がレプ（沖）の対立概念となることが分かる。

アイヌ語には、さらに、これとは別の空間上の方向性に基づく対立語彙が認められる。水平線上におけるパ（上手）とケㇱ（下手）、垂直線上におけるカンナ（上方）とポㇰナ（下方）である。

このように、アイヌは空間を二項対立的に認識する。空間の対比は、コタンを中心にして水平線上（地表上）では川に沿って海の方向へおよび山の方向へといたる道筋によって、垂直線上では地下へおよび空への方向によって特徴づけられている（図3）。

空間象徴としての動物

アイヌの動物分類のカギはその生活型にある。そして、動物の分類において、その居住空間である空間カテゴリーが指標となる。さらに、空間認識が二項対立的であるのを反映し、動物の総称的カテゴリー（第一次分類単位）やサブ・カテゴリーへの分類においては居住空間上での対立的把握が基盤となる。

このため、たとえば、生活型において空と結びつく〈トリ〉は垂直線上での空間カテゴリーであり、地上に対立する〈カント（空）〉に連繫するのである。地上と結びつく〈ケダモノ〉は里に見かけないものであり、水平線上で海・里に対する〈キム（山）〉に、水中に結びつく〈サカナ〉は陸に対立する点で〈レプ（海）〉に連繫する。地上に結びつく〈ムシ〉は里によく見かける点で山に対立する〈コタン（里）〉に連繫する。このように、動物の総称的分類カテゴリーは空間の総称的分類カテゴリーと対応関係をもつ。動物分類は空間認識と密接な関係にあるのが特徴である。

6　動物のシンボリズムと神格化の基盤

カムイの顕れとなる動物を読み解く

動物のなかにはサケに対するカムイ・チェプという名称のように、動物の個別名にカムイという語彙素を含むものや、前章までに述べたように神の顕現とみなされ、神名をもつものが数多くある。このような動物はアイヌにとってシンボル的な価値をもつものである。動物の神格化は多様性に富んでいるが、動物のなかには、クモ類がヤ・オシケ・プ（「網・編む・もの」）と呼ばれ、クモの巣が、網のメタファーとなり、漁撈の守り神となるように、動物の固有の特異性によってシンボル表現となるものも少なくない。特定の動物がシンボル表現として採用されるという、その選択の基準はアイヌの動物観、アイヌ文化におけるシンボリズムを理解する上での手がかりを与えてくれるものである。

ここでは、とくにアイヌの祭祀神として重要な神々（パセ・カムイ）に顕現する動物に焦点を当てながら、動物の神格化の生態学的基盤、その背後にある動物のシンボリズムを明らかにしてみよう。そして、アイヌの動物観が世界観全体の枠組みとどのような密接な関係にあるのかを検討してみる。

アイヌの神の観念において、ヒグマがキムン・カムイあるいはヌプリ・コロ・カムイ、シ

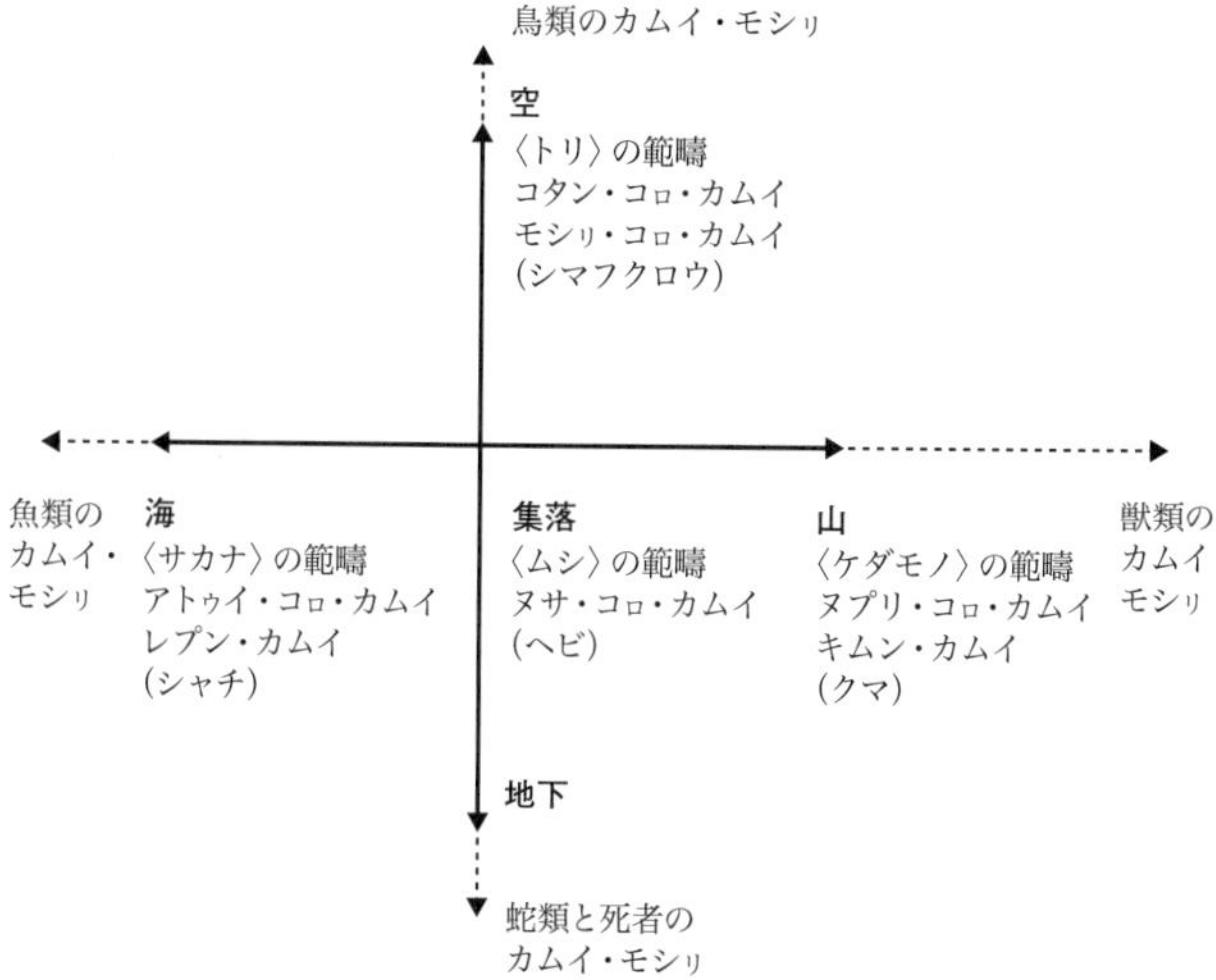

図４　動物の範疇、空間上の範疇とカムイとの関係づけ

ャチがレプン・カムイあるいはアトゥイ・コロ・カムイ、ヘビはヌサ・コロ・カムイ、シマフクロウはコタン・コロ・カムイあるいはモシㇼ・コロ・カムイの顕現とされる。すなわち、ヒグマ、シャチ、ヘビ、シマフクロウは神名の語彙が示す空間カテゴリーの象徴となる。ヒグマはキㇺ（「山」）、シャチはレㇷ゚（「海」）、ヘビはヌサ（「幣所」）、シマフクロウはコタン（「里・村」）あるいはモシㇼ（「国・世界」）の象徴である（図4）。

カテゴリー間の関係づけ

では、これらの動物が空間カテ

ゴリーの象徴となる背景は何であろうか。動物分類と空間分類との関係からみてみよう。まず、動物分類の上ではヒグマは〈ケダモノ〉、シャチは〈サカナ〉、ヘビは〈ムシ〉、シマフクロウは〈トリ〉に属する。〈ケダモノ〉には海獣と陸獣が含まれている。トドとヒグマはサブ・カテゴリーそれぞれのもっとも大型の獣である。海の獣に対し山の獣は優位に位置づけられると同時に、〈ケダモノ〉は起源上、山に結びつく。こうして、このカテゴリーは観念上、空間分類における〈山〉に対応するのである。そして、海の動物の主要なカテゴリーである〈サカナ〉が〈ケダモノ〉との対比の上で、空間分類における〈海〉のカテゴリーに対応する。〈トリ〉のカテゴリーは空に結びつき、垂直線上での空間カテゴリーに対応する。天空をアイヌ語ではカントといい、大地をシㇼあるいはシリという。この世を人間の世界「アイヌ・モシㇼ」と呼ぶのに対し、上方には神の世界「カムイ・モシㇼ」が位置すると考える。また、この世をカンナ・モシㇼ（上方の・世界）あるいはカンナ・シㇼ（上方の・国）と呼ぶのに対し、あの世はポㇰナ・モシㇼ（下方の・世界）あるいはポㇰナ・シㇼ（下方の・国）と呼ばれる。国土全体をあらわすモシㇼは、すべての水平的空間分類のカテゴリーを含みうるものであるが、カムイ・モシㇼとアイヌ・モシㇼとの対比が示すように、垂直的空間カテゴリーとなる。

いっぽう、人間の生活する村をコタンというのに対し、「あの世」はポㇰナ・コタン（下方の・村)、アㇻ・ウン・コタン(あちらの・村)と呼ばれる[18]。コタンはモシㇼと同様に、ポㇰナ・コタンとの対立において上と下という垂直的空間分類のカテゴリーともなるのである。

これらのことを考慮すると、コタン／モシㇼはすべての水平面上の空間を内包する垂直的空間カテゴリーであるといえる。こうして、〈トリ〉のカテゴリーは、空間分類におけるすべての大地を覆う〈空〉のカテゴリーから派生し、垂直的空間カテゴリーとしての〈コタン／モシㇼ〉に対応する。

〈ケダモノ〉が〈山〉に、〈サカナ〉が〈海〉にというように、この二つのカテゴリーは水平的空間分類のカテゴリーと対応関係をもつ。これらはまた、コタン(里)から離れた空間に位置づけられるものである。じっさい、イヌ、ネズミ類を除けば〈ケダモノ〉に類別されるものは山や沖という居住地から離れた場所にすむ。また、海や川にすむ〈サカナ〉も居住地以外の場所にすむものなのである。

これに対し、〈ムシ〉に属するものは水平的空間分類のどのカテゴリーにも生息できる。アオダイショウが人家によく侵入するように、このカテゴリーは一般に里(集落)においてもひんぱんに接することのできるものであるという点で、〈ケダモノ〉や〈サカナ〉と大きく相違する。この点で〈ムシ〉のカテゴリーは居住地という意味でのコタンと結びつく。ヌサはイナウの集まりで、それぞれカムイを象徴するものである。ヌサがたくさん立てられたヌサ・サンは祭壇に相当するものであり、居住地におけるもっとも神聖な場所、まさにコタンそのもののシンボルである。〈ムシ〉がコタンの象徴である「ヌサ」と結びつく背景はこの点にあると考えることができる。

もっとも優位にあるもの

さて、ヒグマ、シャチ、シマフクロウ、ヘビはそれぞれの類別カテゴリーにおいてどのような位置を占めるのであろうか。ヒグマとシャチについてみると、前者は陸上動物における食物連鎖のなかで頂点にあり、〈ケダモノ〉のカテゴリーのなかでもっとも強いものと考えられる。後者は「クジラを追いかけて浜に寄せてくれる」といわれるように、海の動物の食物連鎖の中で頂点に位置し、〈サカナ〉のカテゴリーのなかでもっとも優位にあるものである。ヘビは〈ムシ〉のカテゴリーのなかでもっとも大きく、最強のものである。

また、シマフクロウは、北海道地方の森林にすむ留鳥の中で最大の夜行性猛禽類(もうきんるい)である。サケが産卵するあたりを生活の場とし、サケをはじめ小魚をとって食べる。森林にすむ大型の猛禽類の留鳥のなかでシマフクロウに匹敵(ひってき)するものにはワシタカ科のクマタカがある。平地から山里に近いところにすむ猛禽類の留鳥にはフクロウ科ではアオバズク、オオコノハズク、フクロウをあげることができ、他にワシタカ科のオオタカ、ツミ、トンビ、ノスリなど、ハヤブサ科のハヤブサ、チョウゲンボウがある。フクロウ類は一般に、両眼が顔の前面に位置し、平たくて丸い人間的な顔をもち、夜行性という点で、いわば、鳥類のなかで異例なものである。猛禽類のうち、フクロウ類であるシマフクロウがシンボル表現として選択される背景はこのような異例性とも無関係ではないであろう。いずれにしてもシマフクロウはアイヌの主要な食料となるサケと結びつくものであると同時に、〈トリ〉のカテゴリーのなかでもっとも強いものの一つなのである。

このように、ヒグマ、シャチ、ヘビ、シマフクロウなどの動物はそれが属する類別カテゴリーの中で《強さ》《優位性》のシンボルとなるのである。こうした点を考慮すると、これらの動物が神格化される背景を次のように考えることができる。

ヒグマは〈ケダモノ〉のなかでもっとも優位なものであり、〈ケダモノ〉は象徴的に空間カテゴリーであるキㇺ（山）に対応する。ヒグマはその帰結としてキムン・カムイあるいはヌプリ・コㇿ・カムイの象徴になるという観念上の連繫が認められる。シャチは〈サカナ〉のなかで最優位にあり、〈サカナ〉は象徴的に空間カテゴリーであるレㇷ゚（海）に対応する。この連繫によりシャチはアトゥイ・コㇿ・カムイあるいはレプン・カムイの顕現となる。ヘビは〈ムシ〉のなかで最大のものであり、〈ムシ〉は象徴的にヌサ・サン（祭壇）に対応し、このためヘビはヌサ・コㇿ・カムイの象徴となる。最後に、シマフクロウは〈トリ〉のなかで最優位かつ異例性を帯びるものであり、〈トリ〉は空間分類上の空と、象徴的にはモシㇼ／コタンと結びつく。この帰結としてコタン・コㇿ・カムイあるいはモシㇼ・コロ・カムイの象徴となり、フクロウ祭りが行われたことが知られる。

以上のように、シャチ、ヒグマ、シマフクロウ、ヘビなどがシンボル表現として選択されるのは、もちろんこれらの動物の特異性に基づく。これらはそれが属する類別カテゴリーのうちもっとも強いものであるという、その強さによって各空間を支配する神のシンボルとして選ばれたものである。

あの世に住む化け物

最後に、上記以外のシンボル表現となる動物について少しふれておこう。アオバズクは、アフン・ラサムペ（アウ・ウン・ラサムペ「あの世・に住む・化け物」）と呼ばれ、「あの世」のシンボルとなる。また、ミソサザイはトシッ・チョロポクン（トシリ・チョロポク・ウン・クル「川岸の穴・の下・に入る・神」）と呼ばれる。あの世への入り口〈アフン・ル・パラ〉の多くは海岸や川岸の洞穴であるといわれることから、ミソサザイはあの世への入り口のシンボル表現とみなすことができる。

「あの世」はポクナ・コタン（下方の・村）、アラ・ウン・コタン（あちらの・村）、カムイ・コタン（神の・村）などと呼ばれる。また、あの世とこの世は、ポクナ・モシリ（下方の・国）とカンナ・モシリ（上方の・国）という対照のように、垂直的空間分類上の上と下という関係で認識される。アフン・ル・パラ（あの世の入り口）はこれらの二つの垂直上の空間をつなぐ境界となるのである。

アオバズク、ミソサザイもまた、垂直的な空間分類カテゴリーのシンボルになるのである。これらはいずれも動物分類上で〈トリ〉に属するものである。〈トリ〉はもともと〈空〉という空間区分に対応する唯一の第一次分類単位である。このようなシンボル表現の背景は、一つには〈トリ〉のカテゴリーが他の第一次分類単位に空間区分の上で垂直的に対置させられることにある。

アイヌのフクロウ祭り（西川北洋筆「アイヌ風俗絵巻」のうち「フクロ祭り」函館市中央図書館所蔵、1800年代末頃）

いっぽう、ミソサザイは渓流に沿った斜面に多い小型の留鳥である。これは岩のへこみや崖の下に巣をつくり、大きな声で複雑に長くさえずるのが特徴的な鳥である。あの世の入り口は一般に洞穴であると考えられており、ミソサザイの特異的な生態がシンボル化の要因になっているのである。

アオバズクは平地から山地にすみ、

村落付近にもふつうにすむ小型の夜行性の猛禽類である。アオバズクが《あの世》のシンボルとなっている背景は次のように考えることができる。まず、アイヌの垂直的空間分類において、この世は「上」に、あの世は「下」に対置させられる。また、水平的空間分類において山側がパ（上手）とされるのに対し、里側がケㇱ（下手）とされる傾向がある。[19] フクロウ類のなかでシマフクロウはコタン・コㇿ・カムイの顕現とされるが、これはサケと結びつき、森林にすむ「上手」のものである。いわば、シマフクロウは上手、つまりこの世のシンボルということができる。村落周辺にすむ、「下手」のフクロウ類にはアオバズクとフクロウがある。前者は体色が全体的に黒褐色であり、しかも黒褐色のマスクを頭からかぶり、目と口を出したような顔をもち、他のフクロウ類と容易に区別がつく。これに対し、フクロウは小型で、羽角をもたないが、シマフクロウに体色がよく似ている。アオバズクのこのような形態的特異性がシマフクロウとは対照的にこの世の下方に位置する《あの世》の、しかも《化け物》のシンボル表現の背景となるのであろう。

動物の分類は世界観全体の文脈と結びつく

結局、これまで述べてきたように、神格化にあたって、動物の生態学的基盤が大きく作用するのである。しかも、これらの位置づけは、アイヌの動物分類、空間分類が相互に関連しあった世界の認識の体系、世界観全体の枠組みと無関係ではないのである。

このようなアイヌの動物観は他の文化にも認められるものであろうか。じっさいには文化が異なれば動物観も異なることが多い。たとえば、オーストロネシア語族、北東ニューギニア諸語に属するニューギニアのカラムの例を取りあげてみよう[20]。

彼らのあいだでは地上性のダチョウに匹敵する大型の鳥類であるヒクイドリがもっとも象徴性を帯びる動物となっている。彼らの動物分類は、しいていえば大まかな形態上の類似と差異および生息地が考慮されて成り立っている。この点ではアイヌの動物分類と大きな違いはない。しかし、形態上の識別の主な基準は骨の有無、羽の有無、足の数や大きさであり、アイヌの動物分類の基準と異なっている。また、生息地は水平線上では、森、空き地、畑、居住地の区別、垂直線上では樹上、地上、水生、地下の区別がされる。

このような分類体系を背景に、ヒクイドリは翼をもたない二足性の、地上性で森にのみ生息する動物と考えられている。このためヒクイドリは他の鳥類と区別され、しかもそれのみで構成される一つの動物カテゴリーとなっている。ヒクイドリはその特異な外形から動物分類上特別な位置を占める。

いっぽう、タロイモ栽培を行うカラムには「森」と「耕地」とを対立的に捉える思考が存在する。タロイモが「耕地」の象徴となるのに対し、森の動物で、しかも森の第一の大きな獲物であるヒクイドリは「森」の象徴となる。タロイモ栽培の成功を願い、森の象徴であるヒクイドリの狩猟にタブーが課せられることになっている。カラムの例においても動物の象徴性は動物分類上の位置と同時に、もっと広い意味での世界観全体の文脈と関係するのである。

このように、動物分類そのものばかりではなく世界観全体の構造も文化によって異なり、動物の象徴性も多様であることが多い。いずれにしても動物観は、個々の文化における世界観全体の枠組みのなかでそれぞれ独自のものが形成されるのである。

註

(1) 知里真志保、一九六二年、『分類アイヌ語辞典　動物篇』、日本常民文化研究所、一五〇ページ。
(2) 服部四郎、一九六四年、『アイヌ語方言辞典』、岩波書店、一八〇ページ。
(3) 聞き取り調査において、ある古老は、「ドウブツ」と「ケモノ」を次のように区別していた。「〈ケモノ〉とは毛皮類を人間が使うものである。クマ、ウサギ、キツネは毛皮を利用するから〈ケモノ〉である。毛皮を利用しないものは〈ドウブツ〉としかいえない。馬、牛、犬や野生のシカは〈ドウブツ〉である」。したがって、ここでは、動物の第一次分類単位としてチコイキプは、古老のいう〈ドウブツ〉に相当するとみなしている。
(4) 知里、一九六二年、前掲書、一九四、一九九、二二〇ページ。
(5) 長谷川仁・千葉徳爾、一九八五年、「むし　虫」『大百科事典』一四巻、平凡社、六三六ページ。
(6) 語源はヌクリ「気がすすまぬ、食う気になれぬ」・イペ「魚」、あるいはヌッ「川の緩やかに流れている所」・コル「支配する」・イペ「魚」かとも言われる（知里、一九六二年、前掲書、七二ページ）。
(7) 北海道教育庁社会教育部文化課編、一九八三年、『昭和五七年度アイヌ民俗文化財調査報告書（口承

文芸シリーズII、知里幸恵ノート)』、三〇—三一ページ。

(8) 服部、一九六四年、前掲書、九三ページ。

(9) 知里、一九三六年、『アイヌ民俗研究資料第一』、アチック・ミューゼアム、三五—三六ページ。

(10) 坂倉源次郎、一九七二(一七三九)年、『北海随筆』、北門叢書第二冊、国書刊行会、五六ページ。

(11) 松前広長、一九七二(一七八一)年、『松前志』、北門叢書第二冊、国書刊行会、二〇九—二一一ページ。

(12) 人見必大、一九七七、『本朝食鑑』第二巻、島田勇雄訳注、平凡社(東洋文庫)、二五七ページ。人見、一九八〇、『本朝食鑑』第四巻、島田訳注、平凡社(東洋文庫)、一六五—一六九ページ。

(13) 金田一京助、一九三一年、『ユーカラの研究　アイヌ叙事詩』第二冊、東洋文庫論叢、第一四—二、東洋文庫、五八二ページ。

(14) 服部、一九六四年、前掲書、一八三ページ。

(15) 白老地方のインフォーマントは蝶と蛾を一つの類別カテゴリーとみなしており、カマカタㇰとアペエトゥンペはより下位のカテゴリーとみなすこともできる。

(16) 知里、一九八四(一九五六)年、『地名アイヌ語小辞典』、北海道出版企画センター。服部、一九六四年、前掲書、二一二—二一八ページ。

(17) Watanabe, Hitoshi, 1972, *The Ainu Ecosystem*, Seattle & London : University of Washington Press, p.147.

(18) 知里、一九八四(一九五六)年、前掲書、四ページ。

(19) 知里、一九八四(一九五六)年、前掲書、四六—八五ページ。

(20) Bulmer, Ralph, 1967, Why is the Cassowary not a Bird? A Problem of Zoological Taxonomy Among the Karam of the New Guinea Highlands, *Man* (n.s.), 2 : 5-25.

第五章　諸民族との比較

1　日本上代における世界観との比較

大林の日本神話の四分類

チェンバレンがアイヌの神話と日本神話との比較を行って以来、世界観の位置づけをめぐり、とくにカムイの概念とカミの概念についての起源論的考察が行われてきた。また、北方諸民族における世界観との比較の重要性も指摘されてきた。本章においてはアイヌの世界観の位置づけ、その特徴を明らかにするために、アイヌの世界観を世界像、霊魂の観念、自然の諸霊の観念などに焦点を当てながら、日本のとくに上代における世界観、およびシベリアの北方諸民族における世界観などと比較することにする。

現代日本人の信仰、世界観は、カミの概念、霊魂の概念をはじめとし、仏教の伝播以来のさまざまな歴史的変遷を経て形成されたものである。じっさい、弘仁(こうにん)年間（八一〇―八二三）に記されたとされる『日本霊異記(にほんりょういき)』は、記紀万葉にあらわされる固有の霊魂観が外来思想としての仏教的応報観念と独自の融合を実現した貴重な遺文であると指摘される。(1)古代日本の固有の世界観、信仰は九世紀以降仏教的思想とのシンクレティズムを経てきている。したがって、アイヌの世界観との比較にあたっては、とくに仏教の影響を受ける以前の、いわば日本上代における世界観に焦点を当てることにする。

まず、日本神話について、次の点を注記しておきたい。それは、『古事記』、『日本書紀』などの日本神話は、起源的には異なる民族、集団によって担われてきた伝承の統合されたものという点である。

じっさい、大林太良は日本神話を次の四群にまとめている。(2)第一は天地のはじまりからアマテラスとスサノヲの争いの神話までで、これは水稲耕作民あるいは漁撈民文化的要素を含む弥生時代に登場したものである。第二は出雲を舞台とする神話で、農耕民文化を背景とし、金属器文化的色彩の濃いものである。第三は天孫降臨神話で、アルタイ系遊牧民文化的神話要素の強い、支配者文化の一部としてもたらされたものである。第四は日向神話で、九州南部の隼人の伝承が基本となるものである。

さらに、大林は個々の神話についても、たとえば、宇宙の開闢神話はその文脈から次の三つの異なる系統に分類できると、その系統を論じている。(3)一つは植物から最初の人類あるいは神が出現するものである。東南アジア、オセアニアに広く分布する南方語族以前の古栽培民文化に存在し、日本では低湿地の水稲耕作民がその担い手となったものである。二つめは原始混沌の観念が著しいモチーフである。これは内陸アジアから東アジア、東南アジアをへてポリネシアに広がり、日本では海人がその担い手であった。三つめは天の中心に生まれた支配者としての創造神の観念が強いものである。内陸アジアからポリネシアにかけて分布する。日本ではアルタイ系遊牧民文化の要素を多分に持った集団がその担い手となる。

このように、日本神話は支配者層、海人、農耕民という起源論的には異なる系統の集団による伝承が統合されたものであるといわれる。神話の底流となる思想、世界観そのものが起源を異にするものの融合なのである。

『古事記』、『日本書紀』はとくに、当時の支配者層が国家形成、統合にあたりその規範とすべく編纂したものであることは周知の事実である。このため「記紀」の背景となっている世界観、思想は当時の庶民の思想とは多少異なる可能性がある。当時の大多数を占める庶民層の世界観を明らかにして、はじめて日本上代における世界観を論じることができるといえる。しかし、現状においては記録として残されることの少ない当時の庶民の世界観について人類学的に論じることは非常に困難である。いっぽう、神話が統一され、成立することによって、日本上代における思想が統一され、これが規範として庶民層に浸透していき、その後の日本文化の根幹となったとも考えられる。

したがって、ここでは、このような点に留意しながら、主に日本神話、『万葉集』、上代語などの研究をもとに、まず、日本の霊魂・カミの観念、他界観、世界像、日本の神々の実態を概観した上で、アイヌの世界観との比較を行うことにする。

タマとイノチ

現代日本語において一般に霊魂を「タマシイ」といい、これは、「人の肉体に宿り、生命を保ち、心の働きをつかさどると考えられているもの。肉体から離れても存在し、死後も不滅で祖霊を経て神霊になるとされる」（『大辞林』、一九八八）ものである。上代日本語においては、霊魂をあらわす語彙として「タマ」がある。「タマ」という語彙の用法をみると、これには遊離霊（遊離魂）としてのタマと、生命力（身体魂）としてのタマがある。[4]また、身体魂をあらわす語彙としては「イノチ」、すなわち「イ」（生命）の「チ」（力）がある。「イ」は「息吹き」とも用いられる語であり、気息と生命が同一視されていたことが分かる。[5]このような日本語の語彙が示すように、上代日本において、人間は肉体を抜けでて自由に想う相手の所に出かけることができる遊離魂「タマ」と、年とともにすり減って最後につきてしまう身体魂「イノチ」をもつと考えられていたのである。すなわち、上代日本において二種の霊魂をもつという霊魂観が一般的であった。

ところで、古代には鎮魂の儀礼としてタマフリ、タマシズメの二種があったことが知られる。『先代旧事本紀（せんだいくじほんぎ）』に記される鎮魂祭の起源神話、物部（もののべ）氏の鎮魂術の起源説話に、「病人、死者に対し、十種の瑞宝を振り動かすことによって病気を治し、死者を甦らすことができる」とある。(6) タマフリの儀礼は魂を呼び戻すことによって病気を治し、蘇生をはかろうとしたものである。この儀礼において扱われる魂のように、「タマ」には生命霊、身体魂としての意味がある。

また、『万葉集』の相聞歌には、たとえば、「筑波嶺の彼面此面に守部すゑ母い守れどもたまぞ逢ひにける」（『万葉集』巻十四、三三九三）とか、「たましひは朝夕にたまふれど吾が胸痛し恋の繁きに」（『万葉集』巻十五、三七六七）と詠われるものがある。前者は、母はいつも私を見張っていて彼と会うことができないが、二人の「タマ」は会うことができたという歌である。(7) 後者は味間野にいる中臣宅守の霊魂または心が朝夕に狭野茅上娘子のところへ通ってくるという意である。(8) これらの歌の例が示すように、「タマ」は肉体を脱出して想う相手のところに行く遊離魂をも意味するのである。

以上のように、魂、とくに身体魂としての「タマ」の人間の体からの遊離は病気、死をもたらすと考えられていた。これに対し、遊離魂としての「タマ」は、人が生きながら、通常の状態のままにして一時的に遊離しうると考えられたのである。遊離魂としての「タマ」の観念は、平安時代になると、『源氏物語』にあるように体から抜け出し、生き霊となって相手の体に取り憑くと信じられるようになる。しかし、記紀万葉の時代においては憑依するものとしての「タマ」の観念はまだはっきりとはしていなかったといえる。

いっぽう、「タマ」を語彙素としてもつ言葉には次のものがある。稲の魂をウカノミタマ

（倉稲魂）、剣をフツノミタマ（布都御魂）と呼ぶ例[9]、『古事記』に登場する現実の国土の神霊であるウツシクニタマノカミ（宇都志国玉神）、天の国魂の神であるアマツクニタマノカミ（天津国玉神）の例[10]である。また、日本語には樹木に宿る霊であるコダマ（木霊）、山林・木石の精気から生ずるというスダマ（魑魅）などの語彙がある。

人間以外のどのようなものに「タマ」の存在が認められるかについての情報は少ない。しかし、これらの例から少なくとも「タマ」は人間のみならず、自然の樹木、山、国土、さらには人間生活にとって重要な物にその存在が信じられたことが分かる。さらに、神々の霊魂には、とくに天皇を守るニギミタマ（和魂）と、荒々しい、外敵に対し攻撃的に働くアラミタマ（荒魂）の二種があると考えられていた[11]。

他界観

日本学者ネリー・ナウマンは『万葉集』の死者を詠んだ歌の分析を通して、他界観について次のような見解を示している。死者は「黄泉の国」、遥かな、再びそこから戻り来ることのない国、また、泉津平坂（よもつひらさか）でもあり、もともとは山にある死者の国に赴くと考えられていた。また、死者の墓は訪れられることはほとんどなく、墓のある場所は荒野や荒山であることが多く、墓そのものが他界であった。さらに、死ぬ意味で用いられる雲隠るという語の用例は、崩御した天皇ないし（生きていれば天皇となるはずの）皇子が、「神にし座（いま）せば」、神であるために雲に隠れることを示す。「神ながら」に死去した天皇は、神としての性質ゆえに他の神々のいる天にその魂が宿るのであり、天は死者の世界というよりは神々のいる場所であった[12]。

これに対し、宗教学者堀一郎は『万葉集』の分析をもとに次のように述べる。「当時の一般の観念として、人の死するに当っては、死者の霊魂が高きにつくとした着想がいちじるしい。……万葉集を唯一の資料とする限りに於て、多くの霊魂が、山丘に登り、鎮まり、而して天上の世界に往き棲むとしたことは明らかである[13]」。『万葉集』の歌の分析をもとにした当時の人びとの他界観に関する解釈には、研究者による相違が認められる。天上の世界が一般的な意味での他界と考えられていたかどうかに関しては、まだ検討の余地がある。しかし、山を一般的な意味での他界とする考えかたが存在したのである。

上代日本語が示すように、霊魂の観念には生命力、身体魂としてのタマあるいはイノチ、および遊離魂、自由魂としてのタマの区別が認められた。このことから、死にあたって身体魂としてのタマ、イノチが尽きるのに対し、遊離魂としてのタマは他界への道をたどると考えられていたともいえる。ただし、ネリー・ナウマンは、この点について次のようにいう。死ぬとは過ぎ去ることであり、死者を「なき人」あるいは「いにし、過ぎにし人」などと身体と魂を分離しないで呼ぶ例が多く、死者を常に全体的に捉えていた。『万葉集』をみる限り死者の霊魂は知られていなかった⒁。

いっぽう、折口信夫は大嘗祭についての論考の中で、「古代日本の考へ方によれば、……天皇の御身体は御一代毎に変るが、魂は不変である⒂」と述べる。天皇や皇族については、遊離魂としてのタマが天上に位置する他界で生きながらえ、しかもその遊離魂としてのタマは不滅であると考えられていたのである。

黄泉の国・根の国

ところで、『古事記』のイザナギ・イザナミの神話は、死後人間は黄泉の国に赴き暮らすという考えかたをあらわしている。この神話には「僕は妣の国根の堅州国に罷らむと欲ふ。故、哭くなり⒃。」というように、スサノヲノミコトが母イザナミノミコトの赴いた他界である根の国に行きたがって泣いたという箇所がある。黄泉の国は地底の片隅にある根の国として登場するように、神話において他界は地下の世界と考えられていたのである。

また、イザナギ・イザナミの黄泉の国の神話には、「悔しきかも、速く来ずて。吾は黄泉戸喫しつ。……故、還らむと欲ふを、且く黄泉神と相論はむ。我をな視たまひそ⒄。」という記述がある。黄泉戸喫、すなわち黄泉の国の竈で煮炊きしたものを食べることによって、その国の者になりきると信じられていた。一旦、あの世の食べ物を食べるとこの世には戻れないと考えられたのである。

さらに、イザナギノミコトが禁制を破って覗き見たイザナミノミコトの身体には蛆がたかり、八種の雷神が成り出ていたのであり、イザナギノミコトが逃げ帰る後からは醜女が追いかけ、雷神に黄泉軍を副えて追わしめたと記されている。さらに、黄泉の国から還ったイザナギノミコトは、「吾はいなしこめしこめき穢き国に到りてありけり。故、吾は御身の禊為む。」と穢れを祓い清めるのである。醜女は死の穢れの擬人化、黄泉軍は悪霊邪鬼の擬人化といわれる。[18] 当時の人びとには死に対する恐れの心や、黄泉の国が穢れた恐ろしい国であるという考えがあったのである。日本神話は、宇宙には他界としての、穢れた黄泉の国が存在するという考えかたがあったことを示している。

よく知られるように、記紀の創造神話には、天上界である高天原の神々の命による、イザナギノミコトとイザナミノミコトの二神の地上への降臨によって国土の形成がなされたと語られる。また、火の神を産み落とした後、これがもとになって死ぬイザナミノミコトは地下にある死者の国、黄泉の国に赴くのである。

いっぽう、出雲神話の「大国主神」の話において、オホナムヂノカミが八十神の迫害を逃れるため木国（紀伊国）のオホヤビコノカミのもとに遣わされ、そこからスサノヲノミコトの支配する根の堅州国へ向かったというくだりがある。この神話においては、根の堅州国は紀伊の国の先にある海の彼方の異境として、大国主神がここを訪れることによって国土の王たる資格を獲得する国として登場する。[19] 他界は海の彼方、紀伊の国の先にある根の国とも考えられていたのである。海上他界の考え方も存在したことが窺われる。大国主神はスサノヲノミコトの支配する根の国において、ヘビやムカデ・ハチの室に入れられ、野火攻めにあうという、死ぬほどの恐ろしい試練をくぐり抜ける。また、スサノヲノミコトの頭にはムカデがたくさんはいまわるという描写が示すように、この神話においても根の国は「恐ろしい国」と考えられていた。

一般的に死者の魂の行く末、死後、人の魂がどのような道をたどるのかについてははっきりとした情報が少ないのである。しかし、以上のように、他界は、山とも、地下の世界とも、海上の異境とも考えられていた。人間は死後、この世から過ぎ去り、魂が黄泉の国へ行くと漠然と考えられていたといえる。そして、死は恐ろしいものであり、他界は穢れた、恐ろしい世界と考えられたのである。

世界像

地上界は葦原中国（あしはらのなかつくに）と呼ばれ、高天原と黄泉の国との中間の国とされる。このように、宇宙は神々の住む天上界、人間の住む地上界、死者の暮らす地下界の三つの世界によって構成されるという考えかたが存在していた。

ところで、『日本書紀』に、「便ち磤馭慮嶋（おのごろ）を以て、国中の柱（みはしら）（柱、此をば美簸旨邏（みはしら）と云ふ。）として、陽神（をかみ）は左より旋り（めぐり）、陰神（めかみ）は右より旋る。国の柱を分巡り（めぐり）て」とある。[20] いっぽう、『古事記』には、イザナギとイザナミの二神は、「この漂へる国を修め理り固め成せ。」という天つ神の命を受けて天の沼矛を賜り、「天の御柱を見立て、八尋殿を見立て」て、この柱をめぐって結婚することになっている[21]。また、『旧事紀』(『先代旧事本紀』とも呼ばれる)には、天瓊矛を島の中に立て、国の中柱としたと記され[22]、天瓊矛と天柱との同一視がみられる。ナウマンは、漂う姫島が矛で刺し留められ、「生きている」壱岐島は綱で八本の柱に固定されるという伝承を紹介するとともに、磤馭盧嶋は際限のない潮のなかの唯一の土地、「世界」という意味での「国」であり、同時に「国中」つまり「世界の中心」という意味をもつと指摘する。そして、そこでは、中心としての磤馭盧嶋は矛で繋ぎ留められ、高く立てられた天柱、世界軸によって全宇宙の中心まで持ち上げられているというイメージが保たれると述べる[23]。日本神話における世界像には世界の中心としての世界柱あるいは世界軸という観念および大地の繫留の思想が認められるのである。

以上のように、日本神話においては、世界(宇宙)は天上—地上—地下という三つの宇宙領域からなり、しかも宇宙の中心として天柱、世界軸を想定するという垂直的世界像、と同時にこの世と海の彼方の異境を想定するという水平的世界像とが認められる。これはすでに述べたように、日本神話が系統を異にする伝承の統合されたものであることに起因すると考えられる。

ナウマンはこの点について、「日本神話は複合した文化要素の歴史的発展過程で、織りあわれたものである。垂直方向の強調、天と地を結ぶ世界軸である天柱の強調は、出雲文化の世界像よりもむしろ皇室とその周辺の世界像に帰属し、出雲文化では、中心から水平方向への宇宙の構造が前面にでている」と記す[24]。また、大林は、記紀の神話は、その構成要素からいって、大部分を占めるのはいわゆる南方系のものであるといえるが、天孫降臨神話のように比較的少数ではあるがきわめて重要な地位を占め、支配者としての皇室の正統性を基礎づけるものは北方系のものであると述べる[25]。日本神話はさまざまな系統のモチーフが統合されたものであり、世界像にも異なる考えかたがみられる結果となっている。

「カミ」の観念

『古事記』をみるとさまざまな神の名が登場する。天地創造・国生みの神話において、イザナギ・イザナミの二神が国生み後、次々に神々を生むことが語られる。石や土の男神、石や砂の女神、家の戸口の神、屋根を葺く男神、家屋をつかさどる男神、海をつかさどる神、河口をつかさどる男女二神の水戸神を生む。二柱の水戸神は、水面に立つ泡の男女二神、水面の男女二神、分水嶺をつかさどる神、水を汲むひさごの神（灌漑をつかさどる神）、風の神、木の神、山の神（男神）、野の神（女神）を生む。さらに、山の神と野の神によって土の神、霧の神、谷間の神が生まれる。つぎに、舟の神、穀物や食物をつかさどる女神、火の神を生み、火の神を生んだことによりイザナミノミコトは病気になり、鉱山の男女二神、粘土の男女二神、灌漑用水の女神、若々しい生産の神が生まれる。生産の神からは食物をつかさどる神が生まれ、そしてイザナミノミコトは亡くなるのである。これ以降の話のなかにもさまざまな神が登場する。上代日本においては多様な現象に神格が認められ、しかも神々には高天原系である天上起源の天つ神と地上起源の国つ神の区別が認められていたのである。

記紀に登場する神の観念をもとに、本居宣長が『古事記伝』三の巻（一九〇二、吉川弘文館、一五〇―一五二ページ）において、「カミ」を次のように定義していることは有名である。

> さて凡て迦微とは、古の御典等に見えたる天地の諸の神たちを始めて、其を祀れる社に坐す御霊をも申し、又人はさらにも云はず、鳥獣木草のたぐひ海山など、其の余何にまれ、尋常ならずすぐれたる徳のありて、可畏き物を迦微とは云なり。（すぐれたるとは、尊きこと善きこと、功しきことなどの、優れたるのみを云に非ず、悪しきもの奇しきものなども、よにすぐれて可畏きをば、神と云なり、……）

宣長は、記紀などの古典に登場する天地の諸神、神社に祀れる神、天皇のように人でありながら神となるもの、鳥獣木草のたぐい、海山など、そのほか何でも、すぐれて徳のあるものを神というと述べる。人でないものについてはとくに例を挙げて注記している。たとえば、雷は鳴る神というように神であり、竜・樹霊・狐なども、すぐれてあやしきものであり神である。また、記紀万葉には虎や狼を神と呼ぶのがみられ、桃子をオホカムツミノミコト、御頸玉をミクラタナノカミと呼ぶようにこれらもみな神なのである。海、山はそのものが「いとかしこき物」であるがゆえにそれ自身が「カミ」なのであると述べる。

いっぽう、土橋寛（つちはしゆたか）は、記紀や『風土記（ふどき）』の神話などに登場する神々の名前の核となる共通の語、およびそれを語根とする動詞を検討することによって、神の観念について次のように指摘している。神名の核となる言葉は一音節の「ヒ（甲類）」、「チ」、「ニ」および二音節の「タマ」である。「タマ」は霊魂、ここではとくに生命霊を、「ヒ」、「チ」、「ニ」の言葉はいずれも生命霊としての霊質ないしは呪力をあらわす言葉である。それらの霊力を内蔵する自然物や人工物が神として崇拝され、祭られたのである。[26] このように、語彙の上からカミの観念において霊力の存在を重視することが推測できるのである。

また、阪倉篤義（さかくらあつよし）は次のように述べる。日本語の「カミ」は、語源から推察すると、「籠もり隠れるもの」という意味である。「カミ」は奥深く隠れ住んで我々の前に姿を見せないで、災いを与えたり、託宣を下したりするから恐ろしいのである。神のカミと上のカミとは語源的には関係ないとはいえない。川の源のような山の奥深いところは、幽界の存在である神の居所と重ねあわせられていたと考えられる。[27]

「チハヤブル（霊威・烈しいさま・振る）神」という枕詞がうまくいいあらわすように、カミの観念は強い霊力・霊威をもっていることである。また、「カミ」に似た観念である「モノ（鬼）」という人間に危害をもたらす霊鬼をあらわす名詞がある。カミが畏怖・崇敬の対象であるのに対し、「モノ」は姿を見せず、恐れられはしても尊敬はされないものである。[28] さらに、『大辞林』（一九八八）の「鬼」の項の説明に、「天つ神に対して、地上の国つ神、荒ぶる神をさす」とある。カミのなかにも「荒ぶる神」があり、それらのカミとモノとは観念上区別できないといえるが、強い霊力の、とくに悪いものを象徴する「モノ」の観念もある。

いずれにしても日本上代において、何らかの人に優る霊力をもつ存在に神性を認め、カミと呼んだのである。そして、カミの観念には善と悪との二面性が認められていた。

カミは時代が下るほど「畏怖の神」であった。太陽、月、風雨、雷電、雲霧のような天体現象、山、河、海、野、森などの地上現象、また特別な能力をもつ動植物、家屋、舟、刀剣など人間の文化生活に関係するものに至るまで、その背後に神霊の存在を認めていた。なかには、山岳、河、海、湖沼の自然神のように、蛇、竜、鹿、猪、狼、和邇（わに）、烏、鷺などの動物の形を取ることもあった。神霊であるカミとその宿る物体との関係は密接に結びつき、神霊は通常その物体そのものを住居とすると信じられたのである。[29]

自然崇拝か祖先崇拝か

記紀や『風土記』などの神話が示すように、カミの観念には自然神、創造神とともに、人間の文化生活や社会生活からでてきた霊格がある。たとえば、カマドの神、舟や家屋の神、村や土地の守護神、氏族の祖先神、職業集団に関する職能神としての鍛冶神や織物神などがある。また、自然神が職能神、祖先神になったり、職能神が氏族の祖先神として祀られたりする。[30]氏族の祖として神を祀るという祖先神崇拝は、日本のカミ崇拝の大きな特徴の一つなのである。ただし、『延喜式』などをみると古代日本人は決して死霊をカミと祀ることはなく、人霊は墓に、神霊は社に祀り、両者は厳密に区別されていたのである。[31]

このような多様なカミ観念の起源が自然崇拝であったのか、祖先崇拝であったのかは、これまでいろいろと論議されてきた問題であった。[32]いずれにしても、上代日本における神の観念は自然崇拝・アニミズムを基盤としていたのである。そして、氏族社会の成立、大和朝廷による統合の過程で、神の観念が祖先神、とくに支配者である天皇の祖先神としてのカミとしても性格づけられるようになったと考えられる。

松前健はカミの観念の体系化の歴史について次のように述べる。まず、政治的な意図のもとに神々のランクづけ、神統譜の形成が行われた。天空に住む、高天原にいた天つ神はほとんどが人態的であるようにみえるのに対し、天孫降臨以前から国土に住んでいた地上の山川などに住む国つ神系の神々は動物形態のものが多い。大和朝廷側の祖先伝承、祭式をすぐれて文化的・人間的なものと考える思想がその根底にあった。[33]

このように、支配者側の権威づけ、つまり支配者—被支配者という政治的・社会的上下の関係を肯定するという政治的な意図によって、カミの観念が再編成されたのである。このことも日本におけるカミの観念の一つの特徴となっている。

アイヌの霊魂観・他界観との相違

上代日本における霊魂の観念、他界観・世界像、カミの観念は以上のようにまとめることができる。ここで示した上代日本における世界観の特徴とアイヌの世界観との比較によって、以下の点を指摘できる。

まず、上代日本における霊魂の観念は、アイヌの霊魂の観念と次のように異なっている。上代日本においては遊離魂と身体魂の区別に基づく霊魂二元論が基本となるのに対し、アイヌの霊魂観は一元論をもとにする。第二に、上代日本において魂の身体からの離脱、遊離が病気や死の原因として考えられていた。これに対し、アイヌはラマッ「魂」の一時的遊離を認めてはいるが、魂の遊離が病気や死の直接的原因とは認めていない。第三に、アイヌはラマッは生物、無生物を問わず、すべてに存在すると考え、また、カムイ「神」にも同じようにラマッがあると考えている。いっぽう、上代日本においては人間のみならず自然物にもタマを有するものがあるが、人間以外のものの霊魂に関する詳しい情報は少ない。さらに、神は特別に二種の魂をもつと考えられていた。

他界観についてみると、アイヌにとって人は死後カムイとなり、死後に暮らす他界は楽園、桃源郷なのである。これに対し、上代日本においては、人は一般に死後カミになるとは考えられず、他界は穢れた、恐ろしい世界と考えられていた。他界に関するイメージがこのように異なる反面、アイヌ、上代日本人のいずれにおいても「あの世の食べ物を食べるとこの世に戻れない」という考えかたが認められる。また、アイヌにおいてはあの世がこの世の反転した、あべこべの世界であるという観念が認められるのに対し、上代日本におけるこのような観念についての情報は確かめられない。

上代日本においては、山が一般的な意味での他界と考えられたいっぽう、神話をみると他界を地下の国、あるいは海上の彼方の異境とするというように他界の位置づけには二通りの考えかたが認められた。日本の神話が異なる文化伝統の歴史的発展の過程で形成されたことによるといえるが、いずれにおいても他界は穢れた、恐ろしい世界と考えられていた。これに対し、アイヌの他界観では、他界を天上のカムイ・モシㇼとする位置づけがカムイ・ユーカラにおいて認められるが、一般的には他界はカムイ・モシㇼの一部である地下の世界と位置づけられる。このような他界の位置づけは、人間をはじめとした動植物などを含む自然を、アイヌ・モシㇼにおけるカムイのあらわれと考え、それぞれのカムイのカムイ・モシㇼを想定するという考えを背景としている。

上代日本の他界観においては、死の穢れが強調され、それが他界そのものの穢れ、恐ろしさにまで拡張されるのである。アイヌの葬制をみると、死者に対する恐れの観念があったことが認められる。しかし、死後人間がカムイとなるという考えかたが強調され、他界は恐れの世界ではなく、カムイ・モシㇼ、楽園となる。アイヌの他界観と上代日本における他界観とのこの大きな相違は、死後の人間を神とみなすのかどうかに大いに関連するのである。

他界の位置づけかたの違いは、宇宙観、世界像の相違ともなる。すなわち、アイヌの宇宙観においては、現象世界であるアイヌ・モシㇼに対し、超自然的世界であるカムイ・モシㇼはアイヌ・モシㇼの延長線上に垂直方向にも、水平方向にも無限に広がる世界なのである。そして、宇宙はアイヌ・モシㇼとカムイ・モシㇼとの二つの世界で構成され、しかも二つの世界は相補的な関係にあると考えられる。これに対し、上代日本においては、宇宙は天上の神の国、地上の人間の世界、地下の死者の世界という三つの世界で構成されると考えられた。出雲系神話にみられるように、現世と海の彼方の他界を想定するという水平方向を強調した宇宙観も一部には認められるが、世界軸をその中心として想定するという垂直方向を強調した世界像が主流になる。そして、垂直的三元論に基づく世界像においては、人間と神々との区別が強調されるのである。

日本のカミは人間の不平等を肯定する

カミの観念についてみると、アイヌのカムイと日本上代のカミとのあいだに自然現象をはじめ、動植物、人工物など多様なものに神性・霊力を認めるという点では基本的には違わない。また、カミには善いカミと同時に悪いカミも認めるというように、カミを道徳的規範によって一律に定義するという考えに基づかない点においても同じである。

しかし、カムイの観念においては、動物、植物といった自然神が重要な意味をもつこと、人間も死後カムイとなるというように人間とカムイとは同等であることが強調される。人間を含め万物は平等な関係にあると考えられる。これに対し、日本上代のカミの観念においては自然神それ自体よりも氏族の祖としての神といった意味がより重要になる。人間は一般に死後もカミとはならないと考えられる。これに対し、天皇をはじめ、特定の氏族の祖としてカミが想定されるように、特定の人間集団の祖としてカミがとくに意味をもたされる。特定の人間の集団がカミとのつながりをもつ点で選別され、何らかの政治的、宗教的地位をもつことになっている。カミの観念が人間の不平等を肯定する論拠となることが特色である。この点においてカムイと大きく異なるのである。

自然神としてのカミ、とくに動物や植物でカミとされるものは、なぜカミとされるのか。特定の動植物を、アイヌにおいてカムイとみなすことと、上代日本においてカミとみなすことにおいてはどのような相違があるのであろうか。この点は上代日本における動植物観を詳細に検討してはじめて明らかにすることができるのであり、今後のさらなる研究の課題といえる。ここでは次のいくつかの点を指摘するにとどめたい。

異形のもの

オオカミは「大口の神」あるいは「真神（まかみ）」と呼ばれる。クマは「荒ぶる神」と呼ばれたり、荒熊と詠われるように猛獣として恐れられ、クジラは海魚の代表者となっていた。アイヌにおいてはキツネはよく神謡に謡われるが、『万葉集』には一首しか詠まれず[34]、また、『風土記』においてもイノシシやシカに比べて影がうすい動物であった。キツネは上代においてはとくに注意を払われなかったのである。ただし、九世紀中ごろに書かれた『日本霊異記』になると、キツネが人に変ずる話が登場するようになる。また、キツネを田の神の使いとする信仰は日本の各地に認められた[35]。

サルについては山神あるいはその手先としての信仰が古くからあった[36]。『古事記』の「ニニギノミコト」の話のなかに、サルタビコノカミが登場する。サルタビコノカミは伊勢の海女（あま）系氏族の信仰した神で、元来太陽神とされた猿に関係する神といわれる。また、「サルタビコノカミとアメノウズメノミコト」の話に登場するサルタビコノカミが海に溺れる話は、猿に関する動物説話ともなっている[37]。

いっぽう、山にはヤマツミがいて、その正体はヤマトタケルノミコトの物語にあるように白いイノシシないしは大蛇であったと伝えられ、海の神ワタツミも豊玉姫の神話にあるようにワニあるいは竜であり、また、足柄坂（あしがらざか）の神は白いシカの姿で現じたのである[38]。さらにスサノヲノミコトが退治した八俣の大蛇は蛇体の水神であり[39]、神が蛇体をとるという信仰は『風土記』にもよく登場する[40]。このように、白猪、和邇、竜、白鹿、大蛇なども神聖性を帯びた動物と考えられたのである。これらの神聖視されるものは、色、大きさ、形などの点で異形のものといえ、動物の神聖視は何かきわだった、特別なしるしにもとづいていたのである。

さらに、カラスが神聖視あるいは神のあらわれとされたことが知られる。『古事記』の「神武天皇東征記」には、天上から遣わされた八咫烏の話が登場する。記紀の説話には、白鳥（鵠）、鷺などの水鳥を霊力をもつ動物としてみていたことを物語る例が多い。また、古代の宮廷では池に水鳥を飼っていたことが知られる。水鳥を「見る」ことがタマフリという信仰上の意味をもち、これによって人の生命力が強化されると考えられた。水鳥の霊力を《身に受ける》ことに重点が置かれていた[41]。霊力のある動物は人の生命力を活発化する上で意味があったのである。

霊力を授ける

ところで、『万葉集』に詠まれる動物には、哺乳類ではオオカミ、ヒツジ、ロバ、サル、クマ、キツネ、イヌ、ウマ、ウシ、シカあるいはカモシカ、イノシシ、ウサギ、ムササビ、ネズミ、当時魚と考えられていたクジラなどであり、爬虫類では、カメ、ヘビ、両生類ではカエルなどがある[42]。これらの動物は当時の人びとがなんらかの形で接した動物といえるが、野生の動物が少ないことが分かる。シカとイノシシは狩猟獣の代表であり、ウサギも盛んに捕らえられ食用に供されたものである。クマを除きこれらの野生動物はいずれも人里近くに出現する動物である。霊力をもつとされる鳥類も、水鳥などのように身近によく接するものである。このように、上代日本において神聖な意味を帯びる動物には日常生活圏に普通に存在するものが多いのである。奥深い山に生息する動物は恐れの対象にはなるが、カミとしてあがめる対象とはならなかったと考えられる。

すぐれて徳のあるもの、あるいは霊力のあるものをカミとする上代日本の神の観念においては、多くの場合カミがその霊力を人間の身に授与することに意味がもたされていた。カミと人間との間には厳格な区別が認められ、しかもカミは天上の世界、人間は地上の世界というように、カミは人間の上に立つものである。人間とカミとの関係は、カミから人間への呪力、霊力の供給という、上から下へという関係性が強調されて捉えられたのである。

これに対し、アイヌにおけるカムイと人間の関係は、両者の同等な関係を基盤とする相互補完的互酬性に基づくものである。領有神の例が示すように、カムイはそれぞれ特定の領域をまかされ、この関係に基づきアイヌの狩猟・漁撈をはじめとする日常生活の安寧に寄与するということがカムイの観念において重要となるのである。上代日本人とアイヌとのあいだで自然崇拝という点では異ならないといえるが、人間と神との関係の認識という点においてはこのように大きな相違がみられるのである。

すべてのものは平等

アイヌの世界観は、自然を含めすべてのものの本質的平等性を根本として成り立っている。これに対し、上代日本における世界観においては、世界像、カミとの関係をはじめ明確な上下関係を想定したものとなっている。

上代日本における世界観がアイヌの世界観と大きく相違する点は、一つには弥生時代以降の農耕を基盤として発展した社会・政治的体制によるものということができる。

ところで、日本神話は南方系要素と北方系要素とが融合したものであり、支配者層の権威づけの基礎となるものは北方系、とくにアルタイ系遊牧民文化と深いつながりがあるともいわれる。では、アイヌにおける霊魂観、カムイの概念、カムイと人間との関係、他界観などに認められる特徴は、どのような文化伝統に共通するものなのであろうか。アイヌの世界観はシベリアのアルタイ系諸民族の世界観と大きく相違するといえるのであろうか。

シベリア諸民族の文化は起源上、遊牧を特徴とする草原文化と狩猟を特徴とする森林文化に分けることができる(43)。次節で、狩猟を特徴とする文化の例としてニヴヒを、遊牧を特徴とする文化の例としてサハを取りあげ、彼らの世界観とアイヌの世界観とを比較してみることにしよう。

2 北方諸民族における世界観——とくにニヴヒ、サハの例を中心として

ニヴヒの世界像

ニヴヒは樺太・アムール河流域に住む民族で、アルタイ語族のマンシュウ・ツングース語系ともいわれたが、現在では古アジア諸語系と考えられている。[44] 彼らは狩猟・漁撈を主生業とする人びとであり、アイヌとよく似た文化をもつことで知られる。また、ニヴヒはイヌの飼養を行う。イヌは冬季における唯一の交通手段となるなど彼らの経済生活になくてはならないと同時に、宗教的供犠においても欠かすことができないものである。どのニヴヒも山・森の主霊、水の主霊、火の主霊それぞれに捧げる三匹の神聖なイヌを飼っている。[45] では、彼らはどのような世界像、霊魂の観念をもつのであろうか。

ニヴヒは、宇宙が垂直的に天上の「上の世界」、地上の「中の世界」、死者の住む「地下の世界」から構成されると考える。人間の住む「中の世界」はそれ自身一つの宇宙、《われわれの》宇宙となる。いっぽう、天上の「上の世界」と死者の国である「地下の世界」は《もう一方の》宇宙を代表する。《われわれの》宇宙はさらに、水平的に人間の居住地、山・森の世界、水の世界に区別される。地上の世界の主霊に関する情報は乏しいが、すべての世界には主霊がいると考える。[46]

儀礼＝相互交換の原理

人間と生物、無生物を問わず自然との相互関係は複合的に入り組んだものとなっている。ある動物は動物そのものであるとともに、精霊の顕現であり、ときには祖先あるいは生きている人間の神秘的な理由で姿を変えたものでさえあり、また宇宙の特定の要素、たとえば山・森、海などといった世界の主霊の顕現ともなる。[47] クマは山・森の主霊によってニヴヒのもとに送られた動物であり、山・森の主霊の一族である精霊であり、死によって山・森の主霊の一族となった人間の集団を見守る祖霊でもあり、また、「山の人」そのものなのである。[48] シャチは水の主霊に対しクマと同様な位置を占める。[49] ニヴヒの熊祭りの由来を語る伝説では、一人のニヴヒが道に迷い「山の人」の領土に入ったとき、クマたちが人間の姿をして人間と同じような生活をするのを見る。そして、「山の人」がクマの毛皮を羽織って人間の世界に出かけるのを見る。[50] 人間も動物もそれぞれの領域では人間の姿をとると考えるのである。[51]

人間と、山・森の世界や水の世界との関係は終わりのない相互交換の過程とみなされる。水の主霊は魚や海獣を、人間がそれを食料や衣服にできるように人間に送るのであり、人間はこれに対し、大地に実る果実をお返しの贈りものとして送る。森や海の動物は単なる獲物ではなく、ニヴヒの手厚いもてなしに対して、この二つの世界の主霊から彼らのもとに送られたものと考えられている[52]。動物は殺されることを了解して、進んで交換の過程に参加するのであり、人間はこれに対し返礼をしなければならないのである。動物の精霊に対する敬意と食物が必要であるし、殺した動物の骨は彼らの世界に送り返さなければならない[53]。儀礼はこのような相互交換の原理に基づく。ただし、儀礼の対象となるのは動物自身ではなく、その〈主霊〉なのである[54]。ニヴヒが崇拝する動物は独立した一般的な意味での神々ではなく、単に真の神々である主霊の従者にすぎない[55]。

熊祭り

彼らのもっとも重要な集団儀礼は熊祭りである。熊祭りは狩猟でクマをしとめたとき、および飼いグマを殺すときに行われる[56]。飼いグマによる熊祭りは一般に、父系リネージ（出自集団）の死者の記念に行われるもので、死者の近い親族が子グマを購入あるいは森で生け捕りにし、四歳獣になるまで飼育してから実施される[57]。熊祭りは父系リネージ全体が一体となって行う儀礼となる。しかもリネージの女性構成員を妻として婚出させる相手である義理の息子の関係にある、他のリネージの人びとを招待して行われるリネージ間儀礼である。飼いグマに対する熊祭りではクマを弓矢で殺すのは招待された人びとの役目となっている。熊祭りの前夜はイナウの製作をし、翌日がクマを殺す日となる。殺したクマは頭部をつけたまま毛皮を剝がれ、頭部は毛皮とともに小屋のなかの特別な場所に据えられる。クマの毛皮の前にはすべての儀礼食が並べられ、この場所を中心にして祭りが進行する。殺したクマの肉は頭部を除きすべて招待した人びとの間で分配される。祭りの最終日は招待者の出発する日であり、招待した客の数に見あうだけ用意されたイヌが供犠として殺される。そして、その翌日にはクマの頭骨やすべての骨、容器、革紐などは特別な、いわば墓所となる別の小屋に移される。これによって殺されたクマの魂はみやげを持ち、犠牲のイヌやイナウに導かれ、山・森の主霊のもとに旅立つのである。[58]

熊祭りにおいて、クマは人間と山・森の主霊との仲介者、いわば使節であり、これを介して犠牲のイヌや食物などのあらゆる贈りものが、ニヴヒの繁栄を左右する主霊のもとに届けられるのである。[59]熊祭りは山・森の世界と人間の世界との相互交換あるいは贈与交換を象徴するという宗教的な意義をもつ。

また、熊祭りは重要な社会的意義をもつ儀礼でもある。ニヴヒの父系リネージ間は婚姻によって結ばれるが、婚姻を通したリネージ間はレヴィ＝ストロースのいう一般交換の関係となっている。[60]すでに述べたように、熊祭りには一般交換の関係にある、義理の息子のリネージの構成員が招待され、このリネージの人びとが祭りにおいて重要な役目を担う。熊祭りはリネージ間のとくに婚姻関係を通した連携に関連するのである。また、熊祭りは親族の死に際して、死者の記念に行われ、リネージの構造と祖先崇拝に結びつく。[61]つまり、クマの丁重なもてなしはクマを死んだ親族の代理として考えるしるしなのであり、[62]殺されたクマが持ち帰るみやげは山・森の主霊の一族となったリネージの祖霊に贈られるものでもある。[63] このように、熊祭りはリネージにとって社会的に重要な儀礼の一つとなっている。

鳥・植物

クマとシャチが「中の世界」の水平面上における人間の生活領域と、野生の領域つまり自然そのものとを仲介する役割を果たす。いっぽう、鳥と樹木は垂直方向における生者と死者および宇宙の危険な力との仲介者と考えられる。ある鳥、おそらくヒバリは雷と稲妻を表徴し、ワタリガラスあるいはカラスは幸運の象徴となる。また、鳥は死とも関係づけられる。カッコウとハトは死者の霊魂、いっぽうは女性の、もう一つは男性の霊魂の象徴である。これらの鳥は死者の地下の世界への旅の道づれになると信じられている。[64]

植物もまた、この宇宙の不可分な要素であり、ニヴヒは樹木を伐ると、その切り株にうやうやしくイナウを立てる。[65] 樹木はまた上の世界と下の世界との仲介者となる。氏族の儀礼において、天上の世界の主への供物は必ずカラマツで作られる。人類が樹木の子孫であるという起源神話や、すべての生き物や人間が生きていく上で必要な道具は天上からあるいは鳥から落ちたものであるという伝説がある。じっさい、ニヴヒはカラマツの子孫であるとよくいわれる。[66]

霊魂と死者の村

霊魂は樹木の髄のように、生物の心髄であるという。霊魂は人間の血液に宿り、人が死ぬと霊魂は飛び去り、血液がなくなるのであるという。また、子どもの霊魂は山・森の主霊あるいは海の主霊によって母親の子宮に送りこまれると信じられている。[67] 霊魂は二つの要素、主霊魂と小さい霊魂とで構成され、しかも後者は二つあると考える。小さい対の霊魂は影であり、助力者として働き、主霊魂の頭に座っている。人が夢で見るものはすべて小さい霊魂の働きなのである。[68] 小さい霊魂は人の死後、死者のお気に入りのイヌ―とくにプリスキーと呼ばれる―の中に入りこむ。そのイヌは死者の埋葬後、村で大切に飼われるのである。[69]

一般に、人が死ぬと、霊魂は「死者の村」ムリ・ヴォへの道を進む。「死者の村」は、地上のニヴヒの生きている世界の複製そのものであり、霊魂はそこでこの世とまったく同じ暮らしを送ると考えられている。ただし、この世で貧しい者は富める者に、富める者は貧しい者になるという。[70]「死者の村」は大地にある暗い穴のずっと先にあり、そこにたどり着くためには葬儀の際に殺したイヌの霊魂やカッコウの先導、あるいは導き糸が必要とされる。[71]

霊魂は不死ではなく、男性の霊魂であれば三回、女性のであれば四回生まれ変わり、一回は地上の世界に、他は地下の世界で生まれ変わる。霊魂の再生は常に異なる形へと起こり、生まれ変わる毎に、小さくなり最後には塵となるという。また、女性や男性の霊魂は最後には二種の異なる草、あるいは二種の鳥になるという考えかたもある。[72]

さらに、霊魂の死後の運命は、死にかたによって決定されるという考えかたがある。たとえば、自殺者は不確かな運命を享受する。ある者は「死者の村」において賤民の地位に甘んじ、ある者はこの世をさまよい歩くのである。いっぽう、クマ狩りにおいてクマに殺された人は、「死者の村」に行くかわり、山・森の主霊の領域に進み、主霊を助ける人間集団の慈愛深い祖霊になる。溺死者は海の主霊のもとに行き、その助手となると考えられる。また、落雷あるいは火事によって命を落とした者は、家のなかの火の主霊の一族に加わる。火と炉は、集団の神聖な祖先と考えられている。これらの祖霊は、自分に向けられた祈りを直接かなえてやることもあれば、それを資格ある霊に取り次ぐ祖霊となる。慈愛深い祖霊となる者は、常に選ばれてそうなったことになっている[73]。

火の主霊に対する崇拝は山・森の主霊、水の主霊に対する崇拝と同様に重要なものとなっている[74]。ニヴヒは神聖な火と通常の火とを区別しており、炉には《火の老婆》あるいは《火の老人と老婆》が住んでいると考える[75]。人が猟に出発するのを控えて眠っているとき、火の主霊はアザラシ猟に出かけるという。ニヴヒは狩に出てアザラシをしとめる。もしも火の主霊が狩人のためにアザラシをしとめると、ニヴヒは狩に出てアザラシをしとめる。また、同じクマが村や家に近寄ってくるなら、それは火の主霊がニヴヒのためにそのクマを繋ぎとめているのだという[76]。

アイヌとの比較

以上に述べたニヴヒの世界観はアイヌの世界観と共通する点が少なくない。たとえば、「中の世界」を《われわれの》世界と捉え、そこは人間とその居住地、山・森の世界とその主霊、水の世界とその主霊に分かれるという捉えかたは、アイヌ・モシㇼとカムイ・モシㇼとで構成される世界像によく似ている。また、人間の生活にとって山・森の世界、水の世界との相互交換が重要であると考える点も、アイヌにおける狩猟・漁撈活動は人間と動物との互酬性に基づくという観念によく似る。さらに、クマが「山の人」の領域で人間の姿を取るというように人間と動物とを同様に考える点、火の精霊の仲介者としての役割とその崇拝、あの世で死者はこの世とほぼ同じ暮らしをすると考えることなどにおいても共通するのである。

また、ニヴヒの熊祭りはアイヌの熊祭り（クマ送り）と共通する点が多い。たとえば、生け捕りにして育てたクマを殺すこと、殺したクマを儀礼食によってもてなすこと、祭りを人間と山・森の世界との相互交換の場と見なすこと、祭りには近隣の地域集団が参加することなどの点である。ただし、クマそれ自身を崇拝の対象としないこと、イヌを主霊への贈りものとして犠牲にする点ではアイヌの熊祭りと異なる。さらに、ニヴヒの熊祭りは親族の死あるいはリネージ集団間の提携の際に行われ、リネージの一体性や婚姻同盟を象徴する社会的儀礼として重要な意味をもつものである。

アイヌの熊祭りはニヴヒのようなはっきりとした社会構造上の機能を果たしてはいない

が、次のような社会的意義をもつ集団儀礼である。アイヌの熊祭りはシネ・イトㇰパ集団を独立単位とする集団儀礼であり、各シネ・イトㇰパ集団に属する地域集団の間で習慣的に順番を決めて実施される。シネ・イトㇰパ集団は父系的に共通の祖印をもつことによって結ばれる集団で、熊祭りを唯一の集団的行事とする。アイヌの熊祭りはシネ・イトㇰパ集団の統一と統合に役立つのである。(77)

いっぽう、次のような点で、ニヴヒの世界観はアイヌの世界観と相違する。まず、ニヴヒは二元論的霊魂観をもち、霊魂が不死ではなく、数回生まれ変わり、最後には塵、あるいは草になると考える。また、あの世での生きかたが人間の死にかたによって異なると考えられている。そして、死者が選ばれて時には主霊の一族となり、祖霊として集団を見守ることはあるが、一般的には死者は精霊（神）とはならない。さらに、個々の動物それ自身が精霊（神）とはみなされず崇拝されないが、動物の主となる精霊、主霊の観念が認められる。動物は主霊の命令によって人間のもとに送られるのである。主霊が人間の誕生に寄与するという考え方もアイヌとは異なるものである。そして、宇宙を天—地—地下の三層からなると考える、三元論的宇宙観において、死者の世界が「地下の世界」に位置づけられ、地上の「中の世界」で構成される《われわれの世界》とはっきり区別されることもアイヌの考えかたと大きく相違する点である。

サハの世界像

サハは北シベリアのレナ河流域に住むチュルク語系民族で、ソビエト時代には、ヤクートと呼ばれていた。彼らの主要な生計は牧畜であり、主な家畜として馬や牛を、また北部地域ではトナカイを飼う。第二に重要な生計は漁撈であり、他に狩猟・採集を行う。農耕は一七世紀末以来一部の地域で行われたが、一九世紀中ごろ以降広く普及するようになっている[78]。

著者は一九九〇年代前半にヤクーツクの言語・文学・歴史研究所[79]の歴史学者ナターシャ・ディアコノヴァ女史および民族学者エカテリーナ・ロマノヴァ博士の助力のもとに、サハのシャマニズムに関するヤクート語文献の英訳を行ったが、この共同研究の過程で彼らの世界観についての知見を得ることができた。この研究で得た知識や文献資料をもとに、まず彼らの世界像について概観してみる。

宇宙は垂直上に「上の世界」、「中の世界」、「地下の世界」の三層からなると考える。「上の世界」は天上にあり、そこは最高神であり、造物神であるウルン・アイー・トヨンをはじめとし、アイーと呼ばれる善なる精霊（神）が住む世界である。また、「上の世界」には、アジャライダールと呼ばれる人間の悪徳や病気をもたらす「上の世界」の悪霊も住む。「中の世界」は人間の住む地上の世界である。「地下の世界」は文字どおり地下にあり、人間の霊魂、とくに「大地の」霊魂を《食べる》といわれる悪霊アバースの住む世界である。天は七層あるいは九層に分かれると考える[80]。天、地、地下を貫く生命の樹、世界樹の存在が信じられている。[81] また、宇宙の水平上の区分にも重要な意味がもたされている。東と南は善なる精霊アイーの居所、西と北は悪霊アバースの居所となる。善霊の支配者ウルン・アイー・トヨンは東の空に、悪霊の支配者ウルトゥイエル・ウル・トヨンは西の空に住むと考えられる。[82]

宇宙の垂直上の区分、水平上の区分についてツアプリッカ（Czaplicka）は次のように述べる。「悪霊は垂直上のどの区分にも認められ、垂直上の世界のどれも善霊アイーに限定されたものがなく、宇宙の垂直上の区分は水平上の区分ほど重要ではない[83]」。しかし、ディアコノヴァ女史は、「上の世界」に悪霊が住むことを認めながら、善霊に対する儀礼を行う白シャマンが「上の世界」に、悪霊に対する儀礼を行う黒シャマンが「地下の世界」に結びつくことを強調していた。東・南が善、西・北が悪の象徴という水平上における区分と同様に、垂直上においても天界が善の象徴、地下界が悪の象徴となっているといえる。サハの宇宙観において善と悪が空間上色分けされている。

大地・母・大気の霊魂

サハは三元論的霊魂観をもつ。霊魂（クト、kut）は、「大地の」霊魂、「母の」霊魂、「大気の」霊魂の三つからなると考える。「母の」霊魂は人間が生まれたときから備えているものであり、終生変化せずに、人間の個性、運命を決定する。これに対し、「大地の」霊魂と間の健康、身体の発達と関係し、「大気の」霊魂は知性、理性といった人間の精神活動と関係する。「大地の」霊魂が人間の体から抜け出ることは死を意味するのに対し、「大気の」霊魂は人間が眠っているときに抜け出すことがあるという。[84]

人間が死ぬと、三つの霊魂のうち「母の」霊魂は「上の世界」に戻り、そこに留まり、再び「中の世界」に生まれでる時期をうかがう。「大地の」霊魂は死体とともに土に返り、「大気の」霊魂は再び大気となる。妊娠は最高神アイー・トヨンによる霊魂、とくに「母の」霊魂の「上の世界」から「中の世界」への送達であると考えられる。[85] エカテリーナ・ロマノヴァ博士はこのような霊魂観について、「人間は死によって『中の世界』から『上の世界』に移り、誕生によって再び『上の世界』から『中の世界』に戻るというように、死と再生は循環すると考えられている」と語る。

いっぽう、死者の霊魂は「下の世界」にある死者の国に赴き、死者の国では人間、天幕、家畜、樹木とすべてが小振りであるが、この世と同じ生活を送るという考えもある。また、いくつかの地方では善人も悪人も、シャマンも凡人も、高貴の者も盗賊も、死者はすべて天へ昇るのであり、死者の魂は天に鳥となって住んでいるという。このような考えかたは新しく発生したものと考えられている。[86]

悪霊アバースと最高神ウルン・アイー・トヨン

「地下の世界」に住む悪霊アバースは、死んでからかなり日が経った人間の魂であるともいわれる。この悪霊は特別な穴を通って「中の世界」に住む人間のもとにあらわれ、人間の魂を《食べて》、その人を病気に陥らせるのである。また、休みなくあたりをうろつくヨルと呼ばれる死者の魂が信じられている。これはときどき身内のものの平和を乱す。ヨルは、最高神によって「上の世界」に導き入れられなかった魂であり、悪人であったり、早死のため事業が未完成であったり、不自然な死を迎えたり、あるいは未婚で死んだ女性の霊魂である。さらに、死んだ近親者の魂が新しく生まれた者に乗り移ることがあるという観念もある[87]。このように、死者の霊魂がたどる道は死にかたによっても異なる。

天の世界には最高神、ウルン・アイー・トヨンが住む。この神は世界秩序の支配者であり、生命の授け手であり、世界の秩序はこの神の思い通りであるという。儀礼において豊穣を祈って最高神には常にクミス（馬酒）を振りまくのである。最高神は雷神、稲妻と光の神、運命を支配する者、軍神、天の憎悪の告知者、祝福の告知者、鳥類の守護霊という七人の従者をもつ[88]。

超自然的存在、たとえば精霊（神）の信仰においては、ある土地や領域の支配者であるイッチ（主・主人）の観念が発達しているのが特色である。火の主、家の主、天幕の主、天幕の四本柱の主、家畜小屋の主がある。また、道、峠、森、水、大地、石、草、茂み、牧地、入れ物、武器、鍛冶道具などはすべてその主をもつと考える。

森の主バヤナイは森の動物の持ち主であり、獲物を授けてくれると同時にその守護霊である。水の主は水中で家畜（牛）をつれて暮らし、豊漁を授けてくれるのである。そのほかにも動物の霊を認めている[89]。

部族全体の大きな祭りには、アイー（善霊）に対する夏至祭り（馬乳酒の祭り）とアバース（悪霊）に対する秋の終わりの祭りの二つがある[90]。ディアコノヴァ女史は、「サハにとってもっとも神聖な動物はウマとウシであり、これらは重要な儀礼の場において犠牲獣となる」という。動物は、最高神ウルン・アイー・トヨンに対する夏至の頃の馬乳酒の祭りでは殺されず聖別され、悪霊アバースに対する儀礼の場合には犠牲にされる。いっぽう、秋の狩猟のはじめに行われる儀礼においては森の主がその崇拝の対象となる。サハはクマに出会ったとき、「森の主よ、森のことを思い出しておくれ」と呼びかけるように、クマは森の主のあらわれであると考えられている。狩猟されたクマに対する儀礼は彼らの狩猟儀礼であり、この時には森の主バヤナイの像を作って拝むのである[91]。

自然物に対する観念が違う

サハの霊魂観、世界像がアイヌの世界観と大きく異なるのは次のような点である。まず、善なる最高神に対する信仰が重要となっている。宇宙が三層に分かれ、最高神が住む「上の世界」を善なる世界というように、善悪によって宇宙空間の色分けがされる。つまり、神・精霊の観念において善と悪がはっきり区別される。第二に三元論的霊魂観である。そして、霊魂は死と再生という輪のなかで循環すると考える。また、霊魂の遊離、とくに悪霊による《捕らわれ》が病気の原因となるのである。さらに、人間の誕生が最高神にゆだねられるという観念がはっきりと認められている。

自然のさまざまなものに「主」を認めるというサハの「主霊」の観念は、自然のなかに超自然的力を認めるという点でアイヌのカムイの概念と類似する。しかし、サハは、ニヴヒと同様に自然物の所有者として霊の観念を認めるのに対し、アイヌにおいては自然物そのものを霊のあらわれとみなすという点で大きく異なる。ただし、サハの狩猟儀礼が狩猟されたクマに対する儀礼の形式をとるように、狩猟儀礼においてクマが重要な意味をもつこと、クマを森の主のあらわれとみなすことではアイヌの場合と類似する。

シベリアの諸文化とアイヌ文化

以上、アイヌの世界観の位置づけのために、北方諸民族の事例としてニヴヒ、サハの世界観を取りあげてみた。シベリアの諸文化は、北方の森林文化と南方の草原文化とに区別できる。森林文化は狩猟文化でもあり、この担い手は起源的には狩猟で暮らしてきた人びとであり、後になってトナカイ飼育が新しい生業として加わったといわれる。草原文化は遊牧を特色とする文化である。ニヴヒは森林文化、サハは草原文化の伝統を受け継ぐ。一般に、牧畜文化、遊牧民文化はより大きな集団（とくに氏族集団）の形成が意味をもち、その長の統合のもとに成立する社会である。サハの世界観において最高神が絶対的な力をもち、善・悪という区別が神の観念においても明確化されることは、大きな社会集団の統合を前提とした牧畜文化に必然的な特徴といえる。また、あらゆるものに認められる「主霊」の観念は、そのものを所有する超自然的存在としての「主」という意味である。牧畜社会は家畜という財を所有することによって成立するのであり、サハの「主」の観念は、こうした所有の観念と関連するのである。さらに、狩猟儀礼としてクマ儀礼が行われるが、サハにとって最も神聖な動物は家畜であるウマ、ウシとなるのである。

これに対し、狩猟採集社会は一般に小規模な集団からなる平等主義社会であり、一般的互酬性の原理[92]を基本とする社会である。ニヴヒの世界観にも「主霊」の観念が認められるが、そこには、たとえば森・山の世界と人間との終わりのない相互交換という一般的互酬性の関係が表出されるのである。狩猟を重要な生業とするニヴヒにとっては、アイヌと同様に森・山の世界との交換が世界観のカギとなっている。

ニヴヒとサハの世界観にみられる相違は、基本的生業における違いに基づくということができる。もちろん、両者には広くシベリア諸民族の狩猟儀礼の根幹をなす観念、たとえば、人と動物の関係、主霊の観念の存在、諸霊の崇拝など[93]においては共通する点がある。このように考えると、アイヌの世界観には狩猟を基本とするニヴヒとの共通点が多いことは納得できるであろう。

日本上代における支配者層はユーラシア中央の遊牧民文化を受け継ぐといわれる。上代日本の世界観はいわば、サハにみられた最高神、道徳観に彩られた三元的宇宙像といった世界観に類似する。この点で、日本上代の世界観はアイヌの世界観とは大きく異なることになるのである。狩猟・漁撈を重要な生業としてきたアイヌは、シベリアの狩猟文化との共通性を保ちながら、独自の世界観を構築してきたのである。

3　アイヌの世界観——宗教と生態を繋ぐものとしての動物の意義

人間の時代の開始

以上のように、アイヌの世界観は、上代日本の世界観とは根源的な点で異なることが分かる。他方、シベリア諸民族の、とくに狩猟民族とは共通する点が多く、狩猟文化の伝統に則るものであるということができる。最後に、認識人類学的視点から論じてきたアイヌの世界観に関する考察をまとめるとともに、アイヌの世界観独自の特徴を指摘することにしたい。

第一章において、世界を表現する多様なアイヌ語の語彙が伝承文学においてどのような文脈で登場するのかを検討した。これによって以下のことが明らかとなった。

カムイ・モシㇼ「神の世界」の意味は多義的である。天上の神々のための「神の世界」という意味だけではなく、地上の神々のための「神の世界」であると同時に、人間の死後の世界としての「神の世界」という意味でもあった。

文化英雄であるオイナカムイの天上への帰還という聖伝オイナの主題は、アイヌ・モシㇼ、人間の世界の創造に始まり、地上の人間世界に関与しつづけてきた天上の神々の役割の終了を象徴するのである。つまり、文化英雄の天界への帰去は、それまで一体であった人間の世界と天上の神の世界との分離、神話の時代の終了を意味する。そして、これは現象世界と、アイヌ・モシㇼ起源の神々で構成される超自然的世界とで成立する宇宙が意味をもつ人間の時代の開始を象徴するのである。

じっさい、現実のアイヌの生活においては、自然の世界とアイヌ・モシㇼで創造された神々から成る超自然的世界が宇宙として大きな意味をもつ。そして、アイヌの儀礼は、人間と人間の世界由来の神々との関係に焦点が当てられている。儀礼の所作は、人間と人間の世界由来のカムイとの互酬性を顕示、確認するものであり、儀礼の場において、イナウは互酬性の象徴となり、人間も神もみずからの欲するものを得ることになっている。

人間の時代におけるアイヌのもっとも基本的な宇宙観は、宇宙が人間の世界と神の世界とで構成されるという二元観なのである。そして、人間の世界と神の世界で構成されるというアイヌの二元的宇宙観においては、両世界の相互補完的関係が特色であり、しかも両世界の一体性、統合がその本質となる。

神格化の三原則

アイヌは神を人間に類似し、かつ逆の関係にあるものとみなす。自然神は神の世界では人間の姿をとり（人間となり）、人間の世界でのみ動物や植物となる。これに対し、人間は人間の世界では人間であるが、あの世（神の世界）では神となるのである。

第二章で霊魂・カムイの概念について、まず、神話の分析をもとに検討を行った。これによって、人も死ぬとカムイ「神」となること、宇宙のすべてのものは「霊魂」をもつと考えられるが、これらすべてがカムイとみなされるわけではないこと、善悪という道徳的規範がカムイの概念を一律に規定しないこと、そして、人間的なカムイ像をもつことが明らかとなった。

カムイ・ユーカラやカムイ・ウエペケルなどの物語が示すように、カムイは多様であり、動物、植物や道具類に至るまで神あるいは神の具現と考えられている。多様なカムイの概念について、カムイの名称の語彙素分析とカムイと自然物への具現化の対照という認識人類学的分析をもとに検討を行った。その結果、神格化が次のような原則に基づいていることが明らかとなった。

アイヌの神々は、①カムイの役割と自然物との隠喩的関係、②特定の空間、場所と自然物との換喩的関係、③自然物そのものの行動特性、形態、実用的特徴などに基づき神格化されるのである。

ジェンダー観における二元論

神々はまた、ジェンダーで個性化されている。これも神の人間との類似性を表明するものである。ジェンダーによるカムイの性格づけから、次のような象徴表現としてのジェンダー、あるいはアイヌのジェンダー観が明らかになった。

神々の多くは植物や動物といった自然神であり、ジェンダー観はまた、植物や動物の属性をとおして表徴される。男性ジェンダーには優越性、力が認められ、これは動物によってあらわされる。動物はまた、生計活動における狩猟、人間の生態における男性ジェンダーの役割を象徴する。これに対し、生産性と（生命の）維持は女性ジェンダーに与えられ、これは植物によって表現される。植物はまた、採集活動と結びつき、人間の生態における女性ジェンダーの役割を象徴するのである。このように、カムイのジェンダーは女性と男性の対比を通して、属性としての生産性と力強さ、自然における植物と動物、生計活動における採集と狩猟との対比を象徴する。

また、神話における神々の役割をみると、神々のジェンダーは日常生活における内（家庭的）と外（社会的、政治的）、儀礼上の呪術的と宗教的との対比を象徴する。神々のジェンダーは、日常生活におけるジェンダーによる理念的役割分担を正当化させることになっている。つまり、カムイのジェンダーによる分類はジェンダー観における二元論をあらわす。アイヌの二元的世界観がジェンダー観にも強く反映されるのである。

いっぽう、アイヌのジェンダー観の重要な特徴は、支配性が神の男性ジェンダーで表徴されるのに対し、人間の世界と神の世界との仲介者としての地位が神の女性ジェンダーであらわされることにあった。これまでアイヌの社会については男性優位のジェンダー観のみが強調されてきた。しかし、女性が関与することができないとされる宗教儀礼は、女性の神である火の神の助けなくしては成立しない。また、狩猟の成功を頼むためには狩猟の女神に祈らざるをえないのである。仲介者としての女性の神の役割は、女性なくしては人間の世界と神の世界との相互交流が成り立たないことを意味し、男性および女性が社会的に対等であることを保証するものとなっている。社会の維持のための女性の全面的協力、支持を象徴するのである。アイヌのジェンダー観は、男性と女性の非対等性に基づくというよりも、男性と女性の相互補完的関係をもとにした対等性が基盤となるのである。

主霊があまり意味をもたない

最後に、アイヌの世界観における重要な特徴は次の二つの点にまとめることができる。

第一の特徴は、とくにシベリアの狩猟文化との対比の上で問題となる点である。つまり、主霊（獲物の所有者として）の観念が儀礼の場においてあまり重要な意味をもたないことである。ハシナウ・ウㇰ・カムイは狩猟の女神とされるが、この神は主霊としての性格をもたず、魚主の神に魚を、鹿主の神に鹿を授けてくれるように人間のかわりに頼む神である。鹿主の神、魚主の神はシベリアの諸文化における「主霊」に相当するものといえる。しかし、じっさいの儀礼の場においては、なんら重要ではなくその名が示すような獲物の所有者としての役割を果たさないのである。

ヌプリ・コロ・カムイ（山岳を領有する神）や他の領有神の性格も、獲物の所有者という主霊の性格とは趣を異にしている。

じっさい、それぞれのクマの神はみずからの意志で人間世界を訪れるのであり、ヌプリ・コロ・カムイによって人間の世界に遣わされるとは神謡は謡っていない。アイヌの考えでは、カムイの支配性は神の世界での神々の関係においてのみ意味をもつのであり、個々の神は個別に人間との関係をもつと考えられている。

領有性とメタファーとしての動物

アイヌの世界観の第二の特徴は、神格化の原則のなかで、特定の動物と、神格の役割および空間との象徴的等式が認められる点である。クマは「山」の領有者の、シャチは「海」の領有者の、シマフクロウは「コタン（里）」の領有者の具現化であるといったように、領有者、支配者としての神の役割が「山」、「海」、「里」といった総称的空間カテゴリーと結びつくことが強調される。特定の空間カテゴリーの支配性や所在性に関係する神々はとくに重要な儀礼において崇拝される神であった。領有神の名称は空間区分の存在と同時に一定の空間の領有の観念をあらわすものであり、カムイの概念において、領有性が重要なのである。

じっさい、人間の世界はいくつかの空間に分割され、神々に割りあてられ、それぞれの神が割りあてられた空間を見守ることとなっている。それは家、住居地、村の周辺、里山、深山、入り江、沖といった空間であり、これらの領域はアイヌにとって特別な意味をもつ。家は家事一般と結びつき、住居地は社会的、宗教的活動と、村の周辺は採集や農耕と、里山は鹿などの狩猟や生活資源獲得のための採集と、深山は熊などの狩猟と、入り江は漁撈、沖はとくに大型の回遊魚の漁撈と結びつく領域である。このような空間の分割は生計活動と密接な関係にある。すなわち、領域区分はアイヌの生態に基づいているのであり、超自然観とも深く結びつく。領有神は自分の割りあてられた空間に住んでいることになっており、動物神の神の世界は、各動物カテゴリーに割りあてられた空間にしたがって分散している。こうしてアイヌにとっての宇宙は次のように構造化されるのである。村は人間を象徴する領域で、全宇宙の中心であり、村から川を上流へとさかのぼった高い峰の先には〈ケダモノ〉の神の世界が、川を下った海の底の先には〈サカナ〉の神の世界が広がるのである。垂直に上がった空の先には〈トリ〉の神の世界が、垂直に降りた地下の世界には死者およびヘビの神の世界が広がるのである。神の世界は人間の世界の、人間の村を中心として水平線上および垂直的な延長線上に広がると考えられている（二一三ページ、図4）。

領有神はアイヌの領有性を表徴するものであったが、アイヌの生態および超自然観のいずれにおいても領有性が中心をなすのである。そして、動物がこれを視覚的に表現するものとして選択されている。クマ、シャチ、シマフクロウ、ヘビといった領有神の顕現とみられる動物は領有性と支配性を象徴する動物として選択されるのである。

クマは山に生息し、〈ケダモノ〉カテゴリーのもっとも優位な動物であるため、山に生息するすべての動物の代表とみなされやすいのである。このことがヌプリ・コロ・カムイの顕現とみなされる背景といえる。同様に、シャチは海に生息し、〈サカナ〉カテゴリーの最優位にあるため、海に生息するすべての生き物の代表としてアトゥイ・コロ・カムイの顕現となるのである。シマフクロウは〈トリ〉カテゴリーの最優位に位置し、大地を飛びまわるため、すべての鳥を代表して垂直上の空間の象徴となり、コタン・コロ・カムイの顕現となるのである。ヘビは〈ムシ〉カテゴリーの最優位にあり、住居地に侵入する生き物である虫類を代表し、ヌサ・コロ・カムイの顕現となるのである。

このように、動物分類と空間分類との連繫が領有性のメタファーの背景となっている。また、動物の生態、いわば食物連鎖に基づく優位性が支配性のメタファーの基盤となっている。アイヌの超自然観において空間の分割とその領有性が中心となっていること、そして、動物はその生態学的基盤を背景に領有性を視覚的に表徴するものとして選ばれていることが分かる。

アイヌの世界観に特徴的なのは、特定の動物と、神格の役割および空間との象徴的等式が認められることである。動物は宗教と生態をつなぐものとして機能する点がアイヌの世界観の大きな特徴なのである。

アイヌの世界観とは？

この本では、認識人類学的アプローチをもとに、アイヌの世界観を神話的・宗教的側面に限定された説明の体系としてではなく、人間が生きて行くための動植物をはじめとする自然を含む総合的な現象世界の説明の体系として捉えて考察した。このような認識人類学的、総合的視点をとることによって、従来の研究で明らかにされなかったアイヌの世界観の特徴を指摘できたのである。一つにはアイヌの世界観の根本となるのは二元観であり、しかもそれは相補的二元観であるということである。第二には、世界観は宇宙観、霊魂観、カムイ観、人間観、動植物観、空間認識などが相互に連繫しあった、総合的・統合的な認識の体系であるということである。第三には、空間区分と領有性が世界観の中心となることである。第四には、動物や植物が世界観のメタファーとなること、とくに、動物が世界観の領有性に基づく内的構造を象徴するものとなることである。最後に、象徴性を帯びた動物は超自然的世界と自然世界とを有機的につなぐものとして機能するという点である。第六章の最後でも述べるように、この本で示した広い意味での認識人類学的方法論は文化の新しい見かたを提示できるのである。

註

（1）山折哲雄、一九八八年、『日本人の霊魂観』、河出書房新社、四一ページ。
（2）大林太良、一九九〇年、『日本神話の起源』、徳間文庫、二二三—二二五ページ。
（3）大林、一九九〇年、前掲書、一八ページ。
（4）土橋寛、一九九〇年、『日本語に探る古代信仰』、中公新書、一六—一七ページ。
（5）土橋、一九九〇年、前掲書、三〇ページ。
（6）土橋、一九九〇年、前掲書、一一—一二、七九—八〇ページ。松前健、一九八八年、『古代信仰と神話文学』、弘文堂、九二—九四ページ。
（7）土橋、一九九〇年、前掲書、一七ページ。
（8）この句の解釈として土橋寛は、「タマシヒをば朝夕にタマフリをしますが、一向に効果がなく、胸が痛みます」と捉え、ここでのタマシヒは娘子の生命霊としての生命力をあらわすと論じている（土橋、一九九〇年、前掲書、二三—二四ページ）。
（9）土橋、一九九〇年、前掲書、二〇ページ。
（10）倉野憲司校注、一九六三年、『古事記』、岩波文庫、四二、五七ページ。
（11）土橋、一九九〇年、前掲書、二〇ページ。松前、一九八八年、前掲書、七八—七九ページ。
（12）ネリー・ナウマン、一九八九年、『哭きいさちる神スサノオ』、檜枝陽一郎・田尻真理子訳、言叢社、一七一―一七六ページ。
(13) 堀一郎、一九五三年、「万葉集にあらはれた葬制と他界観・霊魂観について」『万葉集大成』(8 民俗篇)、平凡社、二九―五七ページ(四〇―四一ページ)。
(14) ネリー・ナウマン、一九八九年、前掲書、一六八、一七五ページ。
(15) 折口信夫、一九六六(一九二八)年、「大嘗祭の本義」『折口信夫全集』第三巻、中央公論社、一七四―二四〇ページ(一九五ページ)。
(16) 倉野校注、一九六三年、前掲書、三一ページ。
(17) 倉野校注、一九六三年、前掲書、二六ページ。
(18) 倉野校注、一九六三年、前掲書、二六―二八ページ。
(19) 倉野校注、一九六三年、前掲書、四五ページ。
(20) 『日本書紀』(上)、日本古典文学体系六七、一九六七年、岩波書店、八〇ページ。
(21) 倉野校注、一九六三年、前掲書、一九―二〇ページ。
(22) 三重貞亮撰、一九四四年、『旧事紀訓解』上巻、明世堂、一四〇―一四一ページ。
(23) ネリー・ナウマン、一九八九年、前掲書、一五二―一五三ページ。
(24) ネリー・ナウマン、一九八九年、前掲書、一六一―一六二ページ。
(25) 大林、一九九〇年、前掲書、二二五ページ。
(26) 土橋、一九九〇年、前掲書、一三四―一五七ページ。
(27) 阪倉篤義、一九八三年、「古代人の心とことば」『古代日本人の心と信仰』、学生社、二一〇―二五三ページ。
(28) 土橋、一九九〇年、前掲書、九四―九五ページ。
(29) 松前、一九八八年、前掲書、九、一三ページ。

(30) 松前、一九八八年、前掲書、一六ページ。土橋、一九九〇年、前掲書、九〇ページ。
(31) 松前、一九八八年、前掲書、一九ページ。
(32) 松前、一九八八年、前掲書、一六―一七ページ。平野仁啓、一九八二年、『日本の神々』、講談社現代新書、二〇四ページ。
(33) 松前、一九八八年、前掲書、二三―二六ページ。
(34) 東光治、一九五三年、「万葉集の動物一」『万葉集大成』(8　民俗篇)、平凡社、七七―九八ページ(七八―八五ページ)。
(35) 中村禎里、一九八七年、『日本動物民俗誌』、海鳴社、一七―一九ページ。
(36) 中村、一九八七年、前掲書、九―一二ページ。松前、一九八八年、前掲書、三〇ページ。
(37) 次田真幸全訳注、一九七七年、『古事記』(上)、講談社学術文庫、一七四―一七五、一八二―一八五ページ。
(38) 松前、一九八八年、前掲書、三〇ページ。
(39) 次田全訳注、一九七七年、前掲書、一〇二ページ。
(40) 松前、一九八八年、前掲書、三〇ページ。
(41) 土橋、一九九〇年、前掲書、六〇ページ。
(42) 東、一九五三年、前掲書、七八―八五ページ。
(43) ウノ・ハルヴァ、一九八九年、『シャマニズム―アルタイ系諸民族の世界像』、田中克彦訳、三省堂、一一一ページ。
(44) 渡部みち子、一九九二年、「ギリヤーク語他動詞文の特徴」、宮岡伯人編『北の言語―類型と歴史』、三省堂、一七九―一九〇ページ(一八一ページ)。
(45) クレイノヴィチ、一九九三年、『サハリン・アムール民族誌』、枡本哲訳、法政大学出版局、一二一―

一一三ページ。
(46) Black, Lydia, 1973, The Nivkh (Gilyak) of Sakhalin and the Lower Amur, *Arctic Anthropology*, Vol. 10, No. 1, pp. 1-110 (p.47).
(47) Black, 1973, 前掲書、四九ページ。
(48) Shternberg, Lev IA., 1933, *The Gilyak, Orochi, Goldi, Negidal, Ainu ; Articles and Materials*, Habarovsk : Dalgiz, HRAF-RX2 : 1, pp. 101-102, 114, 116.
(49) Shternberg, 1933, 前掲書、九八ページ。Black, 1973, 前掲書、四九ページ。
(50) クレイノヴィチ、一九九三年、前掲書、一三二―一三七ページ。
(51) Shternberg, 1933, 前掲書、九四ページ。Czaplicka, M.A., 1914, *Aboriginal Siberia*, Oxford University Press, p. 271.
(52) Shternberg, 1933, 前掲書、九九ページ。
(53) Shternberg, 1933, 前掲書、九五ページ。クレイノヴィチ、一九九三年、前掲書、一三二―一三七ページ。
(54) Czaplicka, 1914, 前掲書、二七一ページ。
(55) Shternberg, 1933, 前掲書、九七ページ。
(56) Shternberg, 1933, 前掲書、一一三ページ。
(57) Shternberg, 1933, 前掲書、一〇四ページ。
(58) Shternberg, 1933, 前掲書、一〇六―一一三ページ。クレイノヴィチ、一九九三年、前掲書、一三一―一八三ページ。Hawes, Charles H., 1904, *In the Uttermost East*, New York : Charles Scribner's Sons, pp. 195-201.
(59) Shternberg, 1933, 前掲書、一一七ページ。

(60) クロード・レヴィ＝ストロース、一九七八年、『親族の基本構造』、馬渕東一・田島節夫監訳、番町書房、五二九—五三三ページ。
(61) Shternberg, 1933, 前掲書、一一七ページ。
(62) クレイノヴィチ、一九九三年、前掲書、一四〇ページ。
(63) Shternberg, 1933, 前掲書、一一七ページ。
(64) Black, 1973, 前掲書、五〇ページ。
(65) Shternberg, 1933, 前掲書、九二ページ。Czaplicka, 1914, 前掲書、二七一ページ。
(66) Black, 1973, 前掲書、五〇ページ。
(67) Black, 1973, 前掲書、五一—五二ページ。
(68) Shternberg, 1933, 前掲書、一二六—一二七ページ。Czaplicka, 1914, 前掲書、二七二ページ。
(69) Black, 1973, 前掲書、五二、六八ページ。
(70) Shternberg, 1933, 前掲書、一二八ページ。Czaplicka, 1914, 前掲書、一五三ページ。クレイノヴィチ、一九九三年、前掲書、二九七—二九八ページ。
(71) Hawes, 1904, 前掲書、二四五—二四六ページ。Black, 1973, 前掲書、五二ページ。
(72) Shternberg, 1933, 前掲書、一二八ページ。クレイノヴィチ、一九九三年、前掲書、二九八ページ。Black, 1973, 前掲書、五二ページ。Czaplicka, 1914, 前掲書、一五三ページ。
(73) Shternberg, 1933, 前掲書、一〇一—一〇二ページ。クレイノヴィチ、一九九三年、前掲書、三〇三—三二〇ページ。Czaplicka, 1914, 前掲書、一五三ページ。Schrenck, Leopold von, 1881-1895, *The Peoples of the Amur Region*, St. Petersburg : Kaiserliche Akademie Wissenschaften, HRAF-RX2 : 2, pp. 1127, 1204, 1222-1223.
(74) Shternberg, 1933, 前掲書、九九ページ。Czaplicka, 1914, 前掲書、二七一ページ。

（75）Shternberg, 1933, 前掲書、四七九―四八〇ページ。クレイノヴィチ、一九九三年、前掲書、八〇ページ。

（76）クレイノヴィチ、一九九三年、前掲書、八一―八二ページ。

（77）渡辺仁、一九六四年、「アイヌの熊祭りの社会的機能並びにその発展に関する生態的要因」『民族学研究』二九（三）、二〇六―二二七ページ（二〇八、二一〇、二一六ページ）。

（78）Tokarev, S.A. & I.S. Gurvich, 1964, The Yakuts, in Levin M. G. & L. P. Potapov (eds.), *The Peoples of Siberia*, The University of Chicago Press, pp. 243-304 (pp. 248-254).

（79）現在は再編され、人文科学・北方先住民研究所となる。

（80）ヤクーツクの言語・文学・歴史研究所の歴史学者ナターシャ・ディアコノヴァ女史から提供して頂いた情報。

（81）ウノ・ハルヴァ、一九八九年、前掲書、六三―六七ページ。

（82）Czaplicka, 1914, 前掲書、二七八―二七九ページ。

（83）Czaplicka, 1914, 前掲書、二七九ページ。

（84）Suzdalov-Sappalai, I. A., 1993, Ayii Oyuun, *Oyuun Part 1 : The Stories about Oyuuns and Their Ritual Practice*, pp. 47- 50.（原文はヤクート語）。

（85）Suzdalov-Sappalai, 1993, 前掲書。

（86）ウノ・ハルヴァ、一九八九年、前掲書、三一四、三二七―三二八ページ。

（87）ウノ・ハルヴァ、一九八九年、前掲書、三二七、三三七ページ。Czaplicka, 1914, 前掲書、一六一ページ。

（88）ウノ・ハルヴァ、一九八九年、前掲書、一三七―一三八、一四八ページ。

（89）ウノ・ハルヴァ、一九八九年、前掲書、三五一、三五二―三五四、三六四―三六五ページ。

（90） Czaplicka, 1914, 前掲書、二九七—二九八ページ。

（91） ウノ・ハルヴァ、一九八九年、前掲書、三五六—三五七、三七一、四〇二ページ。

（92） Sahlins, Marshall D., 1965, On the Sociology of Primitive Exchange, in M. Banton (ed.), *The Relevance of Models for Social Anthropology*, London & New York : Tavistock, Praeger, pp. 39-236.

（93） E・ロット＝ファルク、一九八〇年、『シベリアの狩猟儀礼』、田中克彦他訳、弘文堂。

第六章　世界観の探究――認識人類学的アプローチ

1　言語と文化

サピア・ウオーフの仮説

第一章から第四章までにおいて、認識人類学的アプローチをもとにアイヌの世界観を、宇宙観、霊魂観、神の概念、ジェンダー観、動物観、植物観という広い枠組みのなかで多角的に取りあげてきた。ここでの認識人類学とは、個別文化に固有な現象世界の秩序化、組織化の体系の探究という意味である。したがって、ここでの認識とは、認知心理学、大脳生理学などでいうヒトの感覚や識別能力としての認知という意味ではない。個々の文化における現象世界に対する説明体系という文化的な意味であり、その集団に共有されるものとしての認識である。文化としての認識の多くは、「ことば」に表現されることによって共通の体験として共有され、継承されるものである。前章までに示したように、認識人類学的アプローチは、この点から「ことば」の分析に焦点をあてるのである。

プロローグで述べたように、言語は単に日常生活や社会生活上のさまざまな事項の伝達手段であるばかりではなく、集団が獲得した知識を世代を越えて継承させていく手段でもある。また、人類の集団が一つの集団として共有する世界の見かた、世界観の表現手段としての意味をも担っている。すなわち、言語は、現実の事象を具体的に伝達するという機械的なコミュニケーション手段としてばかりではなく、超自然的世界、観念世界を表現し、伝達するという抽象的、象徴的コミュニケーション手段でもある。この意味で「ことば」から世界観を読みとることがまた、可能なのである。

ところで、言語体系に関するソシュールの理論以降、言語学において主として言語を〈記号体系〉、あるいは構造として定義するようになり、さらに言語をコミュニケーションの体系と位置づけることが一般的になっている。〈記号体系〉としての言語に認められる本質的特色の一つとして指摘された〈記号の恣意性〉は、人類学における言語と文化の問題への新たな展望を切りひらく契機ともなったのである。この言語と文化の問題に最初に注目し、言語というのは文化と深く関わるということを最初に指摘したのがサピア（Edward Sapir）とウオーフ（Benjamin L. Whorf）である。

この二人は、言語は人間に対して経験のしかたを規定する働きをもつということ、人間の習慣的思考が母語によってあらかじめ定められた形式によって展開するという一つの考えかたをはじめて提示した。これが一般にサピア・ウオーフの仮説として知られるものである。

言語がそれを使う集団にとっての知覚の形成に影響を与えること、そして、その結果としてそれぞれの社会がユニークな世界像をもつという側面が指摘されたのである。

サピアとウオーフによって言語が文化と深い関わりをもつことが指摘されて以来、言語と文化の問題、認識の体系を探る一つの方法論として言語分析が注目されるようになった。そして、文化人類学において認識人類学の名のもとに一つの研究の流れが形成されてきたのである。

「ことば」は恣意的

ソシュールが指摘したように、人間が日常生活において表現の手段として用いている「ことば」は、代表的な「記号」であり、その言語の辞書と文法に基づくきまりを用いてつくられるメッセージによって他者とのコミュニケーションが成り立つ仕組みになっている。記号としての性格をもつ「ことば」はまた、恣意的なのである。「ことば」の恣意性は、同一の対象に対し言語が異なれば異なる記号表現をとるという意味にとどまらず、「ことば」によって区切られ、指示される集合が異なるという点においても認められる。

たとえば、日本語において、草本植物すべてをまとめて示す「クサ」という語彙があるが、イネ科などの細い葉をもつ植物をとくに示すカテゴリーは基本語彙のなかにはない。これに対し、英語においては草本植物すべてをまとめる基本的な語彙としてハーブ（herb）

という語彙があるが、一般に、イネ科やカヤツリグサ科の線形で細い葉をもつ草本はとくに区別してグラス（grass）と呼ばれる。このように、語彙とそれが指示する集合との関係は恣意的であり、言語によってまったく同じではないことが分かる。ここにあげた例は、日本文化における植物の認知においては、草本植物にイネ科のものとそうでないものとの区別がとくに意味をもたなかったのに対し、イギリスの文化ではこの区別が植物環境の認知において問題となるという認識の相違と関連するのである。すなわち、個別言語における植物の名称を比較することによって、各文化における植物の認識の違いが浮かび上がる。文化によって言語が規定される側面があるのである。

また、同じ対象に対して多様な「ことば」を使い分ける言語とそうでない言語がある。たとえば、英語におけるハズバンド（husband）という言葉に対し、日本語では「夫」、「亭主」、「主人」、「宅」など多様な表現が使い分けられる。「夫」は、おひと（男人）が転じ、配偶者である男性をあらわし、「亭主」、「主人」は一家のあるじである意味がこめられている。「宅」は妻が他人に対し自分の夫をへりくだっていう語である。日本語においては話し手と聞き手との社会的関係に応じて、これらの語彙が選択され、使い分けられているのである。このように、「ことば」の使い分けは個別社会における人間関係の存在様式と関連する。

われわれは言葉を常に意識しながら使っているわけではなく、習慣的に、あるいは無意識的に用いていることが多い。しかし、習慣的に言葉を使ういっぽうで、その言葉によってわれわれは自分たちを取り巻く周囲の環境をあらためて意識に上らせているともいえる。使用する「ことば」によって現象世界は分節化され、意識化される。この意味で習慣的思考は言語と深く結びつくのである。こうしてみると、個々の人間の習慣的思考にみられる現象の区切りかた、分類のしかたは言語によって規定されることにもなる。言語が異なればその方法も異なることになる。文化によって言語が影響されると同時に、言語によって習慣的思考が左右されうるのである。このように言語と文化は相互に深く関わっているのである。

2　イーミックな観点とエスノ・サイエンス

エチックな立場・イーミックな立場

人間は異なる言語に出会ったとき、みずからの言語に翻訳しなおした形でその言語を理解するという作業を行う。また、異なる文化に接したとき、自分の文化の概念、規範に基づきながら相手の文化を理解するということを行う。この場合、みずからの文化と異なる文化との間に一種のギャップが存在することを認めながら相手の文化を理解しようとするのである。

人類学のフィールド調査においても同様のことが経験される。このため文化の記述において二つの方法論的立場が問題となる。つまり、個別文化を越えた普遍的概念をもとにその文化の体系を記述していくのか、それとも個別文化に固有の概念を用いて知識の体系、行動の体系を明らかにすることを主眼とするのかという二つの立場である。前者をエチック（etic）な立場、後者をイーミック（emic）な立場という。

エチックな概念というのは個々の文化に左右されない普遍的な概念である。たとえば、植物は学名をもついっぽう、多くのものは個別言語における名称、いわゆる方名をもつ。学名は、もちろんその起源はラテン語という固有の概念に基づくものであるが、今日ではいわばエチックな名称として用いられ、これによって世界中のどの場所に生育している植物も、同じものであるか異なるものであるのかを判定できる。これに対し、植物の方名はイーミックな名称であり、個別文化においてはこの名称が植物をその文化のなかに位置づける。すなわち、イーミックな名称をつけられることによって一つの植物は文化の知識の体系の中にはじめて組みこまれるのである。

翻訳のむずかしい言葉

ところで、日本語には「わび」とか「さび」という言葉のように、日本文化における心髄をあらわすといわれる語彙がある。たとえば、「わび」という言葉を英語に翻訳しようとすると、日本語のように一語で言いあらわせる語彙を見つけることはできない。研究社の『新和英大辞典』第四版（一九七四）にも“taste for the simple and quiet”（簡素で静かな趣)、あるいは“taste for the simple and against extravagance”(簡素で贅沢に反する趣)という英訳がつけられている。しかし、この英訳といえども日本語に含まれる微妙なニュアンスを十分に伝えることは非常にむずかしいものとなっている。

このように、どの言語においても他の言語に翻訳することのむずかしい言葉が必ずある。しかもそれがその言語、文化にとって非常に重要な概念であることはしばしば認められる。このことは、文化の理解にとっても重要な点であり、エチックな概念で記述しうる側面もあるが、ときにはイーミックな概念の理解が必要となることが多々ありうるということである。サピア・ウオーフの仮説は、知識の体系をエチックな立場で記述し、分析するという方法には限界があること、ある文化を本当に記述するためにはイーミックな立場が同時に必要であることを示すものである。

この現地人の観点に立つというイーミックなアプローチは一九五〇年代後半以降、とくに新民族誌学やエスノ・サイエンスの名のもとに注目されるようになった。エスノ・サイエンスの研究は、出発点において情報を研究者自身がもっている既成概念を押しつけることなく引き出し、新たな文化の理解をめざすことを目的としたのである。そして、このための方法論として、とくに個別言語における語彙、用語に注目し、言語学の手法を採用し、知識の体系を明らかにしようとしてきた。

エスノ・サイエンスの先駆的研究としてコンクリン(Harold C. Conklin)の研究(1)があ

る。フィリピン、ミンドロ島のハヌノオ（Hanunóo: オーストロネシア語族、中央フィリピン諸語）の研究において、コンクリンはハヌノオが植物種としては約一一〇〇種に対し、一六二五類型に及ぶ名称を識別し、それを日常生活において活用していることを明らかにした。彼らの言語の分析、植物名称の語彙素構成の分析という方法論によって、彼らの植物に関する膨大な知識は一つの体系だった知識として、彼ら独自の民俗分類体系として組み立てられ、文化的に共有されていることを描き出したのであった。

エスノ・サイエンスの研究は、これまでとくに、イーミックな概念の外延をエチックな概念で特定できうる、民族医学、色のカテゴリー、動物、植物、親族関係といった分野を対象としてきた。そして、どの文化もその文化固有の知識の体系、認識の体系をもつこと、さらにこれを明らかにすることは文化の理解にとって非常に重要であることを示してきた。サイエンス（science）という用語はそれまで近代科学のみをさしてきたといえる。エスノ（ethno）というのは民族という意味であり、エスノ・サイエンスというのはまさに民族の科学を意味する。エスノ・サイエンスの研究はそれぞれの民族が科学的思考体系をもつものであること、さらに、この体系はイーミックな立場によって明らかにできるものであることを示したのである。

3　「もの」の名称から認識の体系へ

文化的基盤が「ことば」に反映する

　では、認識の体系を明らかにするためには、具体的にどのような方法があるのであろうか。前述したように、「もの」の名称というのは人間を取り巻く世界を顕在化し、人びとの意識に上らせるという大きな役割をもつ。名称はまさに現象世界の分類のしかた、認識のしかたをあらわすのである。「ことば」を構成する意味領域の分析、語彙素の分析、「ことば」の成分分析などがこのための方法論として取りあげられてきた。

　じっさい、言語ごとの語彙の意味領域を比較してみると、言語が異なればいかに対象の区切りかたが違うのかが分かる。たとえば、ウオーフによれば英語ではあらゆる雪の状態をスノー（snow）という言葉であらわすが、「エスキモー」ではこれを状態によって少なくとも三つの言葉で区別する。[2] この二つの言語の例は、雪という一つの自然現象を状況に応じて区別する文化と、それを区別することがなく一語ですませている文化との違いをあらわす。一語ですませている文化においては、変化する雪の状態を認識的にというよりは習慣的には区別していないといえる。これに対し、雪の状態を言語の上で区別する文化においては、雪という環境条件を常に識別する習慣が形成されている。このことは英語を話す人びとと、「エスキモー語」を話す人びととでは、雪という自然に対する習慣的な認識という点では異なることを意味する。じっさいには、英語を話す人びとが、たとえば、積もった堅い雪と、降り注ぐ柔らかい雪とを大脳のレヴェルでの認知という点でまったく区別していないわけではない。しかし、言語上では区別を設けていない。文化的に弁別する必要がなかったのである。

また、次の例のように、生業という文化的基盤の違いが「ことば」に反映される場合がある。日本語には動物の牛に対し、「ウシ」という語彙がある。いろいろな牛を区別する語彙は、たとえば、乳牛、去勢牛、雌牛、雄牛などのように、これらはいずれも牛という語に基づく合成語の形をとる。それ以上語彙素に分解できない基本語彙のうちには牛を包括的に指示する「ウシ」という語彙しかない。これに対し、英語では雌牛や乳牛をカウ（cow）、雄牛とくに去勢牛をオックス（ox）、去勢していない雄牛をブル（bull）、集合的に畜牛をキャトル（cattle）という。英語には、牛に関する語彙が基本語彙のなかに多様に認められながら同時に包括的に牛を指示する語彙がない。日本語と英語とのこのような違いは家畜としての牛の重要性の違いが反映されたものといえる。逆の例として、日本語においてコメ、イネ、メシの区別があるのに対し、英語では言語上これらに区別を設けず、ライス（rice）という語彙があるのみである。日本文化においては農耕が主であり、牧畜の比重は軽かったのに対し、イギリスの文化は牧畜の伝統にのっとったものである。このような生態的、歴史的相違が語彙の上にも反映されるのである。

名称の語彙素構成の分析はまた、第三章、第四章で取りあげたように分類体系、認識体系を探ることが可能な方法となる。じっさい、日本語の植物名称を取りあげてみても同様なことがいえる。たとえば、植物名には、木本類をあらわす「キ」という語彙がある。「キ」に属するブナ科コナラ属の常緑高木類は「カシ（樫）」と呼ばれ、これに含まれるものにはアラカシ、アカガシ、シラカシ、ウバメガシなどがある。アラカシは「粗い・樫」、アカガシは「赤い・樫」、シラカシは「白い・樫」、ウバメガシは「姥・芽・樫」という意味である。これら四種類の名称は語彙素構成の上から「カシ」であることをあらわす。「カシ」は「キ」に含まれることから、これらの語彙の間には、キ∪カシ∪アラカシ・アカガシ・シラカシ・ウバメガシという包含関係があることが分かる。このように、植物の名称から階層的な民俗分類体系を明らかにすることができる。

さらに、語彙の成分分析を通して、ある概念がどのような状況認識により定義されているのかを知ることができる。たとえば、日本語には「チチ」、「ハハ」、「オジ」、「オバ」、「アネ」、「アニ」、「ムスコ」、「ムスメ」などといったエゴを取りまく親族関係を表わす名称がある。このような親族名称を定義する示差的特徴を検討すると、日本語の親族名称は性別、世代、直系・傍系という系統、年齢差などの成分で弁別されていることが明らかとなる。すなわち、これらの成分は人間関係を弁別するにあたって重要な指標になること、エゴを取りまく親族がこれらの示差的特徴によって分類、認識されることが分かる。成分分析という方法によって、現象の識別、認知にあたってどのような特徴が考慮されるのかという認識の内的構造を探ることが可能となるのである。

このように、語彙というのはいかに対象を分類するのかということと関係がある。名称をつけるというのは、ある意味では分類作業である。分類するということ、名前をつけるというのは、あるものを他から区別するということである。語彙を言語ごとに比較してみるとそれぞれの文化でいかに対象の分類法が異なるのかということが分かる。あるものを指示する語彙があるのか、ないのかということは、あるものを意識化して認識しているのか、あるいはそうではないのかという違いでもある。以上のような方法論をもとに、現象世界の認識の体系を探ることが可能なのである。

エスノ・サイエンスは役に立つのか

いっぽう、このような言語分析をもとにしたエスノ・サイエンス、認識人類学の研究に対し、そこで描き出される知識の体系は本当に個々の民族の世界の認知のしかたをあらわすといえるのかという批判がなくはない。認知には、人間の感覚能力、脳の働きといった意味での認知と文化的行動としての認識（認知）との二つの側面があるといえるが、両者は区別して考える必要のある問題である。前者は生物種としての人間の能力の問題であり、認知心理学、大脳生理学の領域に関係するものといえる。文化人類学の領域においては、とくに後者の意味での認識、個別文化において条件づけられた認識を問題とするのである。

しかしながら、カヴァート・カテゴリーの問題が提示されたように、文化人類学的な意味での人間の認識が常に言語に翻訳されているとは限らず、無意識のレベルでの認識もじっさいには存在するのである。また、八重山地方における比較民族植物学的研究で明らかにしたように[3]、言語の伝達する意味内容はかならずしも厳密に細部にわたって規定されるとは限らず、柔軟性に富むものであることも多い。この両者の関係をいかに捉えるべきかは常に考えなければならない問題である。

また、エスノ・サイエンスのアプローチは、あまりに個別主義的、相対主義的であり、それがじっさいになんの役に立つのだろうという批判もある。しかし、バーリン（Brent Berlin）やブラウン（Cecil H. Brown）らの研究が示すように、人類の分類体系や組織化原理のなかには普遍的な構造が存在する可能性がある。個別文化を対象にした詳細かつ具体的な研究の集積に基づく比較研究によって、人類一般に普遍的な認識の構造を探究することがかならずしも無意味ではないといえる。

さらに、次の事例が示すように、エスノ・サイエンスの研究において通時的視点もまた必要なのである。たとえば、ティモール島の中央高地に住むブナク（Bunak: オーストロネシア語族、インドネシア語派、東部インドネシア諸語、アンボン・ティモル語群）の事例[4]では、特定の植物のシンボリズムは彼らの歴史、移住の歴史を考慮しなければ理解できない。

また、コンゴ民主共和国のニンドゥ（Nyindu: ニジェール・コンゴ語族、バントゥ諸語、シ・フンデ語群）の事例[5]は、植物のカテゴリーの一つである「ムジジ」（カズラの意）が伝統的家屋の部材としての「ルジジ」と意味論上結びついていたのに対し、伝統的家屋型式が消滅していくとともにこの本来の意味が薄れていくことを示している。このように、エスノ・サイエンスの研究において、「ことば」の意味は動態的に変化していくものであることを見逃すことはできないのである。

エスノ・サイエンスの研究が描き出す認識の世界、認識の構造は現実には注釈つきで認める必要があろう。そして、個々の文化には、常に、文化を越えた普遍的側面が認められると同時に、その文化に固有の特徴的な現象が存在するのである。たとえば、モーリス・ブロックは、個別文化における時間の概念には日常生活の文脈に登場する文化を越えた普遍的概念が認められるいっぽう、儀礼の場においてはそれと異なる時間の概念、個別文化に特異的な思考方法が用いられることを例証している[6]。この意味でも、個別文化全体を理解するためには常にイーミックな方法論が同時に必要なのである。

4　象徴体系としての世界観

アニミズムを分析する

これまでのエスノ・サイエンス、認識人類学の研究は、主に自然世界の認識を問題としてきた。では、超自然的世界の認識、世界観は認識人類学的に探ることができるのであろうか。第二章で示したように、カムイの名称の語源、語彙素構成に基づくカムイの概念の分析は一つの有効なアプローチである。また、ジェンダーで性格づけられた神格の概念からは個別文化におけるジェンダー観を考察することができる。事物には霊魂など霊的なものが遍在し、諸現象はその働きによるとするアニミズムは、アイヌの事例が示すように、じっさいには現実の世界における特定のものを人間のために強調し、神格化するものである。これは、あるものが他のものと区別され、特定の意味づけがなされていることにほかならない。あるものが霊的な力をもった存在として名称をあたえられているのである。多様なカムイの存在は、神格化の原理をあらわし、アイヌが超自然的世界を、どのように考えているのかを明らかにし、さらに男性・女性というジェンダー観が自然の表徴によって、どのように表現されているのかを理解させてくれる。

宗教は一つの象徴体系であって、実在の世界のさまざまな性質を人間のために強調し、人間がそれについて感じている感情を強化するものでもある。[7]そのため何を神格化していくのかは、まさに個々の文化における象徴体系そのものと深く関わる。そして、アニミズムを、具体的に個々の文化において何に霊魂あるいは神性を認めるのかという点から分析していくと、文化ごとに霊魂・神性の認めかたに違いのあることが分かるのである。

ラダックの事例

たとえば、チベット仏教を信仰する西チベットのラダックの事例をみると、アイヌの神々との違いがよく分かる。ラダックでは、チベット仏教の教義上の神々が信仰の対象となるいっぽうで、ラー（lha）と呼ばれる神格をもった存在（天、地方神）が同時に信仰されている。ラーにはいろいろな種類があり、ラーの名称は、「つくられた・世界の・戦神（Srid-pa chags-pa'i dgra-lha）」、「炉の・ラー、ユモ（Thab lha yu-mo）」、「川に・橋を・架ける・ラー（Chu-la zam-pa byed-pa'i lha）」などのように、ラーの機能を意味する語彙で構成されるものが多い。ラダックの人びとがひんぱんに行う浄化儀礼のテキストにも、神格として六〇種類のラーの名前が登場する。[8]

ラーの名称の語彙素構成をみることにより、これらのラーは、ラダックの人びとにとって、農耕、牧畜、交易といった自分たちの生活の基盤を円滑に動かすために必要な事項、あるいは職能に結びつくことが分かる。常に心にかけなければならない事項に神格を結びつけ、生活の安泰をはかろうという思いを読みとることができるのである。しかも、ラダックの現実の世界の実態、人間が個人としても集団としても機能分化した体制のもとでなり立っているという日常生活の実態が、ラーの多様に分化した神格にも反映されていることが分かる。ラダックのラーの概念は、自然との関係が強調されたアイヌのカムイの概念と著しい対照をなすのである。

このように、アニミズムとして片付けられてしまう一つの信仰や世界観にしても、何に神格を認めるのかを注意ぶかく検討することにより、そこには文化的な違い、文化による超自然的世界の認識の違いを明らかにすることができる。すなわち、神々の名称のもつ意味を分析すること、神々の名称の言語学的分析は、いかに超自然的世界が一つの文化として体系づけられているのかという、超自然的世界の認識を明らかにすることのできる方法論となるのである。そして、これは超自然的世界の認識体系が現実の世界の実態と関係をもつ象徴体系であること、つまり、象徴体系としての世界観という一つの側面を明らかにする方法となる。

5　メタファーとしての動物

牧野図鑑から分かること

第三章で示したように、アイヌ語植物名のなかには、生育場所、大きさ、色などの植物自身の特徴をあらわす語彙とともに、他の植物名、動物名、カムイなどの語彙が用いられる。とくに植物名を構成する対照的属詞には、植物そのものの特徴をあらわす語彙ばかりではなく、違いが比喩的、象徴的あるいは人間にとっての意味づけの違いをあらわす語彙が用いられるのである。八重山地方の植物の方名をみても、対照的属詞には植物の生育場所、色、大きさ、形態、臭いなどの植物の生態的・形態的特徴の違いを示す語彙とともに、植物の価値を象徴する語彙が用いられる[9]。つまり、植物名称の語彙素分析を通して、「ことば」の象徴的用法を明らかにすることが可能となる。

日本語においても動物名のなかには、単に動物個体を指示する言葉としてではなく、比喩、メタファーとして用いられるものがある。たとえば、イヌホオズキ、カラスノエンドウなどのように植物の標準和名のなかに動物名が語彙素として含まれるものを数多く認めることができる。また、動物名は、「雀の涙」、「馬の耳に念仏」などと比喩表現に用いられることがよくある。日本語における動物の名称の象徴的用法をもとに、これが日本における動物観、世界観と深く結びつくことを示してみよう。

まず、植物名の語彙素として用いられる動物名を中心にみてみよう。『新訂学生版　牧野日本植物図鑑』（牧野富太郎、北隆館、一九六七）に記載される二一八五種類の高等植物の標準和名について、それを構成する対照的属詞（接頭辞）をみると、大きさをあらわす「オオ」、「ヒメ」、「コ」、色をあらわす「シロ」、「アカネ」、場所をあらわす「カワラ」、「タニ」といったように植物の形態的特徴、生育場所、色などをあらわす属詞ばかりではなく、いろいろな動物名（架空の動物も含めて）が用いられる。

対照的属詞に用いられる動物名は多く、一五種類の動物名が七二例の標準和名のなかに対照的属詞として用いられる。「イヌ」の例がもっとも多いが、その他に「オニ」、「カラス」、「キツネ」、「クマ」、「スズメ」、「イタチ」、「ウマ」、「ネコ」、「ウシ」、「ネズミ」、「タヌキ」、「テング」、「カニ」、「ヘビ」がある。

動物名によって対照される植物と、元になる植物との植物分類学上の関係は一様ではない。対照的属詞となる動物名のうち、「オニ」、「ネコ」、「テング」、「ウシ」、「ネズミ」、「イタチ」、「カニ」、「ヘビ」、「ウマ」、「キツネ」などでは近縁の植物同士が対照させられる。また、「イヌ」、「カラス」、「クマ」、「スズメ」などの例では植物同士の分類学上の関係は遠縁の異科関係にまで及び、必ずしも植物分類学上の近縁関係が対照の前提にはなっていない。

これらの動物名は、より大型の植物を対照させる「オニ」、「クマ」、「ウマ」など、より小型の植物を対照させる「スズメ」、より密生した毛を有する点を示す「ネコ」といったように、明らかに動物そのものの特徴を借用して比喩的に用いられるものが多い。しかし、象徴的な意味、メタファーとして用いられるものがあり、とくに「イヌ」という語彙は隠喩性を強く帯びる。

隠喩としての「イヌ」

たとえば、キク科ヨモギ属のヨモギに対して、同属ではあるが、小型で細長く、しかも葉の裏にはヨモギ特有の白毛がないものがイヌヨモギと命名される。バラ科サクラ属のソメイヨシノなどのサクラに対し、同属ではあるが花が小型で、しかも花弁が雄しべよりもずっと短い落葉樹はイヌザクラと呼ばれる。また、ナス科のホオズキ属のホオズキに対し、ナス科ナス属の植物がイヌホオズキと命名される。イヌホオズキはホオズキに似るが、その液果は何にも利用できないし、一見してホオズキの実とは区別がつく。ミカン科サンショウ属のサンショウに対し、同科イヌザンショウ属の植物にイヌザンショウという和名がつけられる[10]。落葉低木のイヌザンショウはサンショウに似ているが、葉に特有の臭いがあり、葉の香りがよいサンショウとは容易に区別できる。

さらに、異科の関係にある植物同士が「イヌ」という接頭辞で対照される例がある。ツゲ科のツゲに対するモチノキ科のイヌツゲ、ブナ科の常緑のカシ類に対するクスノキ科のイヌガシ、バラ科のビワに対するクワ科のイヌビワ、イチイ科のカヤに対するイヌガヤ科のイヌガヤ、ウコギ科のウドに対しセリ科のシシウド別名イヌウドなどである。

ツゲとイヌツゲはどちらも庭木としてよく植栽される低木であるが、ツゲの材は緻密で櫛や印判の材にされるのに対し、イヌツゲの材はツゲより不良であるが、ツゲの代用として用いられる。常緑のカシ類も材は堅く、薪炭材、器具材など広く利用されてきたが、イヌガシは器具材、薪炭材に用いられるが芳香を有する点でカシ類と区別される。カヤの種子は食用、薬用となり、食用油もとれるのに対し、イヌガヤの種子は食用とはならず、臭気を有する油が採れ、機械油、灯油、頭髪用として利用するのみである[11]。ウドの若芽は早春食卓を賑わすのに対し、シシウド別名イヌウドは食用とはならず、根茎が薬として利用されるのみである。ビワの実は果物として食卓に上るのに対し、イヌビワの実は食用にはなるが小さく、イチジクの実に似こそすれビワとはまったく形態が異なるものである。

以上のように、「イヌ」という接頭辞をつけて命名される植物とその対照となった植物との植物分類学上の関係は多様である。イヌビエとヒエのように形態が似るものから、ビワとイヌビワのように果実の形態がまったく異なり、はっきりと区別できるものまで認められる。しかし、これらの「イヌ」という対照的属詞をもつ植物に共通する点は、いずれも参照となる植物の〈有用性〉に関係する特徴にある。すなわち、栽培種に対する野生種、有用価値の高い植物に対してその代用品となる植物という関係である。「イヌ」という接頭辞は植物の形態的特徴を表現する語彙というよりも、有用性に基づく価値のレヴェルをあらわすのである。「イヌ」を名称の語彙素としてもつことによって、対照となる植物に対しより低価値の植物であることを表明することになっている。

このように、日本語の植物名称の言語学的分析、および対照されるものの植物分類学上の特性、有用性などの特徴の検討から、象徴的用法をとる「ことば」を見つけだせる。日本語において「イヌ」はメタファーとして用いられることを植物名称を手がかりとして見いだすことができるのである。

日本文化とイヌ

じっさい、「イヌ」という言葉は、辞書が示すように日本語の文脈において多様な用いられかたをしている。『広辞苑』（第五版、一九九八）の「いぬ」の項には、接頭辞として「似て非なるもの、劣るものの意を表す語。また、卑しめ軽んじて、くだらないもの、むだなものの意を表す語」とある。また、『大辞林』（一九八八）の「いぬ」の項には、接頭辞として、「①卑しめ軽んじて、価値の劣る意を表す。②似て非なるものの意を表す。③役に立たないもの、むだであることを表す」とある。対照的属詞として登場する「イヌ」という語彙は国語辞典に記されるように、一般的にも〈劣るもの〉、〈役に立たないもの〉のメタファーとして用いられることが分かる。

「イヌ」という語彙がこのような隠喩性を強く帯びるのは、日本文化におけるイヌの位置づけと無関係ではない。日本文化において、忠犬ハチ公の話があるように、イヌには忠実なイメージも与えられている。その反面、日本語の文脈の中で、犬おどし、犬侍、犬畜生などの熟語が示すように、イヌという言葉は侮蔑やののしりの言葉ともなるのである。また、イヌには人の忠実な従者としてのイメージのほか、山と里の間を自由に行き来し、「一面は人に接し、他の一面は山の同類の社会とも連絡をとっていた」という観念が日本の民俗文化にある[12]。近年まで、村や都会において固定した飼い主をもつイヌは比較的少なかったのである。

前章で述べたように、古来日本人にとって海の彼方と深山は他界であったといえる。古来の宗教では、山岳や海（海上の島）などの聖地を里から拝して、そこにいる神霊の加護を祈る形態をとることが一般的であった[13]。山と里のあいだを自由に行き来するイヌは、いわばこの世とあの世、あるいは人間の領域と自然の領域を自由に行き来することを象徴するものなのである。

日本の祭りのなかには、八重山地方のアカマタ、クロマタのように、異装の来訪神が祭りの重要な要素になるものが少なくない。異なる世界との交流は祭りという特定の儀礼の場において行われることが強調されるのである。異なる世界からの自由な来訪は、逆に、「もののけ」、「悪霊」などと、恐れの対象となることが多い。日本の民俗文化において、異なる世界との交流は祭りなどの聖なる場において行われてはじめて、日常の世界にとってプラスの価値をもつのである。これに対し、自由な往来はマイナスの価値をもつものである。イヌに対するマイナスの評価は、このような日本の宗教観がイヌの両義的な性格に反映されたものと考えられる。植物名称の語彙素として用いられる語彙のなかにも、このように日本文化における世界観を背景にした象徴的意味をもつものがある。

後で述べるように、動物のカテゴリーは社会的文脈において重要な意味をもつものも少なくないが、イヌは多くの社会において特別な意味づけがなされる動物の一つである。ニューギニアのカラム（Karam: オーストロネシア語族、メラネシア語派、北東ニューギニア諸語）では神話において疑似人間として扱われる。[14] また、タイ北東部に住むフラーン・ムアンの人びと（Phraan Muan: シナ・チベット語族、漢・タイ語派、タイ語支言語、タイ語北東方言）やビルマ（現ミャンマー）のカチン（Kachin: シナ・チベット語族、チベット・ビルマ語派、ビルマ語支言語）では、家畜でありながら人間と同じ家屋の中に暮らすがゆえにこれに強いタブーを付与するのである。[15] 英語においてもドッグ（dog）は悪口に用いられるなど非常に特別な、儀礼的価値をもった動物カテゴリーである。[16] いっぽう、アイヌ社会では、イヌはクマ狩りにおいて重要な役割を果たし、イヌはレイェ・プ・カムイ（這う・もの・神）とも呼ばれる。イヌは火の神の使者であり、神の国からの訪問者であるクマのところにアイヌを導くものである。アイヌの世界観においてはイヌはカムイの一員であり、神の国からの訪問者と人間を結びつける役割を果たすものとなる。

イヌに対する象徴的意味づけには、このように文化ごとの違いが認められる。いっぽう、イヌが象徴性を帯びるのは、動物でありながら人間の一番身近にいること、つまり、イヌの両義的性格にあるのである。日本文化におけるイヌの象徴性は、日本文化における世界の認識と強く関係すると同時に、象徴性を帯びるものには文化を越えた普遍的な一面があることが分かる。

6　言語の象徴表現と世界観

「もの」を手がかりに

上記のように、世界観はまた、「ことば」の象徴的用法あるいは象徴表現となる特定の「もの」を手がかりとして探ることが可能である。人間は象徴を用いて自分たちの世界を明らかにし、それを自分たちの世界観へとつくり変えるのである。また、各地の民族誌は、レヴィ＝ストロース[17]が指摘したように、植物や動物といった自然の種を個として弁別可能であるがゆえに、知的操作の手段として用い、文化の記号体系のなかでさまざまな役割を与えてきたことを示している。

たとえば、アフリカ、コンゴ民主共和国のレレ（Lele: ニジェール・コンゴ語族、バントゥ諸語、クバ語群）においては、キノボリセンザンコウが特別の動物として扱われる。[18]哺乳類であるキノボリセンザンコウは、魚のような鱗をもち、樹上に生活するため、レレは水の動物と陸地の動物の両カテゴリーにまたがる変則的（アノマリー）な動物とみなすのである。レレの土地の動物のうちで変則的な動物はキノボリセンザンコウ以外にも認められている。この動物がとりわけ儀礼上重要とみなされるのは、これがレレの二元観の根本である水と陸という対立カテゴリーの境界に位置する点においてである。しかも、水＝超自然的力というメタファーがレレの思考に存在するからである。キノボリセンザンコウの意味は、変則的動物であるというレレの動物分類上の位置と同時に、レレの世界観全体との関係によって決まっているのである。このように、特定の動物がまさに彼らの世界観を象徴するものとして選ばれるのである。

象徴的意味を付与された動物の例は他の民族誌にもいろいろ見いだすことができる。第四章でのべたように、ニューギニアのカラムでは、[19]ヒクイドリは彼らの「森」と「耕地」という空間上の二項対立における「森」の象徴とされ、これには強いタブーが付与されている。セーラム諸島のヌアウル（Nuaulu: オーストロネシア語族、インドネシア語派、東部インドネシア諸語、アンボン・ティモル語群、西部セラム亜語群）の間では、[20]クスクスが象徴的に人間と同一視され、これを食べることが儀礼においての重要な要素とされる。また、偶蹄類でありながら、反芻しないブタは分類上変則的な動物であり、ヘブライ人にとっては汚れた動物とされ、これには強い食物タブーが付与されるのである。[21]また、イギリス人にとっては、陸上にすみ、足がなく、卵を抱くヘビは分類上変則的とされ、強いタブーが付与される。[22]さらに、ブナクの事例のように、[23]キンマを神話において最初につくられたものの片方、ビンロウジュをもう一方とし、前者を柔らかいものの象徴、すべての植物の母と、後者を硬いものの象徴、全ての植物の父とみなすという文化もある。

このように、動物や植物は、人類の文化に対して食物、衣服、住居、道具などの素材を提供するばかりではなく、神話、物語、象徴表現などをとおしてわれわれに多様なメッセージを伝える素材となる。個別文化が取り上げ、象徴として用いる動物や植物はさまざまであり、それらの意味づけは当然その文化全体の文脈を考慮しなければならない。また、何を変則的であるとみなすのかは、彼らの世界観全体と深く結びつき、象徴性を帯びるものの意味は、個別文化の分類体系全体と無縁ではないのである。同時に、上記の事例が示すように、変則的な動物が象徴性を帯びやすいこと、それらには強い食物タブーが結びつくことなどの点には普遍的傾向が認められる。このような事例の比較から文化を越えた普遍的認識の体系を明らかにすることも可能である。

多様な意味を担った「ことば」、象徴として用いられるものは、各民族固有の世界観のカギとなることが多いのである。「ことば」の象徴的意味、「ことば」の使われる文化全体における文脈などを手がかりとして、また、超自然的世界の認識、世界観を明らかにすることが可能なのである。

7 認識人類学の意義

認識人類学的アプローチの可能性

言語と文化は密接な関係をもつものであるが、言語学的分析のみで、超自然観、認識の体系のすべてが解明できるのではもちろんない。しかし、以上に述べたように、「ことば」を多角的視点から取りあげること、認識人類学的視点により、世界観、世界の認識の体系を探ることが可能となる。

個別文化における世界観、超自然観は人類学における重要な問題の一つであり、各種の儀礼、宗教活動、神話などの分析をもとにこれまでも多くの研究が進められてきた。ここではアイヌの世界観をとりあげ、世界観の探究に向けての「ことば」に焦点をあてた、認識人類学的アプローチの可能性を示してきた。

最初に述べたように、従来のエスノ・サイエンス、認識人類学の研究はとくに語彙の意味領域を客観的、普遍的な概念で定義できる領域を対象としてきた。これに対し、この本では世界観を宗教、儀礼、信仰といった側面に限定するのではなく、自然認識（動植物観）、宇宙観、人間観（ジェンダー観）、超自然観などを総合した、現象世界を説明づけ、秩序化する認識の体系として考察しようとしたものである。

ここでは、このためのアプローチとして「ことば」の意味領域、意味の外延、語源、語彙素構成などの分析といった従来のエスノ・サイエンス、認識人類学で採用されてきた言語学的手法ばかりではなく、「ことば」の象徴的用法、「ことば」の用いられる日常的・神話的文脈、民族誌的な背景などといった、いわゆる象徴人類学的方法論をも併用している。エスノ・サイエンスと象徴人類学の方法論を統合した意味での認識人類学的アプローチからアイヌの世界観、認識の体系を探ったのである。

アイヌの世界観をこのような総合的視点から考察することにより、世界像、宇宙観は空間認識、空間分類と密接な関係があること、カムイの概念は彼らの動物観、植物観と連繋すると同時に人間の生態を反映すること、相補的二元観が基調になること、動植物のシンボリズムが文化の核心となることなどを示すことができた。ここでいう世界の認識とは、個々の人間それぞれの現象を認知するしかたという意味での認識ではなく、文化の内的構造としての認識という意味である。したがって、この本で示したアイヌの世界観は、実態としての文化の背後に内在する構造という意味での認識の体系である。このような意味で世界の認識、世界観を捉えた場合には、この本で示した認識人類学的方法論は個別文化における超自然観、世界観を明らかにする一つの方法論としての意義をもつといえる。

じっさい、宇宙観、超自然観といった領域までを認識の体系として取り扱おうとする場合には、従来のエスノ・サイエンスの方法論のみでは不十分なのである。もっと広く文化全体の文脈、日常生活や儀礼上の文脈をも考慮する必要がある。エスノ・サイエンス、象徴人類学を総合する広い視点が必要なのである。それによって、文化に備わる世界の見かた、秩序化・組織化の体系、つまり、世界観を探ることができる。認識人類学は、エスノ・サイエンスと象徴人類学の枠を越えた広い視点からの方法論的立場をとることによって、世界観の探究を含め新たな問題を探る有効な方法論となる意義をもつのである。

註

（1）Conklin, Harold C., 1955, *The Relation of Hanunoo Culture to the Plant World*, Ph. D. thesis in Anthropology, Yale University; 1962, Lexicographical Treatment of Folk Taxonomies, *International Journal of American Linguistic*, 28(2), Part 4 : 119-141.

（2）ウォーフ、一九七〇年、「科学と言語学」、E・サピア、B・L・ウォーフ他著『文化人類学と言語学』、池上嘉彦訳、弘文堂、四七―六三ページ（五九―六〇ページ）。

（3）山田孝子、一九八四年、「沖縄県、八重山地方における植物の命名、分類、利用―比較民族植物学的考察」『リトルワールド研究報告』七号、二五―一三五ページ。

（4）Friedberg, Claudine, 1979, Socially Significant Plant Species and Their Taxonomic Position Among the Bunaq of Central Timor, in Ellen, Roy F. & David Reason (eds.), *Classifications in Their Social Context*, New York : Academic Press, pp.81- 101.

（5）Yamada, Takako, 1984, Nyindu Culture and the Plant World, *Senri Ethnological Studies*, 15(Africa) : 69-107.

（6）Bloch, Maurice, 1977, The Past and the Present in the Present, *Man* (n.s.), 12 : 278-292.

（7）ギアーツ、一九八七年、『文化の解釈学』（I）、吉田禎吾他訳、岩波現代選書、一四五―二一五ページ。

（8）煎本孝、一九八九年、「ラダックにおけるラーの概念」『印度哲学仏教学』四号、三〇五―三二四ページ。

（9）山田、一九八四年、前掲書、六三―六六ページ。

(10) 『新日本植物誌　顕花篇』（大井次三郎、一九八三年、至文堂）においては、サンショウとイヌザンショウは同じサンショウ属の植物として取り扱われている（九三二ページ）。

(11) 北村四郎・村田源、一九七九年、『原色日本植物図鑑　木本編Ⅱ』、保育社、四四九―四五〇ページ。

(12) 柳田国男、一九七九年、「狼のゆくえ」『新編柳田国男集』第一一巻、筑摩書房、二四八―二六四ページ。

(13) 宮家準、一九八四年、「修験道とシャマニズム」、加藤九祚編『日本のシャマニズムとその周辺』、日本放送出版協会、五三―六七ページ。

(14) Bulmer, Ralph, 1967, Why is the Cassowary not a Bird?, *Man* (n.s.), 2 : 5-25.

(15) Tambiah, S.J., 1969, Animals are Good to Think and Good to Prohibit, *Ethnology*, 8(4) : 423-459. Leach, Edmund, 1964, Anthropological Aspects of Language: Animal Categories and Verbal Abuse, in Lenneberg, E. R. (ed.), *New Directions in the Study of Language*, Cambridge : The M. I. T. Press, pp. 23-63.

(16) Leach, 1964, 前掲書、二七―二八ページ。

(17) クロード・レヴィ＝ストロース、一九七六年、『野生の思考』、大橋保夫訳、みすず書房、一六一―一六二ページ。

(18) Douglas, Mary, 1957, Animal in Lele Religious Symbolism, *Africa*, 27(1) : 46-57.

(19) Bulmer, 1967, 前掲書。

(20) Ellen, Roy, 1972, Marsupials in Nuaulu Ritual Behaviour, *Man* (n.s.), 7(2) : 223-238.

(21) Douglas, Mary, 1970, *Purity and Danger*, London : Pelican Books, pp. 54-55.

(22) Leach, 1964, 前掲書、三九―四二ページ。

(23) Friedberg, 1979, 前掲書、八六―八七ページ。

補章　現代に生き続けるアイヌの世界観

本書が出版された一九九四年は、ちょうど一九九三年における国連による「世界の先住民の国際年」の制定の翌年にあたり、一二月一〇日からは「世界の先住民の国際一〇年」が開始された年でもあった。一九九〇年代は世界規模で先住民運動が展開したことで知られるが、日本においても、アイヌの民族としての権利を求める運動が積極的に取り組まれ、一九九七年に「旧土人保護法」の廃止と「アイヌ文化の振興並びにアイヌの伝統等に関する知識の普及及び啓発に関する法律（アイヌ文化振興法）」の制定という一定の成果をみている。もちろん、この時点では日本政府はアイヌの人々の先住性を認めたに過ぎなかった。

先住民運動の目標の一つには、たいてい伝統文化と言語の保持や復興がある。文化復興はアイヌの運動においても両輪の一つであり、とくに一九八〇年代以降にはアイヌ新法を求める運動と並行して積極的に展開された。一九九二年の国連本部における「世界の先住民の国際年」の開幕式典では、当時北海道ウタリ協会理事長であった野村義一氏が記念演説を行い、先住民族としての権利を訴えたことも知られる。補章として、ここではとくに一九八〇年代以降のアイヌの伝統文化復興運動を振り返りながら、文化復興をとおして今日まで生き続ける彼らの世界観、精神性について考えてみたい。

一九八〇年代における文化復興運動と旧土人保護法廃止の要求

一九八〇年代以降におけるアイヌの文化復興運動は、一九六一年の「北海道アイヌ協会」の「北海道ウタリ協会」への改称が契機となる。[1] アイヌの恒常的発展と福利厚生を活動の目的に掲げて発足した社団法人北海道アイヌ協会の組織名改称にあたって、協会の目的の一つにアイヌ文化の保存・伝承と発展を図ることが加えられた。アイヌの人々は民族としての自立にむけてアイデンティティを取り戻す方向へと踏み出したといえる。

その後、一九七一年の二風谷アイヌ文化資料館の竣工、一九七六年のアイヌ無形文化伝承保存会[2]の発足というように、一九七〇年代には日本人研究者による研究の対象に留まるのではなく、自分たちの物質文化を自ら保存し、展示するという新しい流れが生み出されていく。一九七七年には静内町での北海道ウタリ協会主催による第一回シャクシャイン法要祭、[3] 一九七九年には二風谷での第一回アイヌ語教室の開催があった。

一九八〇年代に入ると、文化復興の取り組みは北海道内各地に広がっていく。一九八二年の札幌での第一回アシリチェプノミ（初鮭の祝い儀式）、一九八三年の屈斜路コタンにおけるコタンコロカムイイオマンテなど、アイヌの伝統的儀礼が実施された。また、一九八〇年の浦河町におけるアイヌ語を学ぶ会の開催を皮切りに、一九八七年以降には北海道ウタリ協会の支援による各支部でのアイヌ語教室の恒常的開催（一九九五年には一二支部での開催）と、[4]アイヌ語復興の取り組みが進んだ。

また、一九八四年にはアイヌの歌と踊りが日本政府によりアイヌ古式舞踊として重要無形民俗文化財に指定される。アイヌの民族舞踊は日本社会における貴重な文化遺産の一つとしての市民権を得たのであり、旭川、白老、平取、静内などの八地域にアイヌ古式舞踊保存会が設立され、保護団体として認定された。一九九四年には札幌、千歳など新たに九保存会が設立され、北海道ウタリ協会（二〇〇九年に北海道アイヌ協会に名称変更）のほとんどの支部に古式舞踊保存会ができたのである。

さらに、北海道ウタリ協会は、「アイヌ民族文化祭」を一九八九年に札幌で開催して以来、開催地を変えて毎年開いてきた。アイヌ民族文化祭では、アイヌ古式舞踊の披露、アイヌ語劇の実演、民族楽器の演奏、ユーカラなどの口承文芸の朗誦、民族衣装の紹介など、伝統文化の「ヌヤン（聞きなさい）、ヌカラン（見なさい）、ピラサレヤン（広げなさい）」をテーマにプログラムが組まれ、自分たちの文化に親しむことのできる機会が提供されてきた。

一方、一九八〇年代のアイヌの政治運動は、一九八六年の中曾根康弘首相による「日本単一民族国家」発言が引き金ともなった。「旧土人保護法の廃止」と「アイヌ新法の制定」が目標となり、北海道ウタリ協会は一九八八年に道庁、道議会とともに、政府に対してアイヌ新法の制定を要請するに至る。政治運動を進めるにあたって、世界の先住民族運動との連繋が図られ、一九八九年八月には札幌、二風谷、釧路で世界先住民族会議が開催されていく。

一九九〇年代におけるアイヌの文化復興運動と世界の先住民族運動

少数民族、先住民族とされる民族的集団は、そもそも「少数民族」、「先住民族」として存在してきたわけではない。しかし、彼らは一九八〇年代後半以降、当該社会の多数派への同化、民族文化の衰退という危機に直面するなかで、「先住民族」というラベルのもと、民族の自決権の獲得、伝統社会・文化の復興を求める運動を行っていったことが分かる。たとえば、ノルウェーのサーミでは、アルタダム建設計画を巡って反対運動が起こされ、「サーミの言語、文化、社会生活の保護と発展を可能にするための努力をすることはノルウェー政府の義務である」と、一九八八年に憲法に付記され、サーミ議会が開会されるまでとなる。[5] また、西シベリアのハンティでは、ソビエト崩壊後、「ウゴール人に共通な故郷」であるオビ川を全滅から守る運動に着手し、天然資源の保存、生態学的均衡の回復、シャマニズムの復興、伝統的生活を営む権利などを求める運動が始められた。[6] 東シベリアのサハにおいても、サハ共和国政府は一九九〇年の「国家主権宣言」以降、伝統文化やシャマニズムの復興を生態学的国家建設とともに主導していったのである。[7]

世界各地での先住民運動は国連を動かし、一九九〇年一二月の国連総会において一九九三年を「世界の先住民の国際年」とすることが決議される。[8] さらに、一九九三年一二月の第八六回国連総会での「世界の先住民の国際一〇年（一九九五―二〇〇四）」の決議、二〇〇四年一二月の第七四回国連総会における「第二次世界の先住民の国際一〇年（二〇〇五―二〇一四）」の決議というように、一九九〇年代には先住民運動の世界規模での展開がみられた。[9]

この世界規模の先住民運動を背景に、アイヌの人たちの間では、一九九〇年には平取町での第一回シシリムカアイヌ文化祭の開催、札幌、白老におけるアイヌ語教室の開設、白老民族文化伝承保存財団によるイオマンテの実施などが取り組まれた。一九九五―九六年には、「世界の先住民の国際一〇年」記念行事として、北海道ウタリ協会の二一支部により伝統的儀礼（カムイノミ）が実施された。[10] たとえば平取支部ではチプサンケ（舟おろしの儀式）、千歳と札幌の各支部ではアシリチェプノミ、白老支部ではしらおいチェプ祭り、白糠支部ではフンペ（鯨）祭り、鵡川、門別、白糠の各支部ではししゃも祭り、阿寒支部ではまりも祭りが実施され、様似、伊達、帯広、釧路、穂別などの一三支部では供養祭（イチャルパ）が実施された。供養祭では、とくに、アイヌプリ（アイヌ風）で弔いができなかった祖先に対しての詫びる気持ちで行ったという。

一九八〇年代以降のアイヌ語や伝統文化復興の中心的担い手は、日本人としての教育を受け、日本人として生きてきた世代であった。彼らはアイヌ語・アイヌ文化の学びなおしをとおしてアイヌとしての新たなアイデンティティを獲得し、続く世代への文化の継承を願い、文化復興に関わっていったのである。

アイヌ文化振興法制定と先住民族としての認定への苦闘

民族としての権利を求めるアイヌの運動への苦闘は続いたが、一九九七年三月の札幌地裁による「二風谷ダム建設差し止め訴訟」判決では、アイヌ民族は民族固有の文化を享有する権利（文化享有権）をもつことが初めて認定される成果をみた。[11] そして、一九九七年五月一四日には、アイヌの人々の「先住性」が認められたに過ぎないが、「旧土人保護法」の廃止と「アイヌ文化の振興並びにアイヌの伝統等に関する知識の普及及び啓発に関する法律（アイヌ文化振興法）」の制定・施行をみるに至った。[12]

しかし、アイヌの人々の先住民族としての認定への道のりは長く、さらに一〇年余かかることになる。二〇〇七年九月にようやく、国連総会における「先住民族の権利に関する国際連合宣言」の採択において、日本政府は「民族自決権は国家からの独立を意味しない」として賛成票を投じたのである。[13] そして、二〇〇八年六月には、第一六九回国会において「アイヌ民族を先住民族とすることを求める決議案」が全会一致で可決された。[14]

これをうけて、北海道ウタリ協会は二〇〇九年四月に北海道アイヌ協会へと名称を変更し、政府もまた「アイヌ政策のあり方に関する有識者懇談会」（以後有識者懇談会）を設置し、総合的な施策の確立に向けて踏み出している。二〇〇九年七月に提出された有識者懇談会の報告書において、「民族共生の象徴となる空間」(象徴空間)の整備が今後のアイヌ政策の「扇の要」と提言されたのである。[15]

政府は、二〇〇九年一二月に有識者懇談会の報告書をうけて、内閣官房に「アイヌ政策推進会議」(座長官房長官)を発足させ、二〇一〇年三月には、「北海道外アイヌの生活実態調査」作業部会とともに「民族共生の象徴となる空間」作業部会を設置させ、施策を進めている。[16] 二〇一四年六月には、象徴空間の施設として国立アイヌ民族博物館と民族共生公園を二〇二〇年に白老町に開設することが決定された。そして、二〇一九年二月一五日には、「アイヌ文化振興法」に代わる新たなアイヌ支援法案が閣議決定され、内閣官房により第一九八回通常国会に「アイヌの人々の誇りが尊重される社会を実現するための施策の推進に関する法律案」が提出され、四月一九日に参議院本会議での可決、成立をみたのである。[17]

復興される文化——何が復興されるのか

アイヌの人たちは様々な職業に就き、他の日本人と変わらない日々の生活を送る。では、文化復興運動において、何が、どのように、誰によって復興、再活性化されてきたのであろうか。復興が取り組まれたのはまずアイヌ語であった。アイヌ語復興の中心となったのは、ユーカラ、ウエペケルなどの口頭伝承を記憶する年輩の人々であった。彼らはそれぞれが伝える物語の記録に協力し、生きたアイヌ語や文化の伝承者として下の世代の人たちに伝統的知識を伝えたのであり、彼らのアイヌ文化の知識は記録され、保存されていった。

文化復興運動の歴史がシャクシャイン法要祭をカムイノミ（神々への祈りの儀式）としての復興に始まったとすでに述べたが、信仰、世界観の源泉であるカムイノミの復興が取り組まれた。一般に宗教儀礼には文化の神髄が凝縮されるが、たとえば本書の第二章で触れたように、クマ送り儀礼（熊祭り）には人間と自然の神々との関係の在り方が象徴的に表出される。カムイノミは世代を超えてのアイヌの世界観、ものの見方を伝える媒体となっていく。

また、カムイノミという宗教儀礼の復興は、世界観に限らず様々な文化要素の再活性化をもたらしてきた。たとえばクマ送り儀礼ではクマが、フクロウ送り儀礼ではシマフクロウが中心となるというように、各儀礼的祭りには中心テーマとなる自然のカムイがいる。しかし、どのカムイノミにおいても、すべての自然の神々がその場に招待され、儀礼の間、客として臨席することが重要な要素となる。どのカムイノミも、たとえば一九九二年九月に参加することのできた「シャクシャイン法要祭」とほぼ同様のプロセスで実施されるのである。

まず、シャクシャイン法要祭の実施に先立ち、男性たちは祀られる神々へのイナウ（木幣）を製作し、女性たちは酒や料理を準備する。当日には、ポロ・チセ（家屋）の外、神窓の先にはそれぞれのカムイを象徴するイナウを立ててヌサ・サン（祭壇）が造られる。ポロ・チセ内ではいろりを取り囲むようにして男性が座る中で、年輩の男性が司祭の役を務め、火の神に祈りをささげた後、ヌサ・サンに祀られた神々それぞれに対し、祈りの言葉と酒が捧げられる。すべての祀られた神々への祈りが終わると、女性たちによる先祖供養（シヌラッパあるいはイチャルパ）が行われる。シヌラッパが終了したところで、参加した人たちによるウポポ（歌）とリムセ（輪舞）からなる古式舞踊が披露される。

「カムイノミ」の復興には、神々への祈りの言葉となるアイヌ語の習得、祀られる神々へのイナウの製作技術の習得もまた必要となり、男性たちは木彫りの技術を身につけていったのである。また、ウポポを歌い、リムセを基本として構成される古式舞踊の実施にあたっては、アイヌ語の歌詞の習得はもちろんであるが、伝統的衣装をはじめとする小道具の復元製作が必要となる。古式舞踊保存会の女性メンバーは博物館などに残されたアイヌ衣装の伝統的文様や色彩を手本に、アイヌ刺繍を習い、民族衣装を自ら製作する技術を身につけ、民族衣装文化の伝承を担っていったのである。

古式舞踊やカムイノミの復興をとおしてアイヌ語を学んだと語る女性も多い。伝統文化復興運動において古式舞踊やカムイノミの実施を担っていった世代は文化伝承の主体となってアイヌ語、アイヌ文化の復興を進めていったのである。

現代に継承されるアイヌの世界観

サハやハンティをはじめとし、ポスト・ソビエトのシベリア地域において自然を霊的な存在としてみるアニミズムの信仰、あるいは自然に宗教的な感情を抱くことは、広く引き継がれてきた。[18] 彼らにおける伝統文化復興をみていくと、伝統文化が自然と共存・共生してきた文化であるという主張を読みとることができる。実際、サハやハンティは、伝統文化復興運動のなかで、アニミズムの世界観は自然を崇拝し、自然を大切に護る基盤となるものとして位置づけ、現代の環境意識と共通するグローバルな価値をもつ、いわばエコロジーの思想そのものと再定置していた。先住民族の文化復興運動には、このように人々の本質に語りかけながら、自然と宗教をキーワードに、先住民文化が自然と共存・共生してきた文化であると、よそおいを新たに再編されていったのをみることができる。

アイヌの文化復興運動も例外ではなく、自然との共生をキーワードとする主張が展開されてきたのをみることができる。たとえば、アトゥイ（豊岡征則）氏は、「すべての生き物は自然の摂理の中で役割を担い合うものである」、「アイヌの精神は我々がお互いに育み合う世界（ureshipa moshiri）に生きるという考えに基づいている」、「アイヌのアニミズム的考え方の神髄は他者を尊重し、敬うことにあり、それは《共生》の哲学である。現代にはこのような第三の哲学が必要とされている」と主張する。[19] また、中本ムツ子氏は、生前、「アイヌは自然を大切にし、自然と共に生きてきた民族である」とよく語っていた。さらに、北海道ウタリ協会が製作した広報ビデオには『共生への道』というタイトルがつけられ、「共生の哲学」がアイヌの考え方の底流にあることが示唆されている。

先住民族の伝統文化と宗教の復興は、現代において自然と人間との関係に対し警鐘を鳴らし、自然との共生を再確認させるという役目を担いながら、実践されてきたということができる。アイヌ文化についても、それを実体験することによって「自然・命の大切さを学ぶ」といった論調でメディアにも取り上げられる[20]。日本においても、ローカルな「文化」―アニミズムの伝統―が時流に沿って読み替えられ、「自然との共生の哲学」として現代的に意味づけされ、活性化されるという文化の動態的特性をみることができる。

先住民族のなかには自然をシンボルとして彼らの帰属性の表出上の戦略として用いる例も多い[21]。先住民族にとって「自然」は民族性と帰属性の源であり、アイデンティティのシンボルとなること、そして彼らの文化には人間が構築してきた自然との関係についてのさまざまな知の体系がある。霊的な存在への信仰と位置づけるにしろ、現代風に自然との共生といったエコロジーの哲学のもとで位置づけるにしろ、そこには自然を単なる物質主義にみるのではなく、スピリチュアルにみるという底流があり、このような考え方に立つ先住民族の文化的遺産は環境破壊が進む時代に必要とされる。

アニミズム的信仰に根ざし、人間と自然の神々との相補的互酬性の関係でとらえるアイヌの世界観もまた、日本社会の中で自然との共存・共生の思想（哲学）として参照され、アイヌの人たちの民族的アイデンティティの要として生き続けるのである。

註

（1）北海道ウタリ協会、一九九六年、『50年のあゆみ』、社団法人北海道ウタリ協会。

（2）財団法人アイヌ無形文化伝承保存会は二〇〇八年三月に解散され、その事業内容の一部は北海道ウタリ協会によって引き継がれた。

（3）一六六九年に起きた松前藩に対する近世最大規模のアイヌ民族の蜂起を率いた静内地域の首長で、アイヌの英雄としてアイヌの抵抗精神のシンボル的存在である。

（4）Yamada, Takako, 2005, Language and Rituals of the Ainu in Contemporary Japan, in Pentikäinen, J. & P. Simoncsics (eds.), *Shamanhood*, Oslo: Novus forlag, pp. 207-218; pp. 212-223.

（5）Magga, Ole Henrik, 2004, Cultural Rights of the Saami People in Norway: Past and Present, in Irimoto, T. & T. Yamada (eds.), *Circumpolar Ethnicity and Identity*, pp. 347-356; p. 352.

（6）山田孝子、二〇〇七年、「文化復興から読む宗教と自然の意味—ハンティ、サハの事例から」、煎本孝・山岸俊男編『現代文化人類学の課題—北方研究からみる』、世界思想社、二〇三—二三〇ページ。

（7）山田孝子、二〇〇七年、「自然との共生—サハのエスニシティとアイデンティティ再構築へのメッセージ」、煎本孝・山田孝子編著『北の民の人類学』、京都大学学術出版会、六一—九四ページ。

（8）United Nations General Assembly, 18 December 1990, resolution A/RES/45/164：https://www.un.org/documents/ga/res/45/a45r164.htm（二〇一九年三月三一日閲覧）。

（9）United Nations- Indigenous Peoples, Department of Economic and social Affairs：https://www.un.org/development/desa/indigenouspeoples/about-us/unga-res-on-ips.html（二〇一九年三月三一日閲覧）。

（10）Yamada, Takako, 2000, The Revival of Rituals among the Sakha-Yakut and the Hokkaido Ainu, *Acta Borealia*, 17(1)：77-115; pp. 101-103.

（11）『朝日新聞　聞蔵Ⅱビジュアル』、一九九七年三月二八日朝刊、道内地域版。
（12）『朝日新聞　聞蔵Ⅱビジュアル』、一九九七年五月九日朝刊、オピニオン。
（13）『朝日新聞　聞蔵Ⅱビジュアル』、二〇〇七年九月一四日夕刊、2総合。
（14）衆議院：http://www.shugiin.go.jp/internet/itdb_gian.nsf/html/gian/keika/1DA43A2.htm（二〇一九年三月三一日閲覧）。
（15）「民族共生象徴空間」：https://www.kantei.go.jp/jp/singi/ainusuishin/symbolic_space.html（二〇一九年三月二八日閲覧）。
（16）アイヌ政策推進会議／内閣官房アイヌ総合政策室：https://www.kantei.go.jp/jp/singi/ainusuishin/symbolic_space.html（二〇一九年三月二八日閲覧）。
（17）https://www.cas.go.jp/jp/houan/198.html（二〇一九年三月二七日閲覧）、http://www.shugiin.go.jp/internet/itdb_gian.nsf/html/gian/keika/1DCBA2A.htm（二〇一九年五月二日閲覧）。
（18）Yamada, Takako & Takashi Irimoto（eds.）, 1997, *Circumpolar Animism and Shamanism*, Sapporo: Hokkaido University Press.
（19）Atuy, Masanori Toyooka,1997, Coexistence with Nature and the "Third Philosophy": Learning from the Spirit of the Ainu, in Yamada, T. & T. Irimoto（eds.）, *Circumpolar Animism and Shamanism*, Sapporo: Hokkaido University Press, pp. 3-7.
（20）『朝日新聞　聞蔵Ⅱビジュアル』、二〇〇七年七月八日朝刊、教育1。
（21）アラスカ州のグィッチンでは、狩猟・漁撈・採集によって得られる「リアル・フード」を分配する生き方がグィッチンのアイデンティティの源となる。井上敏昭、二〇〇七年、「『我々はカリブーの民である』―アラスカ・カナダ先住民のアイデンティティと開発運動」、煎本孝・山田孝子編著『北の民の人類学』、京都大学学術出版会、九五―一二二ページ。

あとがき

アイヌの宗教と信仰に関する明治以前の旧記類、および明治以降の言語学、民族学の報告によって、アイヌは自然のなかにカムイ（神）を認め、カムイへの信仰、カムイと人間との交流のなかで生きてきた人びとであることが知られるようになった。

それまで私は、沖縄の八重山地方、ミクロネシア、アフリカ、西チベットなどでエスノ・サイエンス（民族科学）に関する研究を行ってきた。そこで、アイヌの動植物の名称などに関する文献資料にはじめて接したときには、その豊富な知識とそれらをカムイと認める信仰に深い関心を抱いたのである。同時に、このような信仰についての体系的、分析的な研究がないことにも驚いた。自然のなかにカムイを認めるという世界認識（世界観）の深層構造についてては、これまでの研究において明らかにされてはこなかったのである。このことが本書のもとになった研究の契機となった。

本書はアイヌの世界観を、宇宙をはじめ、霊魂、カムイ、植物、動物といった現象世界の総合的認識の体系として捉え、その深層構造を明らかにしようとしたものである。そして、これを明らかにするために認識人類学的方法論、つまり、「ことば」の分析に焦点をあてたのである。語彙としての「ことば」は人間の思考と連繋し、個々の文化における認識の体系を明らかにしうるものでもある。この意味で本書は、われわれが普段なにげなく使っている「ことば」の背後には世界の認識のしかたがいかに隠されているものなのかを読み解くものでもある。したがって、ここで取りあげた方法論はアイヌの世界観を明らかにするのみならず、人間の認識の理解のための一つの視点を提供するものであるということができる。

この研究を進めるにあたっては文献資料のみならず、実地調査を北海道胆振地方の白老・幌別地域、日高地方の静内地域などで行った。実地調査にあたっては北海道ウタリ協会の野村義一理事長、北海道大学農学部附属博物館の難波琢雄氏、静内町郷土館の古原敏広氏らにひとかたならぬご尽力をいただいた。アイヌのエカシ（翁）やフチ（媼）には貴重なお話をたくさん聞かせていただいた。これらのすべての方々に心から感謝の意を表します。また、本書が生まれるにあたって最後までねばり強く引っ張って下さった講談社学術局選書出版部の池ノ上清氏、横山建城氏のご尽力にお礼申しあげます。

なお、第一章は「アイヌの宇宙観再考」（『ヒトの自然誌』平凡社、一九九一年）、第三章は「アイヌの植物分類体系」（『民族学研究』五一巻二号、一九八六年）、第四章は「アイヌの動物分類と世界観」（『北方文化研究』一八号、一九八七年）として発表した論文をもとに、全面的に加筆し書きあらためたものである。

一九九四年六月

山田孝子

学術文庫版あとがき

今回、講談社学術文庫の一冊として収録・刊行されることになった。本書が出版された当時、札幌を生活の拠点としてアイヌの人たちの様々な活動に触れながら、彼らの世界観を紐解いていたことを思い出す。文庫版としての出版は、かねてから願ってきたところであったが、日本社会においてアイヌの人たちを取り巻く社会状況が少しずつ好転し、新たなアイヌ支援法案が国会に提出され、参議院本会議での可決、成立をみた時期に、再び本書が刊行されることは感慨に堪えません。

これまでの研究生活を振り返ってみると、二〇代に人類学の道を志して以来、北海道の胆振・日高地方、沖縄の八重山地方、ミクロネシアのプンラップ島、コンゴ民主共和国東部地方、ラダック、チベット、東シベリアのサハ共和国など、各地で伝統文化を求めてフィールドワークの旅を続けてきました。そのなかで、アイヌの人たちのみならずポスト・ソビエト期に伝統宗教であるシャマニズムを復興させたサハ、世界最悪ともいわれる紛争により故郷を追われ、自分たちの文化と言語の証として拙論を探し当て、連絡を取ってくれたニンドゥ、亡命生活六〇年余のなかでチベット仏教の伝統を保持してきたチベット人など、どの民族も文化の真髄となる伝統をアイデンティティの核として復興あるいは維持してきたのをみてきました。グローバル化が進むなかでも伝統文化存続の意義は大きく、多文化共生社会の実現のためには異なる文化に対する真摯な理解、「相手の文化をよく理解する」ことが欠かせないものです。

本書を改めて読み返し、二五年余を経過するにもかかわらず、ここで示した私の考えに変わりがないことにも驚いたところです。文庫版では、一九九四年以降のアイヌの人たちの動向を補章として加筆しましたが、アイヌの世界観とともに日本社会における彼らの苦闘の歴史を理解することをとおして、お互いに共存・共生できる社会の実現への一歩が可能となることを切に願うところです。

文庫化に際しては、講談社学芸部学術図書編集の原田美和子氏、雪岡里紗氏には大変お世話になりました。文献の引用など、現在の方式に見直していただき、改めて正確を期すことができたことにはとても感謝しています。

二〇一九年五月　　山田孝子

マ行

ヤ行

ラ行

ワ行

ナ行

ハ行

タ行

サ行

カ行

索　引

・頻出する用語は主要な記述のあるページのみを示した。
・重要なアイヌ語には日本語訳を（　）の形で併記した。日本語のみ記載のページも対象としている。

ア行

KODANSHA

本書の原本は、一九九四年に講談社選書メチエより刊行されました。

「講談社学術文庫」の刊行に当たって

これは、学術をポケットに入れることをモットーとして生まれた文庫である。学術は少年の心を養い、成年の心を満たす。その学術がポケットにはいる形で、万人のものになることは、生涯教育をうたう現代の理想である。

こうした考え方は、学術を巨大な城のように見る世間の常識に反するかもしれない。また、一部の人たちからは、学術の権威をおとすものと非難されるかもしれない。しかし、それはいずれも学術の新しい在り方を解しないものといわざるをえない。

学術は、まず魔術への挑戦から始まった。やがて、いわゆる常識をつぎつぎに改めていった。学術の権威は、幾百年、幾千年にわたる、苦しい戦いの成果である。こうしてきずきあげられた城が、一見して近づきがたいものにうつるのは、そのためである。しかし、学術の権威を、その形の上だけで判断してはならない。その生成のあとをかえりみれば、その根は常に人々の生活の中にあった。学術が大きな力たりうるのはそのためであって、生活をはなれた学術は、どこにもない。

開かれた社会といわれる現代にとって、これはまったく自明である。生活と学術との間に、もし距離があるとすれば、何をおいてもこれを埋めねばならない。もしこの距離が形の上の迷信からきているとすれば、その迷信をうち破らねばならぬ。

学術文庫は、内外の迷信を打破し、学術のために新しい天地をひらく意図をもって生まれた。文庫という小さい形と、学術という壮大な城とが、完全に両立するためには、なおいくらかの時を必要とするであろう。しかし、学術をポケットにした社会が、人間の生活にとってより豊かな社会であることは、たしかである。そうした社会の実現のために、文庫の世界に新しいジャンルを加えることができれば幸いである。

一九七六年六月

野間省一

山田孝子（やまだ　たかこ）

1948年生まれ。京都大学大学院理学研究科博士課程単位修得退学。理学博士。京都大学名誉教授。専門は人類学，認識人類学，比較文化学，シャマニズム研究。著書に『ラダック』，『南島の自然誌』，*An Anthropology of Animism and Shamanism* ほかがある。

講談社学術文庫

定価はカバーに表示してあります。

アイヌの世界観
「ことば」から読む自然と宇宙

山田孝子

2019年7月10日　第1刷発行
2023年6月5日　第3刷発行

発行者　鈴木章一
発行所　株式会社講談社
東京都文京区音羽 2-12-21 〒112-8001
電話　編集（03）5395-3512
販売（03）5395-4415
業務（03）5395-3615

装　幀　蟹江征治
印　刷　株式会社ＫＰＳプロダクツ
製　本　株式会社国宝社
本文データ制作　講談社デジタル製作

ISBN978-4-06-516690-1